突发公共卫生事件治理法治化研究

廖永安 谭达宗 刘友华 编著

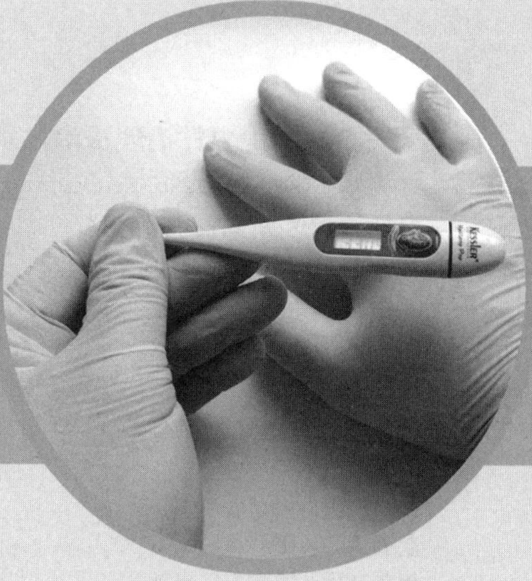

湘潭大学出版社
XIANGTAN UNIVERSITY PRESS

图书在版编目（CIP）数据

突发公共卫生事件治理法治化研究 / 廖永安，谭达宗，刘友华编著．-- 湘潭：湘潭大学出版社，2024. 8.
ISBN 978-7-5687-1557-7
Ⅰ．D922.164
中国国家版本馆 CIP 数据核字第 2024BS5866 号

突发公共卫生事件治理法治化研究

TUFA GONGGONG WEISHENG SHIJIAN ZHILI FAZHIHUA YANJIU

廖永安 谭达宗 刘友华 编著

责任编辑：刘文情
封面设计：张 波
出版发行：湘潭大学出版社
社 址：湖南省湘潭大学工程训练大楼
电 话：0731-58298960 0731-58298966（传真）
邮 编：411105
网 址：http://press.xtu.edu.cn/
印 刷：长沙印通印刷有限公司
经 销：湖南省新华书店
开 本：710 mm×1000 mm 1/16
印 张：14.25
字 数：241 千字
版 次：2024 年 8 月第 1 版
印 次：2024 年 8 月第 1 次印刷
书 号：ISBN 978-7-5687-1557-7
定 价：68.00 元

国家社科基金国家应急管理体系建设研究专项课题
“突发公共卫生事件中涉疫矛盾纠纷的防范与化解研究”
（项目编号：20VYJ043）

前　言

新冠疫情是新中国成立以来我国遭遇的传播速度最快、感染范围最广、防控难度最大的一次突发公共卫生事件。习近平总书记在中央全面依法治国委员会第三次会议上强调，全面提高依法防控依法治理能力，为疫情防控提供有力的法治保障。新冠疫情防控是一场大考，充分彰显了中国共产党领导和中国特色社会主义制度的显著优势。我国抗疫防疫历程极不平凡，以习近平同志为核心的党中央始终坚持人民至上、生命至上，团结带领全党全国各族人民同心抗疫，以强烈的历史担当和强大的战略定力，因时因势优化调整防控政策措施，高效统筹疫情防控和经济社会发展，成功避免了致病力较强、致死率较高的病毒株的广泛流行，有效保护了人民群众生命安全和身体健康，为打赢疫情防控阻击战赢得了宝贵时间。与此同时，在突发公共卫生事件的治理过程中也暴露出在行政应急管控、应急经济政策、涉疫矛盾纠纷化解、疫情防控国际合作等诸多方面的短板与弱项。如何将行之有效的经验法治化，进行体系性科学立法，为重大疫情防控和突发公共卫生事件应对提供全面有力法治保障，将社会主义制度优势转化为社会治理效能的提升，已成为疫情常态化后亟须统筹谋划的重要问题。

本书以概念阐明、实践梳理、问题归结并针对四个专题板块进行集中分析，系统论述了突发公共卫生事件治理法治化这一重大议题，具体而言：

第一章是突发公共卫生事件及其治理概述。该部分从风险社会的背景出发，阐述了突发公共卫生事件这一核心概念，并揭示出其具有的发生与发展的不确定性、影响的公共性、损害的严重性及应对的复杂性特征。叙述了国内与国外数次突发公共卫生事件及治理应对，综合国内与国外两种视角，表明了我国“始终坚持以人民为中心”，和“打造人类卫生健康共同体，贡献中国智慧和力量”的鲜明立场。

第二章是突发公共卫生事件中行政管控的法治化专题。该部分借鉴了《突发事件应对法》和《传染病防治法》的制度框架，重点分析了疫情防控过程中存在的联防联控、权责分工、疾控机构、基层治理方面的组织领导问题，传染病监测、报告、研判和预警发布方面的预警机制问题，信息公开、行政补贴、行政确认、行政管制方面存在的疫情处置问题，应急物资供应、抗疫人员保障、疫情征收征用方面的疫情保障问题。针对上述行政管控的问题，分别提出了相应的法治化改进方案。

第三章是突发公共卫生事件中市场主体发展保障的法治化专题。该部分梳理了疫情防控中市场主体面临的国际市场大循环受阻、经营市场萎缩，产业链波及效应明显、生产经营成本负担困难，市场融资渠道限缩、融资需求与金融资源分配矛盾凸显，劳资纠纷增加、劳动用工风险大幅提升等问题，对应提出构建专门性的市场主体发展立法，增强与《中小企业促进法》的联动与衔接，建立与其他法规政策协调发展新模式，建立多主体共治共享发展机制，破除市场主体数字经济转型发展障碍等法治化对策。

第四章是突发公共卫生事件中涉疫矛盾纠纷预防与化解的法治化专题。该部分总结了疫情防控中存在的涉疫纠纷排查薄弱，预警滞后，司法政策导向偏差，解决机制不完备，在线纠纷化解机制不完善，社会心理服务和危机干预机制不健全等问题，相应提出了加强纠纷排查机制，强化纠纷预警机制，优化涉疫司法政策，完善涉疫纠纷化解机制，促进在线解纷机制，健全社会心理服务与危机干预机制的法治化行动方案。

第五章是突发公共卫生事件中海外利益保障的法治化专题。该部分在坚持总体国家安全观，统筹发展和安全的指导理念下，将国家海外利益保障的法治化方案区分为国家安全风险防控、海外经济发展利益保障与国际治理秩序重构三个层面。在这一基础上，具体提出了通过完善相关立法切实保护海外公民健康安全，防范疫情政治化以有效化解国际政治风险，有效运用国际法保障科技发展与创新的方式，深入推进国家安全风险防控的法治化；通过积极应对长臂管辖维护我国发展利益，优化非诉方式妥善化解涉疫投资纠纷，灵活运用涉外法律保障产业链发展利益的方式，实现海外经济发展利益保障的法治化；通过全面推进国内与涉外立法工作，提升涉外司法审判能力，加大涉外法治宣传的方式，推进国际治理秩序重构的法治化。

在本书的写作过程中，参考了诸多专家的研究成果、文献、数据和相关资料，在此一并致谢，本书的撰写分工为：廖永安（湖南警察学院教授、法学博士、博士导师）：第一章；谭达宗（湘潭大学法学部副教授，法学博士）：第二章；陈灿祁（湘潭大学法学部副教授，法学博士）：第三章；湘潭大学法学部博士生李静茵、周星星、訾培玉、李五志：第四章；

张小虎（湘潭大学法学部副教授，法学博士）：第五章。

全书由廖永安教授、刘友华教授拟定提纲、统稿、定稿。由于研究水平和研究能力有限，本书中难免存在有失允当之处，恳请各位专家同仁及读者批评指正。

作者

2024年9月

目　录

第一章

突发公共卫生事件及其治理概述

一、突发公共卫生事件概述

疾病尤其是大规模的传染病一直是人类历史发展过程中威胁人类生命健康、考验社群应对能力的重大风险。随着工业化和城镇化的进程加快，流感、霍乱、疟疾、非典、禽流感等流行病呈现加剧暴发的态势。在当今世界普遍性的大规模人口流动、高密度人口聚集以及高频率社会交往的社会现实下，因传染病带来的公共卫生风险明显攀升，新发传染病几乎保持每年1~2种的速度递增，人类社会已然进入包括公共卫生风险为代表的“风险社会”阶段。①

（一）突发公共卫生事件的概念

在我国当前的话语体系中，突发公共卫生事件是一个实定法上的概念。首先，作为综合性立法的《突发公共事件应对法》对突发公共事件作了界定。该法第3条规定，突发公共事件是指突然发生，造成或者可能造成严重社会

① 谭达宗．突发公共卫生事件中政府信息工具的运用与改进［J］．中国行政管理，2021（12）．

危害，需要采取应急处置措施应对的自然灾害、事故灾难、公共卫生事件和社会安全事件。因此，突发公共卫生事件是其下属的一个子类型。从作为突发公共卫生事件专门立法的《突发公共卫生事件应急条例》第2条的规定来看，突发公共卫生事件是指突然发生，造成或者可能造成社会公众健康严重损害的重大传染病疫情、群体性不明原因疾病、重大食物和职业中毒以及其他严重影响公众健康的事件。结合《传染病防治法》和《传染病防治实施办法》作进一步分析，"重大传染病疫情"是指《传染病防治法》第3条规定的甲、乙、丙三类传染病处于第38规定的"暴发、流行时"的状态。而按照《传染病防治实施办法》第73条的规定，所谓暴发，是指在一个局部地区，短期内，突然发生多例同一种传染病病人；所谓流行，是指一个地区某种传染病发病率显著超过该病历年的一般发病率水平。

（二）突发公共卫生事件的特征

突发公共卫生事件尤其是重大传染病疫情以其发生与发展的不确定性、影响的公共性、损害的严重性，以及应对的复杂性成为世界各国和地区的重大治理难题。

1. 突发公共卫生事件发生与发展的不确定性

公共卫生事件、自然灾害、事故灾难、社会安全事件均具有突发性特点。然而，突发公共卫生事件比后三者具有更突出的不确定性特征。如地震、安全生产事故等，虽然未必个人有过亲身经历，但整体的群体认知积累了较为丰富的经验与稳定的预期。[①] 然而，对于重大传染病疫情，尤其是当遭遇新型传染病，不仅其发生具有突发性特征，且早期致病原因不明、传播方式不清、潜伏时间与持续时间不确定、是否以及在何种条件下发生病毒变异不确定、何为有效防护手段也不确定，人类对于这类传染病缺乏认识。这种传染病本身发生发展的不确定性，还会衍生出公众认知、风险识别、公共决策等一系

① 鲁全．公共卫生应急管理中的多主体合作机制研究——以新冠肺炎疫情防控为例［J］．学术研究，2020（04）．

列不确定性风险。例如，无论是非典疫情，还是新冠疫情，在其早期均无法被现有传染病类型所涵盖，从而在客观上存在预警发布与疫情防控的反应时差。即便是在未来，这类传染病的毒株变异方向，以及可能在何时何地以何种方式造成传染扩散，仍然存在不确定性。

2. 突发公共卫生事件影响的公共性

在突发公共卫生事件，尤其是重大传染病疫情的发生机理上，乃是基于病毒本身具有的传染性特征，无论是通过何种方式进行传播，均使得传染病构成对一定范围内群体的生命健康威胁。其与自然灾害等其他突发公共事件不同的是，后者往往影响的范围和对象相对有限，而病毒的传染性，极容易迅速从地区性的影响发展为全域性的影响。更有甚者，在如今人际交互关系复杂与全球运输能力高度发达的现代条件下，传染病危机更可能跨越地域、人种、阶层、族群。此时，重大传染病疫情产生的跨界风险，不仅及于一国的行政区划，还可能跨越国度，成为全球性的突发公共卫生事件。[①] 相应地，这类突发公共卫生事件的应对，需要来自政府、自治组织、各类企业、基层与群众、国际社会与国际组织等多元主体的协力，方能进行统一协调的治理。

3. 突发公共卫生事件损害的严重性

突发公共卫生事件损害的严重性主要体现在两个方面：一是直接造成的人民群众生命健康安全损害；二是长时间采取防控措施付出的管理成本以及在严格防控的前提下国民经济发展受到的巨大冲击。以新冠疫情为例，截至2022年12月9日，国内累计确诊病例达到9275059例（全国31个省市，不包括港澳台地区），累计境外感染病例为28093例，累计死亡人数为30772人。与此同时，为了有效防控疫情，我国各地政府采取如全城静默，交通封锁、限制，常态化的核酸检测、供应保障等给中央及各地政府机关带来了沉重的财政压力。以2020年为例，国内生产总值由连年增长6%以上到下跌至

① 王旭．重大传染病危机应对的行政组织法调控［J］．法学，2020（03）．

2. 3%，以旅游为代表的第三产业受到的影响最为严重。住宿与餐饮业下降13. 1%，国内游客人次下降52. 1%，国内旅游收入下降61. 1%。[①]

4. 突发公共卫生事件应对的复杂性

突发公共卫生事件容易诱发社会整体性危机，有一定的时间持续性和空间封闭性，形成危机的日常化状态。重大传染病疫情的旷日持久使得社会的整体秩序和一般行为模式受到影响，由此引发各种次生矛盾和伤害，甚至导致价值观的冲突。疫情产生的影响已不只是对受感染人群的隔离与治疗，同样影响到健康人的生活保障，影响到正常的生产经营秩序，构成社会经济、政治、价值观的全面危机。[②] 从应对程序来看，虽然《突发事件应对法》整体上将其分为预防与准备、监测与预警、处置与救援、恢复与重建几个阶段。但混合着医学、制度、技术等多方面因素的影响，实践中突发公共卫生事件的变化发展很难与立法上的这种阶段划分相匹配。从应对措施来看，由于重大传染病疫情风险需要全社会高度组织化的回应，当疫情防控被置于首要地位，则将同时可能对于其他疾病的救治、公民的权利与自由、市场和经济活力等造成溢出的负面影响。在重大传染病疫情形成全球化态势的情况下，国际贸易的发展与国际政治的博弈等，将需要国际社会站在人类命运共同体的高度进行协同治理，更加凸显了应对的复杂性特征。

（三）我国公共卫生应急治理体系的迭代升级

以2002年非典疫情与2019年新冠疫情作为最具代表性的突发公共卫生事件，可以将我国的公共卫生治理体系的建构与发展分为两个阶段。

1. 非典疫情后形成的以“一案三制”为核心的公共卫生应急管理体系

非典又称为SARS，是指一种严重急性呼吸综合征。非典疫情具有高致病

① 国家统计局．中华人民共和国2020年国民经济和社会发展统计公报．［R/OL］．（2021-01-10）［2022-11-11］．http：//www. linzhi. gov. cn/ tjj/c103535/202203/2e8944c1150149b187f1d4ba62c75826. shtml.

② 王旭．重大传染病危机应对的行政组织法调控［J］．法学，2020（03）．

性、高传染性、高死亡率的特征，我国内地累计报告的非典病例为5327例，[①]病死率达到6.6%，[②] 全球病死率为11%，[③] 除了最早的《传染病防治法》，我国公共卫生应急管理体系的“1.0版本”正是在对这场非典疫情进行反思的背景下产生的。具体包括：2003年5月9日制定《突发公共卫生事件应急条例》，2004年8月28日修订《传染病防治法》，2006年6月25日制发《国务院关于全面加强应急管理工作的意见》，2006年2月26日制发《国家突发公共卫生事件应对预案》，2007年8月30日制定《突发事件应对法》，由此建立了以应急预案、应急体制、应急机制、应急法治，即“一案三制”为核心的公共卫生应急管理体系。在这一治理框架下，我国陆续成功应对了H1N1、H7N9、鼠疫、中东呼吸综合征、寨卡病毒、黄热病等重大传染病疫情，维护了人民群众的身体健康和生命安全。[④]

2. 以新冠疫情为挑战，面向未来构建统筹兼顾的公共卫生应急治理体系

与非典疫情相比，新冠疫情具有超强顽固性和超长持续性的特征，成为新中国成立以来，传播速度最快、感染范围最广、防控难度最大的重大突发公共卫生事件，旷日持久的疫情防控人民战争、总体战、阻击战，是对我国治理体系和治理能力现代化的“大考”。[⑤] 由于非典疫情及类似传染病具有“短、平、快”的特点，以“一案三制”为核心的公共卫生应急管理体系较为出色地完成了管控的目标。然而，在历经了为期近3年的新冠疫情后，党和国家领导人越来越意识到疫情治理的复杂性和治理目标的多元性。在常态化疫情防控过程中，涉及公民个人权利的限制，基本民生的保障，经济社会

---

① 中华人民共和国中央人民政府．全国防治非典工作情况．[EB/OL]．(2005-08-09) [2024-5-31]．https：//www.gov.cn/yjgl/2005-08/09/content_ 21394.htm.

② 中华医学会，中华中医药学会．传染性非典性肺炎（SARS）诊疗方案［J］．中华医学杂志，2003（19）．

③ World Health Organization. Consensus document on the epidemiology of severe acute respiratory syndrome (SARS) [EB/OL]. [2020-03-04]. https：//www.who.int/csr/sars/en/WHOconsensus.pdf.

④ 李雪峰．健全国家突发公共卫生事件应急管理体系的对策研究［J］．行政管理改革，2020（04）．

⑤ 中华人民共和国国家互联网信息办公室．《抗击新冠疫情的中国行动》白皮书［EB/OL］．(2020-06-07) [2024-05-31]．https：//www.cac.gov.cn/2020-06/07/c_ 1593081469323726.htm.

的发展，涉疫纠纷的化解，涉疫国际争端的解决等一系列问题。2022 年 11 月 10 日，习近平总书记在听取新冠疫情防控工作汇报的会议上提出，按照疫情要防住、经济要稳住、发展要安全的要求，高效统筹疫情防控和经济社会发展，最大程度保护人民生命安全和身体健康，最大限度减少疫情对经济社会发展的影响。① 为此，回应当下、面向未来的我国公共卫生应急治理体系，应当充分关注治理本身内涵的综合性特征，从统筹兼顾疫情行政管控、疫情防控中市场主体发展保障、涉疫矛盾纠纷预防和化解、全球抗疫背景下海外利益保障等多方位齐头并进，推进法治化进程。

（四）历次国际关注的突发公共卫生事件概述

突发公共卫生事件是我国 2011 年《突发公共卫生事件应急条例》中的概念，《突发公共卫生事件应急条例》第 2 条规定："本条例所称突发公共卫生事件（以下简称突发事件），是指突然发生，造成或者可能造成社会公众健康严重损害的重大传染病疫情、群体性不明原因疾病、重大食物和职业中毒以及其他严重影响公众健康的事件。"不同于突发公共卫生事件这一概念，世界卫生组织提出的国际关注的突发公共卫生事件（Public Health Emergency of International Concern，简称 PHEIC）是指"通过疾病的国际传播构成对其他国家公共卫生风险，并有可能需要采取协调一致的国际应对措施的不同寻常的事件"。

自 2007 年生效的管理全球卫生应急措施的《国际卫生条例（2005）》实施以来，全球范围内已有七起疫情被世界卫生组织认定为 PHEIC。这是世界卫生组织所能发布的最高等级的警示。

2009 年 4 月，甲型 H1N1 流感疫情传播到世界 213 个国家和地区，造成超过 1.7 万人死亡，当年 4 月，世界卫生组织宣布甲型 H1N1 流感疫情为 PHEIC。此次疫情是在美国及墨西哥首先发生的，美国在出现首例病例后第三天就向世界卫生组织提出了报告，第七天就启动了应急处置中心，并在第

① 中华人民共和国中央人民政府．中共中央政治局常务委员会召开会议 听取新冠肺炎疫情防控工作汇报 研究部署进一步优化防控工作的二十条措施 中共中央总书记习近平主持会议［EB/OL］．（2022-11-10）［2024-05-31］．https：//www.gov.cn/xinwen/2022-11/10/content_5726025.htm.

九天公布了甲型 H1N1 的遗传序列等相关资料。墨西哥在发现首例病例后的一个月内就宣布全国进入卫生紧急状态，之后为了阻止病毒的蔓延，暂时关停了教育行业和公共场所。此外，各个国家均加强了对疾病的监测，针对墨西哥和美国采取旅行限制、发布禁令禁止进口猪制品等严厉措施加以防控。经墨西哥央行统计，受疫情影响，墨西哥 GDP 缩减幅度超过 5%，经济损失达 350 亿美元。

2014 年 5 月，世界卫生组织宣布南亚和非洲的脊髓灰质炎疫情为 PHEIC。巴基斯坦、阿富汗等国为防止脊髓灰质炎疫情在世界范围内蔓延，在偏远、无保障的地区，提高儿童免疫覆盖率，并通过区域性协作，阻止脊髓灰质炎病毒的国际传播。一些非洲国家因疫情受到了破坏性的冲击，对国家经济的影响仍持续至今。①

2014 年 8 月，世界卫生组织宣布西非埃博拉病毒疫情为 PHEIC。几内亚是最初向塞拉利昂和利比里亚输出感染的主要国家，后来向尼日利亚、塞内加尔、马里以及西班牙和美国输出感染。各国对从西非地区运来的商品实行严格的检疫管理规定，对可能携带病原体的旅客实行登机隔离，并停止从受疫情影响地区进口特别物资、有关动物及制品。与此同时，世界卫生组织和其他国家也纷纷向西非伸出援手，在疫情重灾区设立紧急救灾中心，向灾区输送大量的救灾物资，派出大批医务工作者，帮助西非建立和完善医疗救助系统。② 联合国数据显示，疫情最为严重的塞拉利昂、利比里亚和几内亚三国经济损失高达 130 亿美元。

2016 年 2 月至 11 月，世界卫生组织宣布寨卡病毒疫情为 PHEIC。当时，该疫情在美洲急速蔓延，巴西最为严重。巴西为防治寨卡病毒及其后遗症，积极联合国内及国外科研机构研制疫苗、检测试剂，促进了疾病的诊治与预防。同时，提醒女性在疫情暴发流行期尽量避免妊娠，孕妇要注意避免被蚊子咬伤，做好自我防护。单是巴西一地，就有 310 亿雷亚尔的经济损失。

2019 年 7 月，世界卫生组织宣布在刚果民主共和国暴发的埃博拉病毒疫

---

① 高荣伟．细数五起国际关注的突发公共卫生事件 [J]．生命与灾害，2021 (02).

② 姚天冲，鲁思睿．浅析国际突发公共卫生事件中的合作机制 [J]．中国卫生法制，2020 (05).

情为 PHEIC。这是继西非埃博拉病毒疫情后，埃博拉病毒疫情的第二次大暴发。各国海关宣布对来自埃博拉病毒疫情主要国家刚果民主共和国的所有货物、交通工具、集装箱、邮件等采取卫生检疫措施。

2020 年 1 月 30 日，世界卫生组织宣布新冠疫情为 PHEIC，强调不建议实施旅行和贸易限制，并再次高度肯定中国的防控举措，新冠疫情成为第六起 PHEIC。我国采取“外防输入、内防反弹”的基本举措，始终坚持全国一盘棋，从中央到地方实施统一战略，采取分阶段动态防疫的做法，全国人民严格遵守国家政策制度，使得中国率先取得疫情防控的胜利。

2022 年 7 月 23 日，世界卫生组织宣布猴痘疫情为第七起 PHEIC。各国海关总署接连发出通知，要求各口岸继续做好“多病共防”工作，严防疫情反复。对入境的旅客采取各种卫生检疫措施，履行健康申报义务。加强出入境人员携带、寄递物品检查及鼠类检验检疫工作，加强跨部门协作，防止疫情境外输入。

二、突发公共卫生事件的治理挑战

（一）防控机制的挑战

突发公共卫生事件的防控涉及疫情发现初期的预警、疫情暴发后的具体防控和针对扩大疫情传播风险主体的惩戒等方面。防控机制的失灵也主要体现在这几方面。

1. 预警机制不健全

为了顺利开展疫情防控工作，提高防治水平和应对能力，在发现疫情后，及时、有效地采取各项防控措施，做到早发现、早报告、早隔离、早治疗，控制疫情的传播、蔓延至关重要。根据《传染病防治法》的规定，国务院卫生行政部门和省、自治区、直辖市人民政府根据传染病发生、流行趋势的预测，及时发出传染病预警，根据情况予以公布传染病预警后。地方人民政府和疾病预防控制机构接到国务院卫生行政部门或者省、自治区、直辖市人民政府发出的传染病预警后，应当按照传染病预防、控制预案，采取相应的预防、控制措施。新冠病毒感染作为典型的传染性较强的疾病，同样适用上述关于传染病预警机制的规定。在疫情防控过程中，关于预警信息发布的主体、预警信息的发布以及根据疫情情况应当采取的相对应措施等机制问题，暴露出了一定的制度性障碍，由此导致疫情防控中因预警不及时所出现的问题。

伴随着疫情防控进入常态化，针对疫情的预警机制对于疫情的防控同样发挥着重要的作用。比如，一旦出现感染病例之后，居民往往担心物资供应不足，哄抢物资的问题屡见不鲜，尤其是在城市区域，疫情防控期间的物资供应和医疗人员配备明显不足的问题暴露得更为突出，直接反映出管理部门对于疫情的风险评估缺乏科学准确的预警。

此外，多地区实施的疫情静态管理行为作为一项未出现疫情情况下的预防性措施，对于居民的人身自由和生产生活也会造成诸多影响，且更容易引起群众的误解和不满，在何种情况下启动该项预防机制，都缺乏明确具体的规定，有些地区往往以存在传入疫情的风险实行静态管理，存在一定的随意性。采取何种级别的预防机制，都是考验管理部门的现实问题。

2. 防控措施不科学

一旦暴发疫情，相关的制度规定便会被落实到每个环节。从健康码的规范使用，到存在疫情传播风险人群的隔离管控，再到筛查感染人群的核酸检测，以及疫苗的接种和防疫口罩的佩戴等环节，都属于疫情防控中至关重要的环节，都需要科学的措施来保障。但是，在疫情防控过程中，这些环节不同程度暴露出一些缺陷和不足。具体而言，关于健康码的使用问题，“层层加码”问题屡见不鲜，直接影响了人民群众的日常生活；关于核酸检测问题，部分地区在核酸检测时间设置和地点确定方面出现了决策上的随意性，给群众的生活带来不便；在疫苗接种和防疫口罩的佩戴问题上，部分地区也出现了一些不规范的规定要求。

以疫情中大数据技术的应用为例，通过大数据比对，健康码可以将个人的健康状况显示为不同的颜色，一目了然。通过实时查看健康码状况，立即判断出是否存在传播疫情的风险。毋庸置疑的是，健康码的大范围应用，给疫情防控提供了极大的便利，提升了大范围人群流动过程中的科学高效防控，但同时也带来了一些问题。比如，在健康码实行之初，各地区、各部门之间信息不互通，导致“层层加码”的互认难题。据不完全统计，在疫情暴发初期，全国各省市推出的健康码多达近百种。① 以江苏为例，苏州有“苏城码”、无锡有“锡康码”、南京有“宁归来”。此后，江苏版的健康码——“苏康码”正式上线。“码上加码”的现象在各省市屡见不鲜。在湖北，每人有五六个码的现象十分普遍。而且，老年人等部分群体在使用智能产品方面存在障碍的问题普遍存在，导致其出行严重受限。在不同地区、不同部门“层层加码”情况下，该类群体的出行更是“雪上加霜”。在疫情防控等级降低为“乙类乙管”的情况下，健康码的使用同样存在一定的乱象，部分地区在原先的基础上，创制出“蓝码”，并对相应人群的活动作出一定限制，但因缺乏正当性，上线一天即被取消。②

核酸检测作为精准防控疫情的基础性环节，通过核酸检测快速筛查出感染者，成为疫情有效防控的关键，核酸检测能力强弱成为决定能否高效扑灭疫情的重要标尺。以新疆维吾尔自治区疫情防控为例，自从 2022 年发现疫情至 8 月 15 日，社会面发现的疫情数量处于快速上升期，到 8 月底疫情得到有效控制，感染人数呈下降趋势，到 9 月份疫情的反弹，再到 10 月份感染人数快速上升，累计报告 700 多例，最终这段时期的疫情成为新疆历史上传播速度最快、涉及面最广、感染人数最多、防控难度最大的重大突发公共卫生事件。该轮疫情防控工作，持续 2 个月仍未实现“动态清零”目标，之所以久拖不决，既有病毒传播性增强以及划定不同级别风险区科学性等方面的原因，但是“核酸检测是防控最大短板”。③

此外，相关的措施普遍存在明显的过度防控问题，不符合比例原则的基本要求。按照比例原则的要求，国家公权力主体对个人自由和权利进行干预，

---

① 中国网．只为健康“加码”，不给抗疫“添堵”［EB/OL］．(2020-03-04)［2024-5-31］．http://news.china.com.cn/2020-03/04/content_75773761.htm.

② 邵阳市公安局．湖南“蓝码”上线 1 天后被取消［EB/OL］．(2022-11-27)［2024-05-31］．http://gaj.shaoyang.gov.cn/sygaj/hygq/202211/c4f9183310a8475ca2598c9c763ee29e.shtml.

③ 新华网．新疆多措遏制疫情外溢势头［EB/OL］．(2022-10-05)［2024-05-31］．http://m.xinhuanet.com/xj/2022-10/05/c_1129051368.htm.

需要满足适当性原则、必要性原则和均衡性原则。其中，适当性原则要求为干预基本权利所采取的手段必须适合于目的之达成；必要性原则要求在数个可供实现目的之手段的选择上，必须采用对基本权利干预最轻的手段；均衡性原则要求对基本权利的干预与其所追求的目的之间必须相称，二者在效果上不能不成比例。禁止逾越实现目的所必要的程度而对他人的权利和自由进行过度干预。因此，比例原则的内核在于强调干预的适度性，反对过度干预。[①] 在疫情防控中，无论是针对风险区居民的粗暴封控，还是“层层加码”等问题，都属于过度防控的具体表现，均不符合比例原则的基本要求。

3. 失信惩戒措施不合理

诚实守信历来是中华民族的优良美德。古语有云，人而无信，不知其可也，大车无輗，小车无軏，其何以行之哉？足见诚实信用对于个人生存至关重要。申言之，诚信机制建构对于国家治理同样至关重要。随着改革开放的深入推进，市场经济不断发展，在利益的驱动下，越来越多的市场主体唯利是图，导致社会整体信用状况每况愈下。为了及时有效遏制这一趋势，国家层面采取积极有效的措施加强诚信机制建设，并将其作为社会主义核心价值观的有机组成部分，从正面予以引导。同时，国家又通过法律的形式从反面对不诚信的行为进行惩治。因为突发公共卫生事件具有病毒传播速度快等特征，需要及时掌握疫情传播的动态。在此过程中，需要存在疫情感染风险地区的人群积极配合，如实报告个人行程等信息。但如果部分人员出现隐瞒个人行踪、虚报病情等不诚信的问题，将直接给疫情的及时有效防控埋下严重隐患，这就对疫情防控中的诚信机制建设提出了明确的要求。对于刻意瞒报信息、隐瞒病情等不诚信行为，江苏省、浙江省、上海市、重庆市、北京市等地陆续通过出台地方性法规等方式，将其上述行为作为失信惩戒的事由。通过失信惩戒措施，可以将疫情防控中违法情节轻微、危害不大的不诚信行为给予有效的制约，起到一定的威慑惩戒作用。但是，部分地区针对疫情防控中的失信惩戒中暴露出了一定的问题，需要引起足够的重视。

---

① 郑晓剑．比例原则在民法上的适用及展开［J］．中国法学，2016（02）．

2021 年 11 月 17 日，河口县应对疫情防控工作领导小组指挥部办公室发布通告称，2021 年 10 月 6 日，河口瑶族自治县桥头乡 130 疫情防控卡点执勤人员王宝龙引带 1 名越南籍“三非”人员欲偷渡出境时被河口县公安局民警查获。后经公安机关核实，王宝龙触犯法律法规，现根据《河口县关于在疫情防控期间对帮助、组织、指引、带路、运送、参与、雇佣、窝藏、包庇、纵容偷渡人员采取“十个一律”惩戒措施的通告》（第 18 号）之规定，对王宝龙实施如下惩戒：（一）对王宝龙引带越南籍“三非”人员的偷渡行为依法从严、从重、从快查处。（二）在桥头乡、薄竹箐村委会粘贴王宝龙违法通告，在我县电视台、“自贸时代看河口”微信公众号、“国门融媒”抖音号等官方媒体进行公示曝光。（三）对王宝龙及其直系亲属在入团、入党、参军、考录公务员、考聘事业单位工作人员、就业等函询调查时从严把关，原则上不予通过。（四）对王宝龙及其直系亲属，一律取消抵边补助、集体经济收益分配及林业、农业等政策性优惠补贴（助），不得为其本人及直系亲属办理新宅基地及申报新建住房。（五）对王宝龙所在的桥头乡簿竹箐村委会，取消今年向上申请项目资金、财政奖补，取消今年各项评选资格。（六）对王宝龙的银行账户、网银，一律冻结，手机通信、宽带网络等业务一律关停。（七）限制王宝龙乘坐动车、飞机和住高档宾馆、子女就读私立学校等高消费行为；暂停王宝龙及其直系亲属办理公司、个体工商户营业执照，已办理的营业执照按规定列入经营异常名单。（八）没收王宝龙涉案财物，扣押其驾驶证、行车证、营运许可证。①

另外，2022 年 4 月 19 日，黑龙江省绥化市教育局发布的一则红头文件称，4 月 11 日，市直属某学校高一学生，因其家长从外地返绥未按照要求向学校报备，正常到校上课，致使全班同学和 8 名任课教师及共同居住人隔离观察，造成严重后果。学校根据相关疫情防控要求和校规校纪管理办法，对该生作出开除学籍的处理决定。此事一经曝出，立即引起网络热议。随后，绥化市疫情防控指挥部发布通报，针对绥化市第二中学学生因违反疫情防控

① 南方网．云南一防疫执勤人员带外籍人员偷渡 直系亲属及所在村均受惩戒[EB/OL].（2021-11-23）[2024-05-31]. https://news.southcn.com/node_cde6f9580c/67f771a9fd.shtml.

相关规定被学校开除学籍一事，绥化市教育局和绥化市第二中学对疫情防控政策理解有偏差，作出的决定不当，责令学校整改、学生正常上课、撤销绥化市教育局通报，并对相关责任人作出处理。①

疫情是一面镜子，既能够照出为了逃避隔离管控而实施的不诚信行为，又能够照出政府部门在防控过程中采取的措施是否得当。针对失信行为，政府部门所实施的惩戒措施也是衡量疫情防控部门综合治理能力的重要标尺。我们首先要指出的是，个人隐瞒与疫情防控相关的信息将给自身和他人的生命健康造成威胁，甚至造成社会的不稳定，威胁社会公共安全，不符合协调个人利益和集体利益的价值追求。通过失信惩戒机制，将隐瞒疫情相关信息的行为列为失信惩戒机制调整的对象，有利于维护社会公共利益。但是在对涉疫人员进行失信惩戒的过程中，必须合理使用该调整手段，不分界限、不明法理的处罚，虽然“严惩”机制能够起到立竿见影的威慑效果，但如果使用不当，超过必要的限度边界，就会对公民的基本权利造成损害。上述针对王宝龙的违法行为所施加的惩戒措施，存在明显的“一人犯法，全部亲属乃至全村连坐”的问题，其是否符合“责罚相当”的基本要求，这是我们不得不思考的问题。

（二）公民权利保障挑战

新冠疫情发生以来，在以习近平同志为核心的党中央坚强领导下，我国坚持人民至上、生命至上，坚持外防输入、内防反弹，坚持动态清零不动摇，因时因势优化完善防控措施，积极应对全球多轮疫情流行的冲击，最大程度保护了人民生命安全和身体健康，统筹疫情防控和经济社会发展取得重大积极成果。② 党的二十大报告多次强调“以人民为中心”的理念，并强调要“坚持人民至上”。其中，很重要的方面是，在疫情防控中，坚持保障人民群众的生命和财产安全。2022 年 11 月 10 日，国务院联防联控机制综合组发布

---

① 央视网．家长未报备学生被开除？绥化：撤销教育局通报［EB/OL］.（2022-04-19）［2024-05-31］. https：//news. cctv. com/2022/04/19/ARTIbnFxnmSCJQEs9FFmpe4S220419. shtml.

② 龚鸣，黄培昭，谢亚宏，刘慧，姜宣，彭敏，任皓宇．“把人民群众生命安全和身体健康放在第一位”［N］. 人民日报，2023-01-05（003）.

《关于进一步优化新冠肺炎疫情防控措施 科学精准做好防控工作的通知》，公布进一步优化防控工作的“二十条”措施；2022 年 12 月 7 日，国务院联防联控机制综合组发布《关于进一步优化落实新冠肺炎疫情防控措施的通知》（简称“新十条”）。凡此种种，均是具体贯彻落实疫情防控中“坚持人民至上”理念的具体举措。

1. 公民人身权利保障的挑战

除出行自由外，病人、病原携带者以及疑似患者必须接受隔离治疗或隔离观察，同样属于对其人身自由予以限制的手段。限制或者停止集市、影剧院演出或者其他人群聚集的活动，关闭或限制使用有关场所、中止人群密集的活动，滥用健康码实施非疫情防控目的的管控、不合理划定风险区和粗暴封禁居民住所以及进行卫生检疫等也会首先涉及个人的人身自由，等等。[①] 毋庸置疑，此类出于疫情防控需要而采取的限制居民人身自由的必要措施具备合法性基础，但在疫情防控过程中暴露出的健康码滥用等典型事例，给居民的人身自由施加了不必要的限制，构成对人身自由的严重侵害，值得反思。

例如，郑州曾发生过一起因滥用健康码的事件。2022 年 6 月 13 日，有网友在社交平台反馈，多名扫码进入“取款难”储户维权群，且准备前往郑州沟通村镇银行取款事宜的储户，健康码都被赋红码。其中既包含刚到达郑州就发现健康码变红的，也包括尚未前往郑州，仅在填报完信息后就被赋予“红码”的。巧合的是，被赋红码的均是该维权群的储户。匪夷所思的是，无论是与储户一同前往郑州的朋友，还是行踪轨迹一致的储户家人，健康码依旧是绿码。因为赋码原因显示为“正在实施集中或居家医学隔离观察的入境人员”，储户们在到达郑州后被集中隔离。更有赴河南的储户被当地工作人员告知，只要返程，健康码就可以由红变绿。据统计，共有 1317 名村镇银行储户被赋红码，其中 446 人在进入郑州扫场所码后被赋红码，其余 871 人虽然没在郑州，但通过扫他人发送的郑州场所码被赋红码。[②]

---

① 赵宏．疫情防控下个人的权利限缩与边界［J］．比较法研究，2020（02）．

② 河南村镇银行多位储户健康码再变红码 郑州回应：升级过程中出现技术问题［EB/OL］．（2021-02-15）［2022-12-01］．https：//news. cnr. cn/dj/20220708/t20220708_ 525904904. shtml.

另外，部分地区人为任意延长隔离期限，直接影响居民的人身自由；还有部分地区在核酸检测过程中，针对行动不便的特殊群体，未采取特殊的关照措施，为其核酸检测带来不便，进而影响其行使必要的人身权利。随着疫情防控级别降低为“乙类乙管”，疫情防控进入全新阶段，保障人民群众生命健康的措施应该随之作出相应调整。面对感染人群数量激增的情况，如何保障抗原检测试剂，连花清瘟胶囊、布洛芬等涉疫医疗药品以及N95口罩、酒精等防疫用品的稳定供给成为全社会关切的问题。在此过程中，出现了大量囤积居奇、哄抬价格、散布虚假信息、质量不合格等违法行为，严重影响疫情的有效防控和人民群众的人身安全。[①] 此外，还有部分商家借疫情防控之名兜售商品，导致部分群众在缺乏科学依据指导的情况下，将黄桃罐头视作对抗疫情的“灵丹妙药”。[②]

出于有效防控疫情的客观需要，公民的人身自由必然需要受到较往常更多的限制，这一点从疫情暴发以来的防控措施中可以得到切实的感受。但从疫情暴发之初的进入居住等场所的管控，到出现感染风险后行程码被赋黄码或红码，进而限制居民的活动范围，都说明疫情防控中对于居民人身自由更多的限制。但众所周知，人身自由作为公民生存的基本权利，其属于公民生存必不可少且不可被任意剥夺的基本权利，因此其成为必要的法律保留事项，也即对其进行限制必须具有法律的明确授权。在突发公共卫生事件中，公共交通、长途客运等暂停运营，市民在市内的出行自由同样受到限制。很显然，无论是通过健康码限制无疫情传播风险的人群的人身自由，还是粗暴管控限制风险区居民的活动空间，抑或不合理划定疫情风险区，对无风险区人群的活动自由进行不必要限制，都可能在一定程度上构成权力行使的不适当，涉嫌对公民基本权利的侵害，值得警惕。

2. 公民财产权利保障的挑战

突发公共卫生事件中采取的防控措施失当，除了会对公民的人身权利造

---

① 岳阳公布4起涉疫药品用品典型案例［EB/OL］.（2022-12-21）［2022-12-01］. The Paper https://www.thepaper.cn/newsDetail_forward_21256256.

② 黄桃罐头能缓解新冠症状？辟谣［EB/OL］.（2022-12-12）［2022-12-01］. https://m.gmw.cn/baijia/2022-12/12/1303222313.html.

成一定的影响，也出现了对公民财产权造成侵害的典型事件。比如，政府在疫情防控过程中，为了防控的需要，对私人房屋、交通工具以及相关设施、设备等的征用行为，还有为了防止病毒通过野生动物传播，而采取控制或捕杀染疫野生动物、家畜家禽、封闭可能造成传染病扩散的场所设施等，在此过程中，出现了部分行为失当而损及公民财产权的典型事件。而且，由于存在疫情传播风险地区波及的群体比较庞大，在对存在传播风险的人群进行隔离过程中，隔离人员有时需要负担高额的防控费用，这也会对居民的财产权造成一定的损害。对于感染者的居所实施消杀的过程中，不合理的消杀行为，同样会对其财产造成不必要的损毁。

例如，当传染性病毒以物传人的方式，通过动物传播到自然人之中，对于携带病毒的动物进行及时全面捕杀成为阻断病毒传播扩散的必要举措，为了防止养殖的野生动物传播病毒，疫情发生后，有部分地区禁止部分野生动物的饲养，但对于饲养野生动物的主体应当给予相应的补偿。有些地区野生动物的饲养总体规模较大，种类繁多，饲养条件复杂，集约化养殖程度低，抗风险能力弱，一旦发生和流行重大动物疫病，极易造成重大损失，对畜牧业生产以及饲养主体的财产权益造成巨大破坏，影响社会和谐稳定。即便是在疫情防控过程中，为了防止疫情传播扩散，需要采取征收相关场所作为隔离地点、捕杀野生动物等必要防控措施，这是符合相关法律法规的规定的。但是，在此过程中也需要考虑到对相关主体的财产权益提供必要的保护。

3. 公民个人信息权利保护的挑战

公民个人信息对于个体和国家都具有重要的意义。于公民个体而言，信息保护不力的话，其人格尊严有遭受损害的危险；于社会和国家而言，个人信息保护，对于维护正常的社会秩序具有现实意义。在突发公共卫生事件的防控过程中，可能涉及大量的公民个人信息，能否合理使用并有效保护至关重要。在疫情防控过程中的信息公开的不规范运行或者信息管理不规范导致的信息泄露，可能对公民个人信息权造成严重的侵害。

通常来说，基于传染病毒传播速度越快，意味着对防控措施的介入的及时性的更高要求。针对确诊病例，需要进行详细的流行病学调查。其中，包括对其个人身份以及确诊前一段时期内的行踪等信息进行详细的搜集，并选择性地对外发布，以便与其有接触可能的群体及时采取必要的防护措施。如果公布的患者个人信息超过必要限度，可能会对其人身权益造成侵害。例如，2021 年 9 月暴发的一轮疫情，疑似源头为 8 月 4 日自新加坡入境厦门的林某。然而，针对林某的流调信息公布后，就在林某和家人仍在莆田学院附属医院隔离之时，收到大量骚扰电话和短信。林某接到的电话中，不乏“国外待着死回来干吗”“干吗要过来害人”之类的指责与谩骂。一则指责林某带女性前往宾馆开房，最终连累上百人被感染的流言迅速传播。[①] 但是，在 2021 年 9 月 16 日下午，国务院召开的联防联控机制新闻发布会上，中国疾控中心免疫规划首席专家王华表示，疫情的源头病例可能系在集中隔离期间感染，并进而导致后续疫情发生。经调查发现，泄露初筛阳性人员和密接者个人信息的是莆田市两名医疗业相关工作人员，他们私自将相关信息转发至个人家族群，并由此导致受害者个人隐私信息在网上大量传播。因此，上述两名医疗业相关工作人员最终被处以 500 元的行政处罚。

诚然，疫情防控期间公布确诊病例的流调报告，有助于在最短的时间内将病毒控制在最小的范围内，是必不可少的防控举措。因为，详细的流调信息有助于防疫部门尽快确定感染的风险人群，隔离无症状感染者，追踪管理密切接触者，防止疫情扩散。《传染病防治法》第 12 条明确了流调过程中公民有如实提供有关情况，被调查人员向流调人员提供真实可靠翔实的信息的义务，并对违反该项义务的行为明确了相应的行政责任，甚至刑事责任。作为流行病的权威调查报告，流调报告自然是越翔实、越准确越好，这是为了保护人民群众集体安全的科学防疫要求。但随之而来的是，针对流调报告中涉及的公民个人信息保护的规范化处置问题，科学防疫与保护个人隐私权应同时摆在天平的两端，唯有合理合法地公开信息，保护被感染者的基本隐私，

① 莆田疑似源头病例遭网暴？本人发声，透露更多细节［EB/OL］.（2021-09-17）［2022-12-01］. https：//m. gmw. cn/baijia/2021-09/17/1302586782. html.

天平才不会偏颇失衡，防疫才更科学有效。处理不好关于流调报告公布内容的限度，无法实现确诊病例个人权利保障与社会公众集体利益维护的平衡。在针对确诊患者的流调问题上，公众知情应该止于切实防控疫情的必要，以最低程度侵害隐私为界。据此而言，“非脱敏不公开”是必须坚守的底线，流调报告“只提轨迹不提人”也不应再成问题，要从中找到疫情防控与隐私保护的最佳平衡点。2020 年 2 月，中央网络安全和信息化委员会办公室对此发布通知指出，为疫情防控、疾病防治收集的个人信息，不得用于其他用途。任何单位和个人未经被收集者同意，不得公开姓名、年龄、身份证号码、电话号码、家庭住址等个人信息，因联防联控工作需要，且经过脱敏处理的除外。

4. 消费者权益保护的挑战

民以食为天。“米袋子”“菜篮子”是老百姓每天最基本的需求，突发公共卫生事件可能导致产业链出现断裂，供需脱节，直接威胁老百姓的“米袋子”“菜篮子”，影响普通老百姓一日三餐的“小日子”。在疫情肆虐的关键时刻，落实好“米袋子”“菜篮子”这项工作，是事关打赢疫情阻击战、“牵一发动全身”的大事，党中央、国务院高度重视，三令五申要求确保疫情防控期间蔬菜、肉蛋奶、粮食等居民生活必需品供应，积极组织蔬菜等副食品生产、加强物资调配和市场供应。[①] 在党中央、国务院顶层设计、决策部署的基础上，国务院联防联控机制生活物资保障组统一安排、统一调度，农业农村部专门设立“菜篮子”产品保供组。各地发挥“一盘棋”的系统思维，省长、市长亲自抓，多部门协同配合，尽力保障疫情防控期间人民群众基本生活物资供应。

但是，由于居民生活消费存在涉及面大、群体多样、领域广等问题，仍然暴露出了不小的问题。从总体上来看，根据国家市场监督管理总局价监竞争局一级巡视员陈志江介绍，疫情期间（截至 2020 年 3 月 12 日），全国共立案涉及疫情的价格违法案件 14000 多件，已经处罚 7900 多件，共曝光重要的

① 唐任伍．“抗疫情”与“保民生”两手都要硬［J］．人民论坛，2020（Z1）．

民生商品价格典型案例 490 多件。[①] 据中国消费者协会统计，疫情暴发期间，涉疫情投诉的总体情况如下：2020 年 1 月 20 日到 2 月 29 日，全国消协组织共受理涉疫情消费者投诉 180972 件。按投诉性质分类：涉及价格问题 81581 件，占比 45.08%；合同问题 35260 件，占比达到 19.48%；质量问题 21136 件，占比达到 11.68%；售后问题 10521 件，占比达到 5.81%；假冒问题 6412 件，占比 3.54%。按照商品和服务类别分，涉及口罩类的投诉最多，达 79368 件，占比 43.86%；粮油蔬菜类投诉 15039 件，占比 8.31%，餐饮服务类投诉 13829 件，占比 7.64%，网络购物类投诉 10139 件，占比 5.60%，出行服务类投诉 9067 件，占比 5.01%。[②] 概括而言，涉及疫情防控期间消费者权益保障方面表现在合同退订、部分经营者趁疫涨价牟取暴利、假冒劣质产品抬头危及消费者健康安全、网络购物合同质量纠纷增多等主要问题。

在疫情防控期间，口罩、消毒药剂等医用物资紧张和蔬菜、粮食等生活物资的供应、购买、价格的稳定关系到人民的生命健康和基本生活保障，是人民群众最为关心的问题。在每一轮疫情暴发之初，政府部门都在第一时间三令五申要求相关部门采取有力措施保障居民基本生活物资供应，但哄抬物价等影响损害消费者合法权益的事件仍然屡见不鲜。作为该类物资的生产、销售商家在疫情防控期间更应该严格遵守政府价格管理的有关规定，认真履行企业应承担的社会责任和法律责任，诚信经营，不能唯利是图，否则不但会影响居民基本生活秩序，并对居民的人身安全构成威胁，还会影响疫情防控的整体秩序，严重者将会受到行政处罚甚至是刑法制裁。

5. 劳动者权益保障的挑战

突发公共卫生事件持续的周期越长，对各行各业的影响也越深远，更有可能给劳动关系领域带来新挑战。随着后续复工复产的全面推进，劳动者权益保护问题更加突出，面对一些劳动争议，劳动者与用人单位可谓各有难处，

---

① 市场监管总局．全国已立案价格违法案件 1.4 万件，处罚 7900 多件［EB/OL］．（2020-03-13）［2022-12-01］．https：//www.jiemian.com/article/4109745_qq.html.

② 1 月 20 日至 2 月 29 日涉“疫”消费投诉超 18 万件［EB/OL］．（2021-01-30）［2022-12-01］．https：//sdxw.iqilu.com/share/YS0yMS02NjAxNTEz.html.

劳动纠纷的化解需要双方协商沟通、人性化纾解，共克时艰，同时更需要在法律边界内行事。疫情防控形势日趋严峻的同时，相关涉疫情劳动关系问题与日俱增。劳动者关心的问题普遍集中在工资支付、工作时长、假期和工伤等方面。对于劳动者而言，他们担心企业借疫情随意克扣工资、安排加班、冲抵年休假等，而对企业来说，在疫情防控期间，也确实存在一定程度资金周转、生产销售等方面的困难。① 可以说，疫情防控期间，使得劳资双方正常的关系面临考验。

涉及疫情防控期间出现的典型劳动纠纷案例主要有：受疫情影响，用人单位部分停工停产的，能否按照停工停产规定支付工资待遇的问题，比如，张某为某汽车公司客户俱乐部员工，该公司业务涉及汽车零部件生产、汽车组装和车辆销售等工作。双方签订的劳动合同约定张某月工资为8000元，汽车公司每月10日发放上月4日至本月3日的工资。2月3日以后，汽车公司零部件生产、汽车组装、车辆销售部门陆续复工，但因新冠疫情防控要求，客户俱乐部暂时无法对外开放，导致客户俱乐部未能同步复工复产，张某所在客户俱乐部中的10余名劳动者均处于停工状态。3月10日汽车公司按照劳动合同约定支付了张某2月工资，4月10日按照生活费标准支付了张某3月的工资。张某认为汽车公司恶意以停工为由降低其工资待遇，遂向劳动人事争议仲裁委员会（以下简称仲裁委员会）申请仲裁。② 关于疫情防控期间员工以企业无法继续履行协议，“共享用工”如何处理的问题，同样成为考验疫情防控期间劳资关系的典型问题。比如，张某为某餐饮公司服务员，双方签订有劳动合同。2020年春节期间，因疫情影响，餐饮公司停止营业，多名员工滞留当地。而某电商公司则业务量持续增长，送货、拣货等岗位人员紧缺。电商公司遂与餐饮公司签订了“共享用工协议”，约定张某自2020年2月3日至5月4日借用到电商公司从事拣货工作，每月电商公司将工资交由餐饮公司后，由餐饮公司支付张某。张某同意临时到电商公司工作，并经该公司

① 疫情防控下，也要保护好劳动者权益［EB/OL］.（2020-08-12）［2022-12-01］. https：//baijiahao. baidu. com/s？ id = 1707853952976619182 &wfr = spider&for = pc.

② 疫情期间，只对部分人停工且只发停工待遇是否合法？［EB/OL］.（2022-03-25）［2022-12-01］. https：//m. thepaper. cn/baijiahao _ 17259685.

培训后上岗。然而，餐饮公司于 3 月 20 日依法宣告破产，并通知张某双方劳动合同终止，同时告知电商公司将无法履行共享用工协议。电商公司仍安排张某工作并支付工资。4 月 16 日，张某向劳动人事争议仲裁委员会（以下简称仲裁委员会）申请仲裁。① 关于疫情防控期间，因工滞留疫情暴发地区劳动者在企业停工停产期间的工资待遇的问题，比如，李某系某直辖市某软件公司工程师，2020 年 1 月 20 日因客户需求，软件公司派李某赴湖北进行系统维护，后因疫情原因致其无法返回。2020 年春节后，软件公司因原料供应中断等原因停工停产。该公司认为李某 2020 年 3 月 14 日至 4 月 13 日期间并未提供劳动，故根据停工停产有关规定向其支付了生活费。李某认为其是因公司安排出差滞留湖北，应按正常劳动支付工资，遂向劳动人事争议仲裁委员会（以下简称仲裁委员会）申请仲裁。②

首先，按照《劳动法》的规定，疫情防控期间，用人单位应当依法向主动为疫情防控期间坚守民生保障岗位的劳动者提供劳动防护用品。③ 否则，劳动者可以主张解除劳动合同，用人单位应当向劳动者支付经济补偿。④ 其次，因疫情防控需要而进行隔离、在家灵活办公、企业停工停产等期间，用人单

① 灵活就业、共享用工、居家办公……新型劳动关系呼唤劳动法典［EB/OL］.（2021-05-02）［2022-12-01］. https：//baijiahao. baidu. com/ s？ id = 1698605069819177038&wfr = spider&for = pc.

② 最高人民法院：出差因为当地疫情不能回来上班，工资如何发放？［EB/OL］.（2022-03-24）［2022-12-01］. https：//m. thepaper. cn/baijiahao_ 17264472.

③《劳动法》第 54 条规定：用人单位必须为劳动者提供符合国家规定的劳动安全卫生条件和必要的劳动防护用品，对从事有职业危害作业的劳动者应当定期进行健康检查。

④《劳动合同法》第 38 条规定：用人单位有下列情形之一的，劳动者可以解除劳动合同：（一）未按照劳动合同约定提供劳动保护或者劳动条件的；（二）未及时足额支付劳动报酬的；（三）未依法为劳动者缴纳社会保险费的；（四）用人单位的规章制度违反法律、法规的规定，损害劳动者权益的；（五）因本法第 26 条第 1 款规定的情形致使劳动合同无效的；（六）法律、行政法规规定劳动者可以解除劳动合同的其他情形；第 46 条规定：有下列情形之一的，用人单位应当向劳动者支付经济补偿：（一）劳动者依照本法第 38 条规定解除劳动合同的；（二）用人单位依照本法第 36 条规定向劳动者提出解除劳动合同并与劳动者协商一致解除劳动合同的；（三）用人单位依照本法第四十条规定解除劳动合同的；（四）用人单位依照本法第 41 条第 1 款规定解除劳动合同的；（五）除用人单位维持或者提高劳动合同约定条件续订劳动合同，劳动者不同意续订的情形外，依照本法第 44 条第 1 项规定终止固定期限劳动合同的；（六）依照本法第 44 条第 4 项、第 5 项规定终止劳动合同的；（七）法律、行政法规规定的其他情形。

位应当依据不同情况保障劳动者的劳动报酬权利。① 如果用人单位未及时足额支付劳动报酬的，依据《劳动合同法》第 38 条、第 46 条之规定，劳动者可以提出解除劳动合同，用人单位应当支付补偿金。

此外，依据《传染病防治法》的规定，在疫情隔离期间，用人单位不得停止支付其工资报酬。② 为贯彻这一立法要求，2020 年 1 月 24 日人力资源和社会保障部办公厅发布《关于妥善处理新型冠状病毒感染的肺炎疫情防控期间劳动关系问题的通知》，对此再次作出明确要求。③ 此外，劳动者无法正常提供劳动系因病休或执行隔离措施所致，履行了合理告知义务后有别于旷工行为，故并不属于《劳动合同法》第 39 条中严重违反用人单位规章制度的情形，用人单位不得据此提出与职工解除劳动关系。

除了以上介绍的法律法规以及政策性文件对疫情防控期间劳动者的合法权益保障作出了明确规定外，为了疫情防控过程中权利遭受损害的劳动者能够获得有效的救济途径，法律还对相关的救济程序作出了明确的规定。疫情影响下正常的诉讼、仲裁等劳动纠纷解决方式受到极大的制约，可以通过人民法院网上诉讼服务中心、移动微法院进行网上立案、邮寄立案、电话咨询有效立案途径等灵活有效的方式，保障自身的起诉权益，还可以通过网上庭审解决无法出庭的问题。因受疫情影响造成当事人不能在法定时效期间内参加申请劳动争议仲裁的，仲裁时效中止。《劳动争议调解仲裁法》第 27 条因不可抗力或者有其他正当理由，当事人不能在本条第 1 款规定的仲裁时效期间申请仲裁的，仲裁时效中止。从中止时效的原因消除之日起，仲裁时效期间继续计算。

---

① 《劳动合同法》第 85 条规定，未足额支付劳动报酬的，由劳动保障部门责令限期支付。逾期不支付劳动报酬的，劳动保障部门责令用人单位按应付报酬百分之五十至一百标准加付赔偿金。

② 《传染病防治法》第 41 条第 2 款规定，在隔离期间，实施隔离措施的人民政府应当对被隔离人员提供生活保障；被隔离人员有工作单位的，所在单位不得停止支付其隔离期间的工作报酬。

③ 《关于妥善处理新型冠状病毒感染的肺炎疫情防控期间劳动关系问题的通知》第 1 条规定：对新型冠状病毒感染的肺炎患者、疑似病人、密切接触者在其隔离治疗期间或医学观察期间以及因政府实施隔离措施或采取其他紧急措施导致不能提供正常劳动的企业职工，企业应当支付职工在此期间的工作报酬。

6. 大学生和农民工就业挑战

新冠疫情对国民经济与社会运行带来严峻挑战，就业形势迅速收紧，失业率快速攀升。2020 年 12 月 1 日，教育部、人力资源和社会保障部在京召开 2021 届全国普通高校毕业生就业创业工作网络视频会议。会议指出，2021 届高校毕业生总规模预计 909 万人，同比增加 35 万人，面临的就业形势严峻复杂。①

面对愈发严峻的就业形势，在 2020 年 2 月 23 日召开的统筹推进新冠疫情防控和经济社会发展工作部署会议上，习近平总书记指出，全面强化稳就业举措。要实施好就业优先政策，根据就业形势变化调整政策力度，减负、稳岗、扩就业并举，抓好社保费阶段性减免、失业保险稳岗返还、就业补贴等政策落地，针对部分企业缺工严重、稳岗压力大和重点群体就业难等突出矛盾，因地因企因人分类帮扶，提高政策精准性。要鼓励低风险地区的农民工尽快返岗复工，采取“点对点、一站式”直达运输服务。要支持多渠道灵活就业，解决个体工商户尽快恢复营业问题。要加快推动线上登记失业和申领失业保险金，确保失业人员应发尽发、应保尽保。要重视高校毕业生就业工作，统筹做好毕业、招聘、考录等相关工作，让他们顺利毕业、尽早就业。②

十三届全国人大三次会议闭幕后，围绕国内和国际社会重点关注的热点问题国务院领导回答了中外记者的提问。其中，在谈及疫情防控期间的就业与民生保障问题时，时任总理李克强明确指出，让大学毕业生成为不断线的风筝。政府工作报告中调低了城镇新增就业目标，调高了调查失业率。对于如何遏制失业潮，2020 年确定城镇新增就业 900 万人以上，的确比去年低，城镇调查失业率定为 6%左右，2020 年 4 月份城镇调查失业率已经是 6%了，这样做也是实事求是。就业是最大的民生，对于一个家庭来说这是天大的事

① 中华人民共和国人力资源和社会保障部．教育部人力资源社会保障部共同部署做好 2021 届全国普通高校毕业生就业创业工作［EB/OL］.（2020-12-01）［2022-12-01］. http：//www. mohrss. gov. cn/wap/xw/rsxw/202012/t20201201_ 400746. htm.

② 习近平：在统筹推进新冠肺炎疫情防控和经济社会发展工作部署会议上的讲话［R/OL］.（2020-02-024）［2022-12-01］. https：// baijiahao. baidu. com/s? id = 1659346205001364861&wfr = spider &for = pc.

情。中国有9亿劳动力，没有就业那就只是9亿张吃饭的口，有了就业就是9亿双可以创造巨大财富的手。对重点人群就业2020年出台了重点扶持的政策，2020年大学毕业生创新高，达到874万人，要让他们成为不断线的风筝，2020年、2021年都要持续提供就业服务。对农民工，不论是在常住地还是返乡，都要给他们创造就业的服务平台。① 根据人社部发布的最新数据显示，疫情发生之前的2019年新增就业人员有1352万人。② 但2020年城镇新增就业1186万人，③ 2021年全年城镇新增就业1269万人，④ 2022年1—9月城镇新增就业1001万人。党的二十大报告再次提出，就业是最基本的民生，并指出，实施就业优先战略。强化就业优先政策，健全就业促进机制，促进高质量充分就业。健全就业公共服务体系，完善重点群体就业支持体系，加强困难群体就业兜底帮扶。⑤

为了缓解就业人数增多与就业岗位减少之间的现实矛盾，中央和地方纷纷为释放就业活力，陆续出台了一系列政策，提高对高校毕业生、灵活就业群体的基本保障。比如，中央层面出台了《关于延续实施部分减负稳岗扩就业政策措施的通知》，提出普惠性失业保险稳岗返还政策、继续实施以工代训政策、继续实施困难人员培训生活费补贴政策、继续放宽技能提升补贴申领条件、继续实施就业见习补贴提前发放政策、继续实施失业保险保障扩围政策、支持毕业生基层就业和升学入伍、支持毕业生自强自立、就业创业等一系列鼓励和支持就业的刺激性举措。但由于就业群体过于庞大，且市场需求多元，如何通过有利的就业政策推动大学生和农民工找到合适的就业岗位，成为摆在政策制定者面前的现实难题，需要进一步加大

---

① 李克强谈遏制失业潮：中国有9亿劳动力，没有就业就是9亿张吃饭的口，有了就业就是9亿双可创造巨大财富的手［EB/OL］．(2020-05-18)［2022-12-01］．https：//baijiahao. baidu. com/s? id=1667926735819103363&wfr=spider&for=pc.

② 城镇2019年新增就业1352万人［EB/OL］．(2020-02-18)［2022-12-01］．http：//www. gov. cn/xinwen/2020-01/15/content_ 5469157. htm.

③ 2020年城镇新增就业1186万人 就业形势好于预期［EB/OL］．(2021-02-18)［2022-12-01］．http：//www. gov. cn/shuju/2021-01/27/ content_ 5582819. htm.

④ 人社部：2021年全年城镇新增就业1269万人［EB/OL］．(2022-06-107)［2022-12-01］．https：//baijiahao. baidu. com/s? id=1734942189543239873&wfr=spider&for=pc.

⑤ 人社部：1至9月全国城镇新增就业1001万人［EB/OL］．(2022-10-31)［2022-12-01］．https：//baijiahao. baidu. com/s? id=1748188 911239866933&wfr=spider&for=pc.

力度进行探索。

7. 困难群体的医疗保障挑战

新冠疫情暴发之后，针对确诊患者的治疗以及相应的风控措施必不可少。由于小区和道路的封控以及药店、医院等诊疗场所的管控，可以有效阻断疫情的传播和蔓延，往往成为风控的主要选择。然而，这些风控措施也会给其他的特殊病情的人群带来不便，尤其是症状较为严重急需治疗的患者，给予及时有效的诊疗同样刻不容缓。比如，尿毒症和艾滋病患者为了有效控制病情恶化，需要依靠基本的药物维持，疫情发生地区的管控措施，必然会对该类人群的就医诊断造成一定的影响，需要作出专门的针对性规定。

例如，2021 年底甘肃兰州出现疫情后，各小区分类加强管理。家住兰州市七里河区某镇的谭某是一名尿毒症患者，一周要去医院做三次透析，疫情防控期间，这一就医需求变得极为艰难。去医院前，谭某需要拿医院出示的病情证明和社区证明到镇政府报备；因附近的公交停运，私家车也无法出行，她要步行近一个半小时才能坐上去医院的公交车；进医院，则须持 48 小时内核酸阴性检测报告。尽管兰州市针对特殊人群就医有了一定的特殊安排，但兰州市卫健系统一名工作人员告诉澎湃新闻，处于封控小区的透析病人，在市上报备后会被接到医院进行统一透析，再送回小区进行封控管理；未封控小区里的患者，应该可以自行前往医院。按照当地政策，兰州将居民小区划分为封控区、管控区、防范区。像谭某一样居住在管控区和封控区的患者依然面临种种不便。当地多名受访医护人员认为，应意识到透析患者须经常去医院，为他们提供更多的“绿色通道”。社区执行防控政策时应更为人性化、有弹性，比如社区能够对尿毒症患者进行特殊管理，统一安排车辆外出、核酸检测，解决他们的难题。①

面对这些民生难题，要强化对困难群众的兜底保障，坚持应保尽保、保障到位。把困难考虑得更加充分一点，把帮扶政策制定得更周密一些，才能

① 疫情下的兰州尿毒症患者：定期透析面临不便，需更多绿色通道［EB/OL］.（2021-11-02）［2022-12-01］. https：//baijiahao. baidu. com/s？ id=1715318206001050754&wfr=spider&for=pc.

解决好特殊困难群众的现实难题。对于出台的保障特殊疾病患者权益的政策，要及时对具体执行的社区人员进行相关培训，尤其是对待特殊的透析病人时，应意识到他们必须经常去医院，还是得给留一条绿色通道。疫情防控的特殊时期，出于安全考虑，统一的疫情防控政策能够起到立竿见影的效果，确有必要，但尿毒症和有精神疾病的患者属于典型的社会弱势群体，政策执行时应更为人性化，要更具弹性。有条件的社区也可以对上述疾病患者进行特殊管理，对于他们的外出需求，统一安排车辆外出、核酸检测，解决他们的难题。只有通过有力举措，把特殊群体的基本需求保障到位，才能实现疫情防控中的整体社会公平水平。

（三）经济发展促进措施的挑战

1. 消费政策拉动经济增长乏力

疫情暴发之后，为了刺激居民消费拉动经济增长，从中央政府到地方政府密集出台多种政策工具，以尽快恢复正常的生产生活。多个省市相继推出“消费券”，刺激消费更快恢复。消费券是通过补贴方式刺激消费、释放消费需求。从以往经验来看，在消费券重点支持的领域，短期内会出现消费快速增长的局面。作为特殊时期发放的一种专用券或支付凭证，消费券的本意在于社会消费明显减弱时，发挥刺激消费、提振信心的作用。

2020 年 4 月，全国各地城市纷纷采取发行消费券的方式促进市场活力。例如，昆明市采取“政府为居民消费买单”的方式，对受疫情冲击较为严重的餐饮、旅游、住宿、体育等领域发放一亿元消费券促进消费；贵州省推出“多彩贵州百日专项行动方案”，消费者可以领取消费抵扣券，在餐饮购物汽车加油等领域抵扣费用；[①] 浙江省杭州市政府向在杭人员发放消费券，发放额度为 5 亿元，其中 1500 万元用于困难群众的消费补助，剩余 4. 85 亿元作为电子消费券。同时，商家匹配优惠额度 11. 8 亿元，预计消费券实际总额将达

① 中国多地发放“消费券”刺激消费更快恢复 载新闻晨报［EB/OL］.（2020-04-25）［2022-12-01］. https：//baijiahao. baidu. com/s？ id=1664915583114605825&wfr=spider&for=pc.

16.8亿元。[①] 此外，辽宁、河北、山东等地也专门发文鼓励发放消费券，济南、南京、合肥、南宁等地相继推出不同形式的消费券。比如，济南市财政安排文化旅游扶持专项资金1亿元，统筹用于扶持文旅企业渡过难关、促进文旅产业振兴。此外，面向旅游景区、旅行社、影剧院、演艺场所、书店等文旅企业推出2000万元惠民消费券，拉动文旅消费。[②] 随后浙江省推出总价达10亿元的文旅消费券，河北省安排专项资金1500万元，实施体育消费券补贴政策。[③] 南京市明确提出向市民和困难群众发放总额为3.18亿元的消费券，将政府引导与商家促销相结合，加快形成现实购买力，推动服务业复苏。在以电子券形式发放的7大类消费券中，困难群众、工会会员、乡村旅游等3类消费券，按系统内有关要求发放；餐饮、体育、图书、信息等4类消费券采用网上摇号方式，向全体市民发放。[④] 随着疫情防控等级降低为“乙类乙管”，快速恢复经济发展活力成为全国各地的重要任务。尤其是，尤其是随着党的二十大报告明确提出，统筹疫情防控和经济社会发展取得重大积极成果，各地区积极贯彻落实二十大精神，在做好疫情防控的同时，纷纷采取有力措施保障经济健康有序发展，确保应急状态下不停工不停产，最大限度减少疫情对经济社会发展的影响。2023年元旦春节期间，辽宁推出六大主题特色活动，发放3000万元助企惠民旅游消费券，通过加大文化和旅游消费市场供给，营造幸福祥和的假日文化氛围，激发市场消费活力，夺取文化和旅游全面振兴新突破三年行动首战的开门红。[⑤]

在社会主义市场经济制度建设过程中，市场在资源配置中起着决定性作用。消费券作为通过国家或地方财政刺激消费进而拉动经济增长的手段，只

① 杭州宣布发放消费券：实际总额达16.8亿元 域外来杭人员也可申领［EB/OL］.（2020-03-27）［2022-12-01］. https：// baijiahao. baidu. com/s? id=1662242557530640211&wfr=spider&for=pc.

② 济南推出2000万元文化惠民消费券 促进文旅产业振兴［EB/OL］.（2020-03-19）［2022-12-01］. https：//baijiahao. baidu. com/s? id=1661575209441495219&wfr=spider&for=pc.

③ 结合实际、精准聚焦 这样的消费券才能用着“真香”［EB/OL］.（2020-04-16）［2022-12-01］. https：//baijiahao. baidu. com/s? id=1663909401499539839&wfr=spider&for=pc.

④ 南京将发放3.18亿元消费券以推动服务业复苏［EB/OL］.（2020-03-15）［2022-12-01］. https：//baijiahao. baidu. com/s? id=1661061621528770746&wfr=spider&for=pc.

⑤ 辽宁开展文旅迎新消费活动 发放3000万元助企惠民旅游消费券［EB/OL］.（2020-03-27）［2022-12-01］. https：// baijiahao. baidu. com/s? id=1753783119841274380&wfr=spider&for=pc.

是在疫情造成市场经济发展停滞、市场这只推动经济发展的“无形的手”失灵的情况下，才有必要发挥作用的“有形的手”。这同时也决定了，消费券作用的群体是边缘消费者，一般而言这些消费者收入较低，因此其对拉动经济的作用应该不会太大。消费券对受惠者的生活影响可能较大，但这是短期的刺激，无法常态化。由于各地区居民生活水平和消费状况差别较大，消费券涉及的消费品项目也不一样。对于基本条件相差过大的地区来说，消费券的作用可能差别也较大。而且，消费券的政策补贴资金来源于国家或是地方财政，如果运用财政资金的一部分进行消费补贴，就会产生挤占效应，相对应其他领域的可用财政资金就会有所减少。[①] 这时，就需要对财政资金补贴的力度和群体有准确的评估和检测。

2. 政策激发市场主体活力不足

在疫情严重冲击下，我国很多市场主体生产经营面临巨大压力。在这种形势下，我国超过1亿户市场主体的发展，既要继续消化解决过去累积的老问题，也要直面新形势下涌现出来的新问题，一些行业企业，特别是中小微企业受到很大影响。在国家相关部委、地方各级政府的大力支持和金融系统的共同努力下，金融支持受疫情持续影响，行业、企业取得了明显实效。2020年4月末，包括企业、个体工商户和小微企业主在内的各类市场主体贷款余额118.4万亿元，同比增长13.6%，有力地支持了实体经济稳步恢复，稳中加固，稳中向好。[②] 2020年至2021年4月末，全国银行业金融机构累计对10.2万亿元的贷款本息实施延期，累计发放普惠小微信用贷款5.8万亿元。[③]

疫情防控期间，文化和旅游行业企业受到较大影响。2020年12月底，文化和旅游部产业发展司介绍，面对突如其来的疫情对文化产业和旅游产业发

① 消费券如何促进消费［EB/OL］.（2021-04-16）［2022-12-01］. https：//baijiahao. baidu. com/s？ id=1662359237493627488&wfr=spider&for=pc.

② 4月末普惠小微贷款同比增长超三成 金融支持市场主体共渡难关［EB/OL］.（2021-05-28）［2022-12-01］. http：// www. gov. cn/xinwen/2021-06/01/content_ 5614487. htm.

③ 央行：10.2万亿元银行贷款本息已实施了延期［EB/OL］.（2021-05-28）［2022-12-01］. https：//baijiahao. baidu. com/s？ id=170100902 1406306479&wfr=spider&for=pc.

展带来的冲击，文化和旅游部在推动文化产业和旅游业复苏方面，采取了一系列纾困政策和措施：一是推动各项政策将文化和旅游行业纳入支持重点，涵盖财税、社保、金融、成本等方面。二是指导地方用足用好政策。组织指导各地用好地方政府专项债券推进重大文化和旅游项目实施。三是抓好项目建设。联合 6 家金融机构确定全国文化和旅游投融资项目遴选结果，共包括 320 个项目，总投资 6194.1 亿元。举办 7 期精品项目交流对接会，共推介项目 523 个，总投资额 4000 余亿元。四是推动产业创新发展。制定出台《文化和旅游部关于推动数字文化产业高质量发展的意见》。五是加大金融支持力度。与深圳证券交易所、交通银行、招商银行等 3 家金融机构签署战略合作协议，拓展文化与金融合作的深度和广度。①

（四）纠纷化解机制的挑战

相较于社会生产生活状况良好阶段，疫情防控期间的矛盾纠纷处理表现出一定的特殊性，而疫情防控期间的矛盾纠纷能否妥善化解，既会影响疫情防控大局，又会影响疫情后的复工复产乃至民生保障。2020 年 3 月 18 日，习近平总书记主持召开中央政治局常务委员会会议，分析了国内外疫情防控和经济形势，研究部署了统筹抓好疫情防控和经济社会发展的各项重点工作。其间，明确指出要做好法律服务等工作，及时防范化解合同履约、企业债务、劳资关系等各类社会矛盾纠纷。②

在全国疫情防控逐渐向好、生产生活秩序加快恢复的态势不断巩固和拓展、统筹推进疫情防控和经济社会发展工作取得积极成效的形势下，最高人民法院审时度势，针对疫情防控期间的社会矛盾纠纷化解多次提出明确要求，要充分发挥人民法院民商事审判职能作用，依法妥善处理涉疫情矛盾纠纷，推动社会矛盾纠纷源头预防化解，强化善意执行、文明执行理念，慎用查封、

① 文旅部：做好产业规划部署 谋划一批重大工程项目［EB/OL］.（2020-12-29）［2022-12-01］. https：//baijiahao. baidu. com/s？ id=1687371084889976044&wfr=spider&for=pc.

② 习近平主持中央政治局常委会会议 分析国内外新冠肺炎疫情防控和经济形势 研究部署统筹抓好疫情防控和经济社会发展重点工作［EB/OL］.（2020-03-18）［2022-12-01］. http：//www. gov. cn/xinwen/2020-03/18/content_ 5492887.

扣押、冻结等强制性措施，用好用足智慧法院建设成果，优化办案方式，为疫情防控和复工复产提供有力司法保障。此外，疫情造成大量企业出现严重的债务危机，通过有效的执行措施，帮助企业渡过难关也很有必要，最高人民法院审判委员会副部级专职委员指出，通过善意文明执行，助力企业复工复产，有效利用司法重整法律制度工具，救治、挽救困难企业，引导企业互谅互让，共渡难关，精准服务“六稳六保”。[①]

1. 多元纠纷解决机制有待改善

如果说正常生产生活状态下，纠纷的化解追求公正和效率价值的有机统一的话，那么疫情防控期间，由于相同类型的案件纠纷大量出现，对于纠纷处理的高效快捷提出了更高的要求。此时便需要提高纠纷解决的效率，采取调解等多元化纠纷解决方式，使各民事主体及时解决纷争，快速恢复生产。

例如，新宙邦科技公司与桑顿新能源公司均为有市场竞争力的创新型企业，互为商业合作伙伴。2019 年，新宙邦科技公司向桑顿新能源公司提供价值 1607 万元的锂电池电解液，但桑顿新能源公司未如约支付货款，新宙邦科技公司诉至广东省深圳市坪山区人民法院，请求法院判令桑顿新能源公司支付货款本息共计 2300 余万元，法院依据申请冻结了桑顿新能源公司账户现金 750 余万元。疫情发生后，桑顿新能源公司请求解冻账户资金用以支付工人工资并复工复产。[②] 法院经研究认为，疫情防控期间，合同履行暂时受到影响，顺延还款期限有利于复工复产并最终解纷。经法院主持调解，双方达成调解协议：双方继续合作，桑顿新能源公司增加担保并先行支付部分货款，剩余货款分期付清。当日，法院依法准许并解除账户冻结。

一边是疫情防控，一边是经济社会的恢复运行。在疫情防控特殊期间，企业复工复产更需要有力的法治保障。2020 年 2 月，中央政法委就会同最高人民法院、最高人民检察院、公安部、司法部制定了《关于政法机关依法保

① 《焦点访谈》促社会公平正义 保人民安居乐业［EB/OL］.（2021-01-31）［2022-12-01］. https：//baijiahao. baidu. com/s？id=1690411814628185894&wfr=spider&for=pc.

② 疫情期间合同履行受影响，涉诉高新技术企业如何渡难关？［EB/OL］.（2020-03-25）［2022-12-01］. https：//baijiahao. baidu. com/s？id=1662138963406281398&wfr=spider&for=pc.

障疫情防控期间复工复产的意见》。2020 年 7 月，中央政法委又印发《关于依法保障和服务疫情防控常态化条件下经济社会发展的指导意见》。最高人民法院相继发布三个案件办理指导意见和多起涉及复工复产典型案例。在上述典型事例中，受诉法院立足疫情防控期间经济社会发展大局，积极促成欠款企业在增加担保的基础上获得还款顺延，切实降低了诉讼成本，全力支持企业复工复产，有效帮助中小企业渡过难关。本案涉及的两家企业均为高新技术企业，法院通过促成双方达成调解协议，在疫情防控期间最大程度地降低了司法诉讼对企业的负面影响。案件调解成功后，双方继续保持合作关系，实现了共赢与多赢，从而有利于维护企业核心竞争力。此举符合中央层面和最高人民法院提出的疫情防控期间，通过多元化解纷机制推动纠纷有效化解的要求。

但是，受疫情影响，人民调解等典型的多元化纠纷解决机制面临着严重的人员短缺等问题。众所周知，参与基层人民调解的工作人员往往是参与基层社会治理的乡贤等人员，在疫情防控期间，人民调解员往往还要参与到社区疫情防控过程中，对于矛盾纠纷的调解往往是“分身乏术”。调解人员保障不足的情况下，调解工作的开展往往举步维艰。如何在疫情防控中保障多元化纠纷解决机制的有效运转，成为考验社会治理体系和治理能力的现实问题。

2. 矛盾纠纷在线化解机制急需建设

疫情发生以后，避免人员的聚集属于防控疫情传播的有效举措，人民法院等纠纷化解场所在疫情防控期间需要暂停线下司法活动。在此期间的纠纷化解需要通过在线的方式开展。部分地区在互联网法院建设领域进行了一定的探索，取得了一定的实效。但是，在矛盾纠纷在线化解过程中，依然暴露出了一定的不足。

例如，原告曹某因与被告高某感情不和，双方分居已久，又因孩子上学户籍问题亟待解决，双方多次协商离婚，因疫情的影响搁置，无奈原告曹某只能诉至法院，要求与被告高某离婚。受理案件后，法院工作人员第一时间联系了双方当事人，得知被告高某远在上海，且案件争议不大，双方又急于离婚解决孩子户籍问题，为节约当事人诉讼成本，促进纠纷快速化解，严法官主动出击，联系双方当事人说明情况，引导当事人利用“人民法院调解平台”进行在线视频调解。为了确保在线调解顺利进行，调解当日，法院工作人员通过电话向被告高某详细讲解了平台使用方法。调解开始，当事人通过微信小程序搜索“多元调解”进入系统，在法官释法析理、耐心细致的调解下，双方当事人针对离婚及孩子抚养、抚养费给付、夫妻共同债权债务等事项达成一致意见，并在线签字确认。最终，该起离婚纠纷通过“多元调解平台”在线顺利调解结案。①

总体来看，矛盾纠纷在线化解机制仍然较为滞后，无法满足矛盾纠纷全面化解的现实需求。就以在线诉讼为例，最高人民法院出台了相关的指导规则，《民事诉讼法》也针对在线诉讼的相关事项进行了及时规定。但从当前民事诉讼法学者的研究状况来看，关于在线诉讼相关程序事项依然存在较大的争论。比如，《民事诉讼法》第 16 条规定的线上诉讼活动与线下具有同等法律效力问题，引起了研究者的质疑。此外，矛盾纠纷的化解不单单涉及诉讼这一个环节，相较于在线诉讼的大力推进，其他多元化纠纷解决在线机制依然是停滞不前，直接阻碍了疫情防控期间多元化纠纷解决机制功效的发挥。

3. 涉疫案件善意文明执行理念有待强化

按照“审执分离”的基本原则的要求，民事案件的审判和执行虽然存在密切联系，程序上需要有效衔接，但两者分别承担着不同的职能。如果说审判权行使的目的是判断是非、确定权利、解决纠纷，那么执行权行使的目的就是保障生效法律文书所确定权利的实现。② 由此确定了执行程序的独特价值，合理的执行制度建构，对于民事权利的保障也起着至关重要的作用，坚持善意文明的执行理念，有助于推进民事纠纷的有效化解。疫情对全球产业链和普通民事主体的生产经营和生活造成全面影响，相关矛盾纠纷表

---

① “疫情期间”在线调解解决纠纷，当事人送来锦旗表示感谢［EB/OL］.（2022-06-07）［2022-12-01］. https：//m. thepaper. cn/baijiahao_ 18467683.

② 肖建国．民事审判权与执行权的分离研究［J］．法制与社会发展，2016（02）.

现出一定的特殊性。在经济形势明显下滑的背景下，大量生产单位因经营状况不佳而身陷债务危机。为了最大限度降低对被执行人权益的影响，积极引导当事人以和解方式化解矛盾纠纷，为统筹推进经济社会发展各项工作提供有力司法服务和保障，最高人民法院印发《关于依法妥善办理涉新冠肺炎疫情执行案件若干问题的指导意见》的通知，明确要求在涉疫情执行案件办理过程中，要准确理解和适用法律，进一步突出强化善意文明执行理念，依法审慎采取强制执行措施，平衡协调各方利益，依法保障胜诉当事人合法权益。

例如，百灵医疗器械公司主要生产红外线体温计、电子体温计、血压仪等医疗器械。2016 年 11 月 28 日，徐某某与百灵医疗器械公司签订合作协议，后在履行协议过程中产生纠纷诉至法院。经二审生效判决，被告百灵医疗器械公司须返还原告徐某某 1 298 400 元，案件由浙江省义乌市中级人民法院强制执行。执行过程中，因百灵医疗器械公司未全部履行生效判决，被法院纳入失信被执行人名单、采取限制高消费等措施。疫情发生后，执行法院了解到百灵医疗器械公司在此次疫情中被确定为浙江省 36 家重点医疗保障物资生产企业之一，也是金华市唯一一家疫情防控急需物资供应企业。自疫情发生以来，该公司加紧生产，日均产能较高，但因前期被纳入失信被执行人名单，影响公司融资、扩大生产，无法满足当前疫情防控产能需要。2020 年 1 月 31 日，百灵医疗器械公司向法院申请信用修复。执行法院根据前期实地走访和讨论研判，向执行申请人解释说明并经申请人书面同意，于收到百灵医疗器械公司申请的当天，决定对该公司及法定代表人解除失信被执行人名单及限制高消费措施，不采取查封等强制措施，为企业贷款扫清障碍。百灵医疗器械公司被法院解除失信被执行人名单及限制高消费措施的当天，义乌农商银行就向该公司发放 100 万元信用贷款，中国银行也将该公司的不良贷款转为正常。后该公司又顺利从杭州银行、宁波银行分别获得贷款 100 万元。[①]

① 中华人民共和国最高人民法院．全国法院服务保障疫情防控期间复工复产民商事典型案例（第一批）［EB/OL］．（2020-03-24）［2022-12-01］．https：//www. court. gov. cn/zixun-xiangqing-223631. html.

“疫情要防住、经济要稳住、发展要安全”是多次中央重要会议和政策文件中反复强调的内容。疫情防控期间，人民法院通过妥善的纠纷处理手段，审慎采取执行措施，全面贯彻善意执行理念，是加强司法服务职能作用的生动实践。人民法院对因处于失信被执行人名单导致融资困难、原料库存短缺等防疫物资供应企业提出的信用修复申请，经审查有正当事由并符合相关条件的，应暂时解除对其信用惩戒，促进企业复工复产，保障企业防疫紧缺物资的正常生产，服务疫情防控大局。此外，疫情防控过程中，大量生产企业陷入破产境地，无力支付劳动者的工资报酬的问题也频频发生。人民法院针对疫情防控期间大量存在的此类债权债务纠纷，通过有效措施促成纠纷当事人的和解，也能在很大程度上助力企业快速走出债务危机、迅速复工复产。

（五）海外利益保障的挑战

面对新冠疫情，任何一个国家都不可能独善其身，唯有全球合作，采取协调一致的行动，才能够有效地遏制病毒的蔓延，才能让全球人民重新回到繁荣和谐的生活。[①]

1. 对外投资的挑战

由于疫情在全球各地肆虐，2020 年初以来，中国的海外利益遭受损失，产业链断裂影响了对外直接投资，物流受阻让对外贸易呈现大幅萎缩，部分国家因疫情引发根源性矛盾的暴发，导致治安恶化、社会风险激增，严重威胁了我国海外公民和企业的人身财产安全，“一带一路”倡议的推进受到不利影响。

经济的日益全球化发展，中国在国际上的经济地位日益提升，中国在国际投资中的作用不容忽视。然而由于疫情的侵袭，极大地破坏了中国对海外的投资利益，产业链的断裂使得同我国互有经贸关系的国家的利益也遭受了

---

① 中华人民共和国国务院新闻办公室．国新办举行新冠病毒溯源情况新闻发布会［EB/OL］．（2021-07-22）［2024-05-31］．http：//www.scio.gov.cn/xwfb/gwyxwbgsxwfbh/wqfbh_2284/2021n_2711/2021n07y22rsw/.

损失。

在疫情之前，由于国际贸易摩擦的加剧，中国对外投资已经出现了放缓的趋势。虽然中美之间达成了第一阶段协议，但中国对外投资环境并没有得到缓解，美国政府对于中国海外投资的审核和限制正变得日益严厉，这已经影响了中国在海外的投资。安永发布的《2019 年全年中国海外投资概览》显示，2019 年中企海外投资继续延续下降趋势，全行业对外直接投资及宣布海外并购分别下降 9. 8%及 31%。① 在此种情形下，疫情冲击进一步导致了中国对外投资的减少。而后安永发布的《2020 年全年中国海外投资概览》显示，疫情使部分中企财务压力增加，2020 年中企宣布的海外投资退出项目金额较 2019 年上涨 124%，达 493. 3 亿美元。② 就与邻国的贸易方面来说：2020 年 1 月份日本和韩国对华贸易出口大幅下降，进口有所回升，台湾对大陆进出口金额大幅下滑，贸易顺差有所缩窄。欧洲经济体制造业表现方面，2 月份欧元区制造业 PMI 指数略好于预期，仍位于荣枯线以下。德法国制造业 PMI 指数分化，德国制造业景气回升，法国制造业有所下滑。东盟 1 月份制造业 PMI 指数略有回升，但仍然位于荣枯线以下。此外，截至 2017 年末，中国对南非投资目前累计超 250 亿美元，③ 企业 300 多家，④ 2019 年我国企业对南直接投资额达到 9881 万美元。⑤ 南非疫情防控期间警察、劳工、卫生等加大了查处违反封禁规定的力度，中国侨胞企业、商城、店铺亦被波及。在压力之下，中国未来的发展策略和发展重点，将会更多转向国内，这意味着中国在经济和地缘政治上的“走出去”进程，可能会不得不有所放缓。疫情防控措施带来的经济活动的停滞，必然使得对外投资活动迟滞。但疫情过后，中国经济

---

① 内蒙古自治区生态环境厅．附件下载 1：“一带一路”绿色能源与环境．pdf［EB/OL］．（2022-09-13）［2024-05-31］．https：//sthjt. nmg. gov. cn/sthjdt/ztzl/lsydyl/202209/t20220913_ 2131180. html.

② 广州市商务局．多边合作助中企海外投资迎新机［EB/OL］．（2021-02-26）［2024-05-31］．http：//sw. gz. gov. cn/swzx/dwhz/content/post_ 7107837. html.

③ 中华人民共和国中央人民政府．我国对南非投资累计已超过 250 亿美元［EB/OL］．（2018-04-23）［2024-05-31］．https：//www. gov. cn/xinwen/2018-04/23/content_ 5285231. htm.

④ 中华人民共和国中央人民政府．中企在南非打造“闪亮品牌”［EB/OL］．（2016-12-15）［2024-05-31］．https：//www. gov. cn/xinwen/2016-12/15/content_ 5148186. htm#1.

⑤ 中华人民共和国商务部．中国—南非经贸合作简况［EB/OL］．（2020-08-20）［2024-05-31］．http：//www. mofcom. gov. cn/article/tongjiziliao/sjtj/xyfztjsj/202008/20200802994214. shtml.

的“内向”会使得对外投资的放缓趋势进一步加剧。这种情况下，包括“一带一路”和粤港澳大湾区建设都会受到影响。原因在于疫情后的国内市场需要建设，需要补充资源，需要“疗伤”，这时适当收缩对外投入的资源、暂缓经济“走出去”的步伐，也是顺理成章的调整。疫情将推动中国的经济重心“向内转”，会使得海外投资节奏被拖慢和延长。

此外，疫情影响海外矿业投资活动。矿业是为经济发展提供原料的基础性行业，经济发展的周期性特征决定了对矿产品的需求量和市场价格具有明显的周期性。因此，经济周期的变化对矿业公司的经营业绩会造成较大的波动。矿业投资项目产品价格、投资收益受经济发展周期影响之大，超过其他任何行业。在政策风险方面，一是针对人员的出入境管制措施，即商务谈判人员、项目管理人员或劳务人员受境内隔离或出入境管制影响，延迟或无法抵达项目所在国从事劳务或者经营管理活动；二是针对矿山机械设备或原材料进口的货物贸易控制，包括港口清关管控、检验检疫要求和强制物品征收或除害；三是矿石出运限制，疫情已开始对供应链产生影响，并使托运人寻找前往中国的船只更具挑战性，而有些项目所在国为控制疫情蔓延关闭边境口岸，致使产品无法从项目所在国出运。再者就是汇率风险，短期来看，疫情主要通过如下两个渠道影响人民币汇率：其一，疫情会降低市场主体的风险偏好。其二，中美利差有望收窄。2019 年美联储进行了三次降息，未来降息将相对谨慎。面对疫情的冲击，中国央行已继续采取降准和降息的操作来增大逆周期调控力度。中美利差的收窄，会为人民币带来贬值压力。中期来看，经常账户的变化可能会给人民币带来一定的贬值压力。新冠疫情被列为 PHEIC，这会对我国的货物贸易和服务贸易产生一定的负面影响，2020 年出口形势不容乐观。而中美贸易协议的签订要求中国从美国扩大进口，贸易顺差的收窄会降低我国的经常账户顺差，不排除出现经常账户逆差的可能。若出现账户逆差，也会为人民币带来贬值压力。

基于我国近年来在经济全球化和国际贸易中的广泛布局和深度参与，新冠疫情给我国对外贸易和对外投资带来了较为明显的短期负面冲击。国家统计局公布的数据显示，2020 年 1 月份至 2 月份，中国货物进出口总额 41238 亿元，同比下降 9.6%。其中出口 20406 亿元，下降 15.9%；进口 20832 亿元，下降

2.4%。贸易逆差达到426亿元，而去年同期为贸易顺差2934.8亿元。[①] 出口企业运营生产受到影响。疫情暴发期间，大量出口加工型企业面临着节后复工生产计划被打乱的困境。特别是集中了大量中小型外贸出口企业的广东、浙江等沿海省份，遭受疫情影响相对较重，波及范围更广。相当数量的一线员工由于疫情防控措施的限制在春节返乡后无法及时返城复工，给企业复工生产造成了困难。许多企业出现了原材料供应不足，交货困难，资金链紧张，企业用工难等问题，使外贸生产的供给规模和供给速度在短期内有所缩小和放缓。随着国外疫情加剧和防控措施出台，我国对外投资项目，尤其是商品服务、批发零售、制造和采矿业，很可能面临着生产停摆，员工感染，物流停滞等多重不确定性风险，给我国海外存量资产的安全性构成挑战。

2020年联合国贸易和发展会议的一份报告指出，受疫情影响，全球市场需求下滑，跨国企业下调盈利预期，进而影响其再投资计划，这将间接导致全球FDI下降。联合国贸易和发展会议对全球最大的100家跨国公司进行了调研，其中三分之二的企业发布公告称疫情将对公司业务造成影响，41家公司发布了利润下调预警，这也将影响到这些公司的利润再投资。而在全球最大的5000家企业中，将近一半的企业下调了盈利预期，盈利预期大约下降9%，发展中国家的大型企业受到的影响更大，盈利预期的下降幅度可能会达到16%。

如果中企疫情防控期间没有很好履行当地社会责任，在驻在国造成较为恶劣的负面影响，可能会使民众对中资企业的欢迎程度下降。例如，之前很多企业为了支援国内抗击疫情，将当地的口罩和医用防护服等医疗物资购买一空，现在疫情如果影响到了这些国家，特别是不发达国家和卫生体系薄弱国家，若中企没能很好地做好反向救援，很可能会被当地民众指责。对此，在外投资的中资企业应尽快做好相应的准备，并进行合适的宣传。从长期的角度来看，本次疫情对全球化造成的影响可能既有负面的，也有正面的。有

① 中华人民共和国中央人民政府．国务院新闻办就2020年1—2月份国民经济运行情况举行发布会［EB/OL］.（2020-03-16）［2024-05-31］. https：//www.gov.cn/xinwen/2020-03/16/content_5491835.htm.

些学者强调疫情是压倒全球化大趋势的最后一根稻草，发达国家将如美国一样鼓励产业回流；但也不能排除由于跨国企业的分散化经营，有可能使其具备了更强的抗风险能力，促使一些企业不将鸡蛋都放在一个篮子里，更多考虑在合适的地点进行扩张。

一些主要经济体，特别是美国，在疫情中可能会表现出更多的内顾倾向，民族主义情绪也可能会上升，这将对这些国家的企业到中国来投资产生一定影响。① 中国目前依然是排名世界前列的外商投资热土，如果这次疫情能够在中国得到迅速、有效的控制，中国防疫物资产能的快速恢复和扩充将对世界疫情防控起到关键作用。这将增强外资企业对中国政府的信心，进而有助于夯实中国作为世界制造业中心的地位和负责任大国的形象。这也为我国逐步恢复对外投资起到一个很好的铺垫作用，进而逐渐恢复产业链、减小疫情对于我国在海外投资利益的损失。

虽然疫情对我国海外投资产生诸多不利影响，但数字经济也因此迎来发展机遇，疫情后期我国数字经济将推动我国对外投资的发展。近年来，全球数字服务贸易稳步增长，疫情全球大流行更凸显了数字贸易的发展韧性和巨大潜力。2020 年全球服务贸易受到严重冲击，同比下降 20.0%，而疫情防控对通过数字手段交付的服务贸易影响有限，加速金融、保险、教育、医疗等传统服务贸易数字化转型，在线办公、云计算等新兴数字服务产业获得难得的发展机遇。2020 年全球数字贸易在服务贸易中的占比从 2011 年的 48.1%提升至 62.8%，在全球服务贸易中的主导地位逐步显现。② 数字经济时代已然到来，数字贸易展现出较强的活力与韧性，成为经济全球化的稳定器和新引擎。为抢抓新机遇，近年来主要经济体普遍将数字贸易发展作为国家发展规划、政策法规、对外经贸合作和国际规则制定的重点，力求构建良好的制度环境。未来，国际竞争将更趋激烈，推动数字贸易开放发展与合作的意义更

① 中国国际贸易新闻网．疫情影响全球外国直接投资增长 中企须在驻在国积极履行抗疫社会责任并做好宣传［EB/OL］.(2022-03-12)［2024-05-31］. https：//www.chinatradenews.com.cn/content/202003/12/c102201.html.

② 中华人民共和国商务部．展现数字贸易活力与韧性［EB/OL］.（2022-06-02）［2024-05-31］. http：//chinawto.mofcom.gov.cn/article/br/bs/202206/20220603316030.shtml.

为重大。①

2. 对外物流的挑战

疫情的不断蔓延，在实际运营层面给中国物流行业带来了很大影响，以物流为主要运输方式的对外贸易受到了极大的冲击，以美国为代表的西方国家甚至借此次疫情对中国物流公司予以制裁，物流企业的生存发展遇到了前所未有的挑战，对中国的经济发展带来了极为不利的影响。在疫情防控的同时，必须积极开展自救，努力将疫情的负面影响降到最低。

2020 年 3 月 23 日，广东省宣布，因全球疫情发展态势，第 127 届春季广交会确定不会在 4 月 15 日如期举办。受疫情影响，传统的空运和海运运输渠道受阻，全球的物流通道缩减了 90%，作为全球最繁忙集装箱码头之一的盐田港，挂靠在此的大型船舶数量以倍数增长，一方面缓解了华南地区“缺箱”“缺舱”的问题，另一方面也给原本已经无处不“箱”的港区推高了存量压力。旺盛的出口形势与持续紧张的运力拉锯，有舱无柜、有柜无舱已经是常态。在经历过去一年运价高涨、原材料涨价等问题后，外贸企业再度面临“货出不去”“款回不来”的局面，一些工厂选择停工、减少订单以应对压力。2020 年 9 月 3 日，上海航运交易所发布的中国出口集装箱运输市场周度报告显示，欧洲航线、北美航线、澳新航线等运输需求保持高位，海运费用仍居高难下。9 月 9 日，中集集团发布投资者调研信息公告表示，疫情导致全球的码头作业效率下降，进而导致拥堵，影响了空箱回流，该走空运的不走空运了，该走海运的没走海运，大家都走铁路运输这个通道，导致铁路货运量暴涨 80%。

2020 年 12 月，随着疫情冲击与全球保护主义升温，中国企业在收购海外矿产资源方面迎来新的挑战，比如在收购重大矿产资源，中国企业正面临越来越多的国家安全审查，以往一份项目开采方案设计规划可能更侧重经济利益，包括给当地带来就业、税收，协助当地建设公路与港口基建设施，以及

① 中国国际进口博览会．专家观点丨张琦：数字贸易给世界经济带来深刻变革［EB/OL］.(2022-06-20)［2024-05-31］. https：//www.ciie.org/zbh/cn/19news/dynamics/insights/20220620/32828.html.

为当地居民提供的医疗设施等效果；如今这些因素不再起到决定性作用，取而代之的则是环境保护与自然生态保障措施，能否尊重当地社区居民的生活利益与传统文化，能否给当地创造长期的经济发展前景与社会价值等。除安全审查外，摆在国内企业面前的还有运输难题。一家国内矿产企业运营主管向记者坦言："现在我们在海外的一些开采出来的矿产大宗商品，只能积压在港口无法运输。"① 一家国内矿产企业运营主管坦言，究其原因，一是疫情导致当地政府再度关闭港口，令相关运输工作停滞；二是疫情导致全球物流运力紧张，全球矿产运输船只也变得紧缺，运输费用大涨且无船可订，不少中国企业遭遇矿产开采运输难题。这导致企业高层对某些海外矿场收购变得犹豫——若没有配套的运输物流能力支持，他们所收购的矿场即便开采出大量矿产，也难以运回国内销售，反而加大海外矿场收购的运营风险。

疫情影响下的对外贸易受到冲击，但后疫情时代的对外贸易逐渐恢复。我国跨境服务贸易总体规模已经超过疫情前水平。国家外汇管理局副局长王春英 2022 年 7 月 22 日表示，新冠疫情暴发以来，我国的跨境旅行受到了较大影响，但其他形式的跨境服务贸易恢复较快。目前，跨境服务贸易包含的项目比较多，包括运输、旅行、知识产权使用、加工服务、金融服务、计算机信息服务以及其他商业服务等，各种不同类型服务贸易的影响因素也不同，走势也存在着差异。根据国际收支数据显示，2021 年我国跨境服务贸易收支规模已经恢复到疫情前水平。2022 年一季度收支规模比 2021 年同期继续增长了 26%。王春英介绍，近期，旅行收支规模有所回升。2022 年一季度，旅行逆差 294 亿美元，比 2021 年同期低谷水平扩大了 53%，但是仍然低于 2019 年同期的 576 亿美元。其他形式的跨境服务贸易合计顺差 128 亿美元，连续第二个季度为顺差，这是今年以来中国整体跨境服务贸易逆差收窄的主要原因。② 近年来，我国跨境服务贸易收入增加，体现了相关领域国际竞争能力的提升。主要是运输、其他商业服务、计算机信息服务

① 21 世纪经济报道．深度丨中企收购海外矿场大幕再启，面临安全审查阻力和开采运输难题［EB/OL］.(2020-12-15)［2024-05-31］.https：//caifuhao. eastmoney. com/news/2020121511392381 7117230.

② 国家外汇管理局．"2022 年上半年外汇收支数据情况"新闻发布会文字实录［EB/OL］.(2022-07-22)［2024-05-31］. http：//www. safe. gov. cn/safe/2022/0722/21228. html.

出口收入增长。王春英表示，总的来看，2022 年以来中国服务贸易收入、支出都呈现了增长态势，其中收入增长更快，推动了服务贸易逆差进一步收窄。①

在新冠疫情冲击之下，一方面，出口订单在减少，我国贸易伙伴几乎全部发生疫情，在疫情管控下物流运输困难，欧美客户原有订单也全部暂停或取消，导致中国工厂复工后也难出口，国际市场需求明显萎缩；另一方面，全球供应链受阻，进口原材料、零配件存在困难，相关国家零配件的供应能力明显下降，几乎没有企业能独善其身，绝大多数企业经营受到了影响。因新冠疫情的暴发，企业不得不延迟开工，再加上运输管制等因素，令外贸企业的运行面临非常大的考验。由于不能按时全面复工，导致外贸企业没有足够产品用于履行外贸订单交货义务。即使部分企业通过内部调剂可以进行交货，但也可能由于国内运输问题、通关防疫检验问题而导致时间延长，甚至可能遭遇外方以疫情为由拒绝收货。无论是面对哪种情形，都将给外贸出口企业带来损失。

除此之外，美国趁机对中国物流公司予以制裁，2020 年 5 月 19 日美国财政部以“与被美国列入黑名单的伊朗马汉航空有合作”为由，宣布对中国一家物流公司（Shanghai Saint Logistics Limited）实施制裁。“美国之音”称，制裁将冻结这家物流公司在美的所有资产，禁止美国公民与这家公司合作。外交部表示，中方一贯反对美方实施单边制裁和所谓“长臂管辖”。长期以来，国际社会各方在国际法框架内同伊朗开展互利友好合作，合理、合法，理应受到尊重和保护。中方敦促美方立即取消相关非法制裁，并将坚定致力于维护本国企业的合法权益。在国际社会共同抗击新冠疫情的关键时刻，美国仍在大搞单边主义和所谓“极限施压”，同国际社会团结抗击疫情的努力背道而驰，严重违反人道主义精神。中方敦促美国立即改弦更张，纠正错误做法。可见，美国一直对中国持有偏见，其妄图扭曲事实，一再针对中国，其行为不利于中美双方友好关系的维系，在疫情之下，更不利于全球疫情的防控，

① 外汇局．我国跨境服务贸易总体规模已超 2019 年疫情前水平［EB/OL］．（2022-7-22）［2022-9-18］．http：// tradeinservices. mofcom. gov. cn/article/yanjiu/hangyezk/202207/135577. html.

也给全球疫情的控制与经济的恢复造成了更大的困难。

可见，受疫情影响，全球经济面临严重衰退风险，物流受阻，国际市场需求大幅下降，我国外贸面临重大挑战，外贸企业遭遇订单跳水、项目取消、无法开工的困境，迫切需要打开新局面以渡过难关，外贸企业应抓住机遇，迎接挑战。出口转内销是必要的、可行的策略，外贸企业转内销有利于企业利用好身边的市场，借助国内供需两端快速回暖的优势，对抗外需不足所带来的订单减少压力，有利于外贸企业提高生存能力，减少因全球经济衰退所带来的损失。但外贸企业“掉头”转向国内市场、打开国内市场也并非易事，面临诸多转化成本。企业转型不仅需要时间，更需要政府引导和平台扶持。帮助企业减少全球疫情带来的风险，安全渡过难关，政府要做好引导工作。比如降低企业转向国内销售的成本，在监管、环境方面营造良好氛围；提供融资支持，帮助困难企业解决资金方面的难题；各地政府要加强协调，不能只照顾本地企业，而应该推动国内各地区商品流动。在政府和企业的努力下，中国必将战胜疫情，渡过难关。

3. 对外交流的挑战

疫情的暴发阻断了全球流通，严重影响了中国的对外开放与交流。具体表现在以下三个方面。

（1）国际航班运力不足

2021 年 10 月 29 日，中国民航总局表示，从 2021 年 11 月 1 日至 2022 年 3 月 26 日，中国仅允许每周 408 班国际客运航班定期往返中国，低于夏季的 644 班，减少了 36.6%。冬春的客运航班，将比一年前疫情时期下降 21.1%，而 2019 年 11 月至 2021 年 3 月由于新冠病毒大流行，国际旅行已严重低迷。中国民航局在其网站上的一份声明中表示：“国际客运航班换季将继续符合疫情防控政策和运输保障的相关要求。”① “五个一”政策允许大陆航空公司每周只执飞一个航班飞往任何一个国家的航线，而外国航空公司每周只运营一

① 中国民用航空局．全国民航即将开始执行 2021/2022 冬春航班计划［EB/OL］．(2021-10-29)［2024-05-31］．http：//www.caac.gov.cn/XWZX/MHYW/202110/t20211029_209814.html.

个飞往中国的航班。如果发现一定数量的乘客感染了新冠病毒，民航局会对航空公司的航班暂停或容量上限进行调整，如果航空公司没有输入任何病例，则增加航班。

不仅如此，其他各国也纷纷采取缩减航班举措以应对疫情蔓延。例如，2020 年 3 月 10 日，澳洲航空集团宣布，因新冠疫情扩散导致旅行需求下降，澳航将削减近四分之一的国际航班运力，以缓解疫情带来的严重影响。澳航在当天发表的新闻公报中表示，2020 年 9 月中旬前，将减少飞往亚洲、美国、英国和新西兰的国际航班班次，同时使用更小的飞机执飞。公报说，该次调整后，澳航的国际航班运力将比 2019 年同期明显减少。其中，飞往亚洲的航班减少 31%，飞往美国、英国和新西兰的航班分别减少 19%、17%和 10%。澳航首席执行官艾伦·乔伊斯说，随着疫情蔓延，过去两周国际机票预订量出现了“大幅下降”。澳航表示，将与受影响的旅客取得联系，并为他们提供替代航班。对于因航班减少无需工作的员工，澳航将要求其休假。①

此次疫情给航空运输业带来了前所未有的压力，虽然为应对外来输入风险，民航局在国际公约、国内法律的框架下，依法采取各项措施，依法合规地削减航班，但防控外来风险的同时，无疑对中国的对外交流合作构成了巨大的阻碍，加剧了防控风险与对外交流的矛盾。此外，疫情防控期间航运合同的变更与履行、旅客的权益保护等问题凸显，依法有序安排国际航班合理运行，既是我国航空运输业在疫情后恢复发展的需要，也有利于中外人员往来和国际交流与合作，我国应考虑疫情暴发的不同阶段的特点，结合各国应对的相关政策，从法律法规出发，协调国内法与不同国家之间的法律以及国际法与各条约之间的关系，有效解决疫情影响下的国际航班运输问题，在法治轨道上统筹推进、科学应对各项防控工作。

（2）中美相互熔断航班

自新冠疫情暴发以来，中美在航班航权问题上争执不断。在巨大的外防输入压力下，民航局严格执行国际客运航班熔断措施。据统计，自 2020 年 6

---

① 房家梁．澳航削减国际航班运力以应对疫情蔓延［EB/OL］．（2020-3-10）［2022-10-31］．https：//www. chinanews. com. cn/gj/2020/03-10/9120588. shtml.

月 8 日熔断措施实施以来，截至 2021 年 8 月 2 日，民航局已先后对 302 班疫情输入风险高且触发熔断机制的国际定期客运航班采取熔断措施，累计减少入境航班 621 班，预计减少输入病例 2300 余例。下一步，民航局将根据疫情形势的变化，针对境外输入风险，继续坚决执行严格的航班熔断政策。自 2020 年 6 月起，中方依法依规对入境中国的国际客运航班严格实施熔断措施，目的是最大程度阻断疫情跨境传播，保障各国人民健康安全，这恰恰是考虑了各方的公众利益。中方采取的有关措施，对中外航空公司一视同仁，完全公平、公开、透明，不违反有关双边航空运输协定。事实证明，这一措施为有效阻断疫情跨境传播，确保中外旅客健康安全发挥了重要作用，得到了绝大多数国家航空公司的尊重和配合。

与此同时，美国多次以航班熔断机制为由对中国航班采取“报复”举措。2022 年 1 月，美国交通部就宣布暂停中国 4 家航空公司 44 趟美国赴华航班。赵立坚此前表示，美方为了一己之私，寻求例外和特殊待遇，无理取消中方航空公司航班，干扰中方航空公司正常运营，罔顾中外旅客生命健康安全，这种行为霸道无礼，极不负责。2022 年 8 月 25 日，美国交通部发布通告，由于美国航司多个赴华航班被取消，计划自 9 月起取消 26 个由中国航司（国航、南航、东航、厦航）承运的美国赴华航班。美国交通部发布的公告表示，作出该决定是“出于公共利益的考虑”。[①] 但这意味着，原本就供不应求的中美航线航班运力将再遭削减，除了影响几家中方航空公司的收益，直接影响的还有回国乘客以及中美航线票价。中国驻美大使馆发言人刘鹏宇表示，美国交通部的行为“极不负责任”“毫无根据地暂停了航班”。大使馆表示，中国对 COVID-19 的熔断措施是公平和透明的，适用于中外航空公司，并符合双边航空运输协议。[②] 2022 年 11 月 11 日，国务院联防联控机制综合组发布进一步优化新冠疫情防控工作的“二十条”措施，适时调整疫情防控政策，取消了入境航班熔断机制。2022 年 12 月 26 日，国务院应对新冠疫情联防联控

---

① 中华网新闻．美拟取消 26 个赴华航班 中使馆回应：美方极不负责任［EB/OL］．（2022-08-26）［2024-05-31］．https：//news. china. com/socialgd/10000169/20220826/43247732_ all. html.

② 中华网新闻．美拟取消 26 个赴华航班 中使馆回应：美方极不负责任［EB/OL］．（2022-08-26）［2024-05-31］．https：//news. china. com/socialgd/10000169/20220826/43247732_ all. html.

机制综合组制定了《关于对新型冠状病毒感染实施“乙类乙管”的总体方案》。取消“五个一”及客座率限制等国际客运航班数量管控措施。2022年12月28日，中国民航局发布关于恢复国际客运航班工作方案的通知，主要措施包括：不再对国际客运航班实施“五个一”和“一国一策”等调控措施；逐步恢复受理中外航空公司国际客运包机申请；优化各口岸机场入境航班保障流程；不再定义入境高风险航班，取消入境航班75%客座率限制；取消入境航班涉及机场相关入境保障人员、国内和国际机组闭环管理、入境核酸检测和入境隔离等措施；加强对中外航空公司国际客运航线航班运营的安全监管，筑牢安全底线；加强国际航空运输价格管理。① 这些防疫举措是党中央在统揽全局、综合研判基础上作出的重大决策，对于做好新阶段疫情防控工作、更好统筹疫情防控和经济社会发展具有重要意义。

（3）中外人文交流受阻

在全球化遭遇逆流、中外人员流动和面对面交流受疫情阻碍的背景下，我们所面临的国际舆论环境发生了很大变化。首先，近年来中美关系跌入低谷，美国皮尤研究中心的一项调查显示，有80%以上的美国人对中国持负面看法。其次，俄乌冲突在全球范围内引发巨大反响，中欧关系也受到冲击，德国和法国政府都在制定有关中国的战略报告，据了解，报告有关内容相较以往可能比较负面。在疫情长时间阻断中外人员交流的情况下，一些了解中国、对中国持友好或中立态度的学者，做研究使用的往往是几年前过时的数据，没有什么新素材、新体会，他们在对华问题上的公信力被削弱。在美国致力于促进中美民间交流的团体也对中国抱有了负面印象。

在呼吁更加紧密的中国—东盟区域产业链同时，多名东盟国家驻华大使也明确表示，希望尽快恢复与中国的人员往来。新加坡驻华大使吕德耀表示，疫情使得人员往来受到限制，但他希望双方能够加强互联互通，尤其是面对面的交流与合作。努尔西万表示，2019年约有310万名中国游客到马来西亚旅游，约有1.7名留学生在马来西亚学习，马来西亚也有9000

① 中国民用航空局．关于恢复国际客运航班工作方案的通知［EB/OL］．（2022-12-28）［2023-1-9］．http：//www. caac. gov. cn/XXGK/XXGK/TZTG/202212/t20221228_ 216735. html.

名学生留学中国，但目前这种交往陷入停滞。如果我们想推动经济合作发展，很重要的是要加强人文交流，我想未来双方在此领域要进一步合作。[①]泰国驻华大使阿塔育也表示，在疫情之前，每年会有大约 1100 万中国游客来到泰国，去中国的泰国游客则达到 100 万。在旅游、学术、商务等领域，泰中两国应该进行更多交流合作。中国是多个东盟国家最重要的游客来源地之一，而旅游业在大多数东盟国家的经济中发挥着重要作用。受新冠疫情影响，柬埔寨、菲律宾等多国的旅游业收入锐减，中国与东盟间的人员往来也陷入停滞。[②]

此外，少数国家罔顾科学事实和本国疫情实际，对中国采取歧视性的入境限制措施。例如：美国疾控与预防中心网站（CDC）发表声明，从 2023 年 1 月 5 日起，所有 2 岁及以上从中国大陆地区、香港和澳门地区飞往美国的乘客需要在起飞前两天内接受检测，并在登机前向航空公司出示检测结果呈阴性的证明。同时，美国政府宣布延长对入境外国游客的完全疫苗接种要求延长至 4 月 10 日，该命令适用于非公民和非移民类签证。英国政府官宣，2023 年 1 月 5 日起，中国入境者需出示 48 小时内核酸阴性证明。韩国政府宣布，将要求来自中国的旅客出示核酸阴性证明，甚至对来自中国的旅客挂黄牌以区别于他国旅客。2022 年 12 月 27 日，日本政府宣布，2022 年 12 月 30 日起加强入境防疫措施。对于从中国大陆赴日及 7 天内去过中国的所有人员，实施入境检测。另外，日本还要求澳门特区的旅客提供核酸检测证明才能入境。由此，我国对韩国和日本的入境限制措施坚决反对并采取对等限制，2023 年 1 月 10 日，中国驻日本大使馆发布通知：自即日起，中国驻日本使领馆暂停审发日本公民赴华普通签证。[③] 同时，中国驻韩国大使馆发布关于暂停签发韩国公民赴华短期签证的通知，暂停签发韩国公民赴华访问、商务、旅游、就医、过境以及一般私人事务类短期签证。上述措施将视韩国对华歧视性入境

① 广西国际博览事务局．马来西亚驻华大使努西尔万：未来东博会平台将更重要［EB/OL］．（2021-09-11）［2024-05-31］．http：//blj. gxzf. gov. cn/xwzx/dbhzx/t10084154. shtml.

② 赵觉理，张丹．多个东盟国家驻华大使呼吁尽快恢复同中国人员往来［EB/OL］．（2021-09-12）［2022-10-31］．https：//world. huanqiu. com/article/44jdjFX1WsJ.

③ 中国驻日本大使馆：暂停审发日本公民赴华普通签证［EB/OL］．（2023-1-10）［2023-1-15］．http：//www. xinhuanet. com/2023-01/10/c_ 1129271823. htm.

限制措施取消情况再作调整。①

受疫情影响，中外人员往来大幅度减少，美西方国家甚至一些亚洲国家加剧了对中国的误解，产生了更为严重的负面情绪，影响中国故事在全球的讲述以及中国经验在全球的推广。外国学生来华留学也增加了许多不确定因素，远程授课缺乏真实的文化体验，授课效果大打折扣，打击了外国学生来华留学的热情。许多对外投资企业无法实地考察交流，丧失对外投资机会，限制了商务活动的开展和国家之间的人员流动，多国对中国旅客实行入境限制措施，影响国家间正常的人员交往和交流合作。中外人文交流受限暴露出疫情下中外人文交流的法律保护机制不健全，中外文化交流、服务贸易受到阻碍，面对新冠疫情中的一系列突出问题，应探索更适宜疫情的法律保护机制，创新文化交流方式，运用人文交流法治路径，解决现实问题。

三、突发公共卫生事件治理的中国立场

新冠疫情暴发以来，我国人民生命安全和身体健康受到严重威胁的重大时刻，中国始终坚持以人民为中心的原则，秉持对人民负责、对生命负责的鲜明态度，全力保障人民生命权、健康权。

（一）国内：始终坚持以人民为中心

在疫情发生后，党中央、国务院高度重视。中共中央总书记、国家主席、中央军委主席习近平作出重要指示，湖北武汉市等地近期陆续发生新冠疫情，必须引起高度重视，全力做好防控工作。正值春节期间，人员大范围密集流动，做好疫情防控工作十分紧要。各级党委和政府及有关部门要把人民群众生命安全和身体健康放在第一位，制定周密方案，组织各方力量开展防控，采取切实有效措施，坚决遏制疫情蔓延势头。要全力救治患者，尽快查明病

① 中国驻韩国使馆：暂停签发韩国公民赴华短期签证［EB/OL］.（2023-1-10）［2023-1-15］. https：// www. sogou. com/link？ url = NdaMVEDuTuUrWevkdNlBrHCCPVCqv2qamL_ OlBwXhvXieP6IDY7FQkkelOQkhgmAM6SKnjksoMpI4_ 7Eh9AR1g.

毒感染和传播原因，加强病例监测，规范处置流程。要及时发布疫情信息，深化国际合作。要加强舆论引导，加强有关政策措施宣传解读工作，坚决维护社会大局稳定，确保人民群众度过一个安定祥和的新春佳节。2020 年 1 月 25 日，习近平总书记主持中共中央政治局常务委员会会议时，他再次强调，要把人民群众生命安全和身体健康放在第一位，把疫情防控工作作为当前最重要的工作来抓。1 月 28 日，习近平在会见世界卫生组织总干事谭德塞时再次表示，人民群众生命安全和身体健康始终是第一位的，疫情防控是当前最重要的工作。①

2022 年 5 月 5 日中共中央政治局常务委员会召开会议，分析新冠疫情防控形势，研究部署抓紧抓实疫情防控重点工作。中共中央总书记习近平主持会议并发表重要讲话。会议指出，新冠疫情发生以来，我们坚持人民至上、生命至上，坚持外防输入、内防反弹，坚持动态清零，因时因势不断调整防控措施，疫情防控取得重大战略成果。2022 年 3 月以来，经过全国上下勠力同心、并肩作战，我们经受住了武汉保卫战以来最为严峻的防控考验，取得了阶段性成效。实践证明，我们的防控方针是由党的性质和宗旨决定的，我们的防控政策是经得起历史检验的，我们的防控措施是科学有效的。

1. 疫情防控坚持人民至上

古人讲：“与天下同利者，天下持之；擅天下之利者，天下谋之。”党章明确规定，我们党没有自己特殊的利益，党在任何时候都把群众利益放在第一位。这是我们党作为马克思主义政党区别于其他政党的显著标志。在重大疫情面前，我们一开始就鲜明提出把人民生命安全和身体健康放在第一位。我们在全国范围调集最优秀的医生、最先进的设备、最急需的资源，全力以赴投入疫病救治，救治费用全部由国家承担。人民至上、生命至上，保护人民生命安全和身体健康可以不惜一切代价！

① 习近平会见世界卫生组织总干事谭德塞. [EB/OL].(2020-01-28) [2022-11-11]. https://baijiahao.baidu.com/s?id=1657161520625885652&wfr=spider&for=pc.

自新冠疫情发生以来，国家调动全国医疗资源和力量，全力支持湖北省和武汉市医疗救治。自 2020 年 1 月 24 日至 3 月 8 日，全国共调集 346 支国家医疗队、4.26 万名医务人员、900 多名公共卫生人员驰援湖北。① 从 2020 年 2 月 10 日开始，19 个省份以对口支援、以省包市的方式支援湖北省除武汉市以外 16 个地市，各省在发生疫情、防控救治任务十分繁重的情况下，集中优质医疗资源支援湖北省和武汉市。② 人民解放军派出 4000 多名医务人员支援湖北，承担火神山医院等 3 家医疗机构的医疗救治任务，空军出动运输机紧急运送医疗物资。③ 而且，各医疗队从接受指令到组建 2 小时内完成，24 小时内抵达，并自带 7 天防护物资，抵达后迅速开展救治。④ 从全国调集 4 万名建设者和几千台机械设备，仅用 10 天建成有 1000 张病床的火神山医院，仅用 12 天建成有 1600 张病床的雷神山医院。短短 10 多天建成 16 座方舱医院，共有 1.4 万余张床位。⑤

我国实施患者免费救治。及时预拨疫情防控资金，确保患者不因费用问题影响就医，确保各地不因资金问题影响医疗救治和疫情防控。截至 2020 年 5 月 31 日，全国各级财政共安排疫情防控资金 1624 亿元。⑥ 同时，及时调整医保政策，明确确诊和疑似患者医疗保障政策，对确诊和疑似患者实行“先救治，后结算”。⑦ 截至 2022 年 5 月 31 日，全国确诊住院患者结算人数 5.8 万人次，总医疗费用 13.5 亿元，确诊患者人均医疗费用约 2.3 万元。其中，重症患者人均治疗费用超过 15 万元，一些危重症患者治疗费用几十万元甚至

① 这组数字是我们的战“疫”答卷．[EB/OL].（2020-06-07）[2022-11-11]. https：//baijiahao. baidu. com/s？id＝1677162206 426817296&wfr＝spider&for＝pc.

② 19 省份对口支援湖北 16 市州 众志成城汇聚决胜之力．[EB/OL].（2020-03-16）[2022-11-11]. https：//baijiahao. baidu. com/s？id＝1661282952071474861&wfr＝spider&for＝pc.

③ 这就是中国行动．[EB/OL].（2020-06-07）[2022-11-11]. https：//baijiahao. baidu. com/s？id＝1668817779703000678&wfr＝spider&for＝pc.

④「百年风华 医者榜样」抗疫一线医务人员英雄群体：人民至上 生命至上 [EB/OL].（2021-07-06）[2022-11-11]. https：// baijiahao. baidu. com/s？id＝1704522982910786279&wfr＝spider&for＝pc.

⑤ 人民至上、生命至上的中国答卷——从白皮书看中国抗击疫情历程．[EB/OL].（2020-06-08）[2022-11-11]. https：//bai jiahao. baidu. com/s？id＝1668890054178699851&wfr＝spider&for＝pc.

⑥ 沉默的数字会说话．[EB/OL].（2020-06-08）[2022-11-11]. https：//baijiahao. baidu. com/s？id＝1668900559623110708& wfr＝spider&for＝pc.

⑦ 湖北又迎好消息！联络组明确：湖北患者康复费用不需自己承担．[EB/OL].（2020-06-12）[2022-11-11]. https：//baijiahao. baidu. com/s？id＝1669251825771564216&wfr＝spider&for＝pc.

上百万元，全部由国家承担。①

2. 疫情防控紧紧依靠人民

人民是我们党执政的最大底气。在这次新冠疫情防控中，在党中央统一领导下，全国动员、全民参与，联防联控、群防群治，构筑起最严密的防控体系，凝聚起坚不可摧的强大力量。广大人民群众识大体、顾大局，自觉配合防控斗争大局，形成了防控的基础性力量。

在疫情发生后，我们充分发挥了基层主体作用，加强群众自治，实施社区封闭式、网格化管理，把防控力量、资源、措施向社区下沉，组建专兼结合工作队伍，充分发挥街道（乡镇）和社区（村）干部、基层医疗卫生机构医务人员、家庭医生团队作用，将一个个社区、村庄打造成为严密安全的“抗疫堡垒”，把防控有效落实到终端和末梢。按照“追踪到人、登记在册、社区管理、上门观察、规范运转、异常就医”的原则，依法对重点人群进行有效管理，开展主动追踪、人员管理、环境整治和健康教育。

在新冠疫情防控中，快递员、环卫工人、道路运输从业人员、新闻工作者、志愿者等各行各业工作者不惧风雨、敬业坚守。疫情防控期间，千家万户关门闭户，数百万快递员顶风冒雪、冒疫前行，在城市乡村奔波，给人们送来温暖。全国 180 万环卫工人起早贪黑、不辞辛劳，高标准做好卫生清扫、消毒杀菌、医疗废物集中处理、垃圾清理清运。② 数千万道路运输从业人员坚守岗位，许多城市出租车司机没有停工，有力保障疫情防控、生产生活物资运输和复工复产。新闻工作者不惧风险、深入一线，记录中国抗疫的点点滴滴，传递中国人民抗击疫情的温情和力量。许多普通人投入一线志愿服务，社区值守、排查患者、清洁消杀、买药送菜，缓解居民燃眉之急。据不完全统计，截至 2020 年 5 月 31 日，全国参与疫情防控的注册志愿者达到 881 万人，志愿服务项目超过 46 万个，记录志愿服务时间超

① 白皮书：中国新冠肺炎确诊患者人均医疗费用约 2.3 万元．[R/OL]．(2020-067) [2022-11-11]. https://baijiahao.baidu.com/s?id=1668825585199545129&wfr=spider&for=pc.

② 中华人民共和国国务院新闻办公室．抗击新冠肺炎疫情的中国行动 [N]．人民日报，2020-06-08 (010)．

过 2.9 亿小时。[①]

（二）国外：打造人类卫生健康共同体 贡献中国智慧与力量

自新冠疫情暴发以来，习近平总书记领导全国人民竭力抗击疫情，加强疫情防控与治理，同时也与世界各国合作、统筹全局。习近平总书记指出疫情防控绝不是单独某一个国家所面临的问题，世界各国应当始终秉持人类健康共同体乃至人类命运共同体的理念，各国应当积极参与全球共同治理，任何国家都不能独善其身。各国应风雨同舟，在疫情面前相互抱团，形成一个整体，为战胜疫情而发挥各自的力量。因此，在全面坚持“外防输入、内防反弹”的基本理念下，中国始终发挥负责任大国作用，携手推动构建人类卫生健康共同体，反对西方国家疫情“躺平”，始终积极参与国际事务对话。从 2020 年初至 2022 年底，中国采取了疫情防控分阶段的动态调整政策，坚持负责任的中国抗疫立场，从迅速有效地控制疫情传播，到积极主动地开展国际人道主义援助；从践行多边主义抗疫合作，到有效复苏经济社会发展，三年来，中国立场和防疫范本再次向世界证明了国家政策和制度的优越性，为全球疫情防控贡献了中国智慧和中国力量。

1. 有效遏制疫情扩散

中国的疫情防控措施不但有效地控制了国内疫情，更直接地帮助世界各国限制了全球疫情的蔓延。习近平总书记指出，坚决打好新冠疫情防控全球阻击战。国际社会应该加紧行动起来，坚决遏制疫情蔓延势头。我愿在此提议，尽早召开二十国集团卫生部长会议，加强信息分享，开展药物、疫苗研发、防疫合作，有效防止疫情跨境传播。[②] 习近平总书记认为，疫情防控是全人类所共同面临的难题，世界各国应当在疫苗研发、信息共享等方面加强共同合作，各国应当在世界卫生组织的领导下加强信息沟通、政策协调、行动配合，同时中国始终坚持人类命运共同体的理念，愿意同世界各国分享中国

① 白皮书：400 万名社区工作者奋战在全国 65 万个城乡社区．[R/OL]．(2020-06-07) [2022-11-11]．https：//m. gmw. cn/baijia/ 2020-06/07/1301268198. html.

② 习近平．携手抗疫，共克时艰 [N]．人民日报，2020-3-27.

抗疫经验、分享防疫有益做法。

2. 实行人道主义援助

习近平总书记2020年在中非团结抗疫特别峰会上的特别讲话指出，我们要坚定不移携手抗击疫情。中方将继续全力支持非方抗疫行动，抓紧落实我在世界卫生大会开幕式上宣布的举措，继续向非洲国家提供物资援助、派遣医疗专家组、协助非方来华采购抗疫物资。[①] 中国在疫情发生后，即使本国仍然面临着巨大的压力，仍然力所能及地向国际社会提供援助，前后两次向世界卫生组织提供共5000万美元现汇援助；积极向世界各国派出医疗专家组、指导援外医疗队协助驻在国开展疫情防控工作、向驻在国民众和华侨华人提供咨询和健康教育，向世界多个国家、地区和国家组织捐赠抗疫物资。仅2020年3月1日至5月31日，中国向200个国家和地区出口防疫物资，其中，口罩706亿只，防护服3.4亿套，护目镜1.15亿个，呼吸机9.67万台，检测试剂盒2.25亿人份，红外线测温仪4029万台，出口规模呈明显增长态势，有力地支持了相关国家疫情防控。[②] 中国对于世界各国的人道主义援助行动体现了中国的大国担当和人道主义精神，中国始终坚持认为疫情面前不分国度，世界各国人民应作为同一整体共同抗击疫情。

3. 践行多边主义理念

美国在疫情发生后多次“甩锅”世界卫生组织，从一开始“威胁停缴会费”，宣布暂停资助世界卫生组织，到最后退出世界卫生组织，美国的一系列行为可谓无比傲慢，无视世界卫生组织的抗疫努力，不顾全球抗疫大局，极力奉行单边主义，坚持“美国优先”。中国在疫情发生以后，国家领导人积极与世界各国联系交流，本着公开、透明、负责任的原则与世界各国共享信息、分享经验、相互协助；中方指出中国同世界各国面对疫情有着共同的感受，中国会竭力协助其他国家度过疫情难关，加强双边、多边合作，支持世界卫

① 习近平．团结抗疫，共克时艰［N］．人民日报，2020-6-18.

② 中华人民共和国国务院新闻办公室．《抗击新冠肺炎疫情的中国行动》白皮书［R/OL］．(2020-6-7)［2022-9-8］．http：//www.gov.cn/zhengce/2020-06/07/content_ 5517737.htm.

生组织的工作，共同抗击疫情。习近平总书记在世界经济论坛“达沃斯议程”对话会上的致辞中讲道：“世界上的问题错综复杂，解决问题的出路是维护和践行多边主义，推动构建人类命运共同体。我们要坚持开放包容，不搞封闭排他。多边主义的要义是国际上的事由大家共同商量着办，世界前途命运由各国共同掌握。”① 世界各国应当始终秉持人类命运共同体的理念，坚守和平与发展、公平与正义、民主与自由的人类共同价值，在最大程度上增强合作理念，共同维护世界和平。

4. 积极促进经济复苏

疫情对于世界经济带来了巨大的冲击，首先是各级经济体经济增速陡降，如美国经济增长率为-4.3%、巴西经济增长率为-5.8%；其次是物价下跌和失业率上升，如中国失业率从2019年12月的5.2%上升至2020年2月的6.2%，而后随着疫情的控制和经济的恢复在当年11月又降至5.2%。② 经济的恢复与发展成为后疫情时代世界各国共同关注的一个主题。2021年7月，习近平总书记在亚太经合组织领导人非正式会议上的讲话中提到：“疫情发生以来，亚太经合组织成员团结一心，积极开展抗疫合作，亚太地区经济率先形成恢复势头，为拉动世界经济作出了贡献。当前形势下，我们应该加强团结合作，努力克服疫情影响，推动世界经济复苏。”③ 中国在疫情后率先控制了疫情的发展，实现复工复产，逐步恢复经济发展，2020年第一季度严重受挫，第二季度逐步恢复性反弹；直至目前，中国已经全面建成小康社会，完成了脱贫攻坚战，实现了第一个百年奋斗目标。中国不仅关注于本国疫情后的经济恢复状况，同时呼吁亚太地区各国乃至世界各国共同协作发展，引导经济全球化朝着更加开放、包容、普惠、平衡、共赢的方向发展。

5. 适时调整防控政策

新冠疫情发生以来，我国坚持人民至上、生命至上，坚持外防输入、内

① 习近平．让多边主义的火炬照亮人类前行之路［N］．人民日报，2021-1-26.
② 张宇燕．新冠肺炎疫情与世界经济形势［J］．当代世界，2021，(01).
③ 习近平．团结合作抗疫引领经济复苏［N］．人民日报，2021-07-17 (002).

防反弹，坚持动态清零不动摇，因时因势优化完善防控措施，积极应对全球多轮疫情流行的冲击。① 基于当前疫情形势以及取得的防控成果，2022 年 11 月11 日，国务院应对新冠疫情联防联控机制综合组发布了《关于进一步优化新冠肺炎疫情防控措施 科学精准做好防控工作的通知》，即防疫“二十条”。与“第九版防控方案”相比，“二十条”也针对当前疫情形势作出了新的调整。

2022 年 12 月 7 日，国务院联防联控机制综合组公布优化落实疫情防控的“新十条”。随着病毒对人体健康和生命安全的危害减弱，综合考虑病毒特点、疫情形势、疫苗接种、医疗资源准备和防控经验等因素，我国决定继续优化调整疫情防控措施，依法将新型冠状病毒从“乙类甲管”调整为“乙类乙管”。2022 年 12 月 26 日，国家卫生健康委发布公告：将新型冠状病毒肺炎更名为新型冠状病毒感染；经国务院批准，自 2023 年 1 月 8 日起，解除对新型冠状病毒感染采取的《传染病防治法》规定的甲类传染病预防、控制措施；不再纳入《国境卫生检疫法》规定的检疫传染病管理。② 同时，为贯彻落实党中央、国务院决策部署，平稳有序实施新型冠状病毒感染“乙类乙管”，国务院应对新冠疫情联防联控机制综合组制定了《关于对新型冠状病毒感染实施“乙类乙管”的总体方案》（以下简称《总体方案》）。《总体方案》对中外人员往来管理做优化，按照《总体方案》要求，一是来华人员在行前 48 小时进行核酸检测，结果为阴性的可来华，无需向我驻外使领馆申请健康码，将结果填入海关健康申明卡。如呈阳性，相关人员应在转阴后再来华。二是取消入境后全员核酸检测和集中隔离。健康申报正常且海关口岸常规检疫无异常者，可放行进入社会面。三是取消“五个一”及客座率限制等国际客运航班数量管控措施。四是各航司继续做好机上防疫，乘客乘机时须佩戴口罩。五是进一步优化复工复产、商务、留学、探亲、团聚等外籍人士来华安排，

① 国务院应对新型冠状病毒肺炎疫情联防联控机制综合组．关于进一步优化新冠肺炎疫情防控措施 科学精准做好防控工作的通知［A/OL］.（2022-11-11）［2022-11-26］. http：//www.nhc.gov.cn/xcs/yqfkdt/202211/ ed9d123bbfe14e738402d846290049ea. shtml.

② 国家卫生健康委．公告［A/OL］.（2022-12-26）［2022-12-27］. http：//www.nhc.gov.cn/xcs/zhengcwj/202212/ 6630916374874368b9fea6c2253289e1. shtml.

提供相应签证便利。逐步恢复水路、陆路口岸客运出入境。根据国际疫情形势和各方面服务保障能力，有序恢复中国公民出境旅游。[①] 2023 年 1 月 7 日，国务院联防联控机制综合组制定了《新型冠状病毒感染防控方案（第十版）》，指导各地做好对新型冠状病毒感染实施“乙类乙管”后的疫情防控工作。[②] 我国新冠疫情防控主动作出一系列重大调整，为抗疫平稳转段赢得宝贵时间和最大空间。

---

① 国务院应对新型冠状病毒肺炎疫情联防联控机制综合组．关于印发对新型冠状病毒感染实施“乙类乙管”总体方案的通知［A/OL］.（2022-12-26）［2022-12-27］. http：//www. nhc. gov. cn/xcs/zhengcwj/202212/e97e 4c449d7a475794624b8ea12123c6. shtml.

② 国务院联防联控机制综合组．关于印发对新型冠状病毒感染防控方案（第十版）的通知［A/OL］.（2023-1-7）［2023-1-9］. http：//www. nhc. gov. cn/xcs/zhengcwj/202301/bdc1ff75feb94934ae1dade176d30936. shtml.

第二章

突发公共卫生事件中行政管控的法治化

在公共卫生应急状态下，国家权力结构内部因应产生功能性变化，由于行政权具有更为突出的主动性、积极性和灵活性特征，因而将承担更加突出的责任。为强化对疫情的有效行政管控，需要首先在组织领导的制度层面进行职权分配，以充分发挥行政管理体系的治理效能，并动员社会和市场力量协助管控目标的实现。

一、组织领导的法治化

（一）联防联控

对于突发公共卫生事件的行政管控，首要的问题是应当确立何种应急管理组织体系。这涉及在各个层级以及各种类型的组织机构之间的关系架构，一个国家需要在明确突发公共卫生事件应对的组织领导模式的基础上形成一个纵横交错的防控网络结构。由于突发公共卫生事件在发生原因、发展过程、影响后果等方面往往跨越不同地区、不同部门，产生连锁联动的效应，往往需要成立某种形式的跨部门应急指挥机构，整合党委、政府相关部门的资源，进行协同应对。

从事实层面来看，我国在应对如 2003 年的“非典”、2009 年的“甲流”以及 2019 年的“新冠”等典型突发公共卫生事件时，均实行了联防联控。这种整体主义的组织领导模式具体表现为中央层面成立由多部门参与的组织形式，加强党政、部门、军地之间的信息沟通和统筹协调力度；各地建立相应的体制机制，全力开展防控工作；同时社会各界积极参与，建立涵盖社区、学校、企业和农村等主体的防控机制，形成政府主导、全社会共同参与的防控格局。① 这样一种疫情防控的组织架构，在实践中发挥出整体行动与协同治理的效能，是我国能够战胜各类突发公共卫生事件的取胜之道，充分体现了社会主义制度的优越性。例如，2020 年 1 月 20 日，国家卫生健康委牵头成立了应对新冠疫情联防联控工作机制，成员单位共 32 个部门，下设疫情防控、医疗救治、科研攻关、宣传、外事、后勤保障、前方工作等工作组，分别由相关部委负责人任组长。1 月 25 日，党中央成立应对疫情工作领导小组，组长为国务院总理李克强，在中央政治局常委会领导下开展工作。领导小组成立后，原来由国家卫健委牵头成立的疫情联防联控工作机制也调整为国务院联防联控机制。国务院联防联控机制下设综合组、医疗救助组、医疗物资保障组、生活物资保障组、科研攻关组、专家组等工作组，就疫情分析研判、患者医疗救治、药品和物资供给保障、医护人员安全防护、市场供给保障、舆论引导、社会力量组织动员、维护社会大局稳定等问题开展联防联控。通过“横向到边、纵向到底”联合布控，实现了“外防输入、内防反弹”的战略目标。

从规范层面来看，我国立法中关于联防联控的制度规定较为模糊。一方面，《传染病防治法》和《突发事件应对法》等正式法律渊源中并未直接规定联防联控的内容，但某些规定与联防联控具有密切相关性，例如《突发事件应对法》第 8 条规定：“国务院在总理领导下研究、决定和部署特别重大突发事件的应对工作；根据实际需要，设立国家突发事件应急指挥机构，负责突发事件应对工作；必要时，国务院可以派出工作组指导有关工作。县级以上地方各级人民政府设立由本级人民政府主要负责人、相关部门负责人、驻

① 陶鹏．论突发事件联防联控制度多元建构的理论基础［J］．行政法学研究，2020（03）．

当地中国人民解放军和中国人民武装警察部队有关负责人组成的突发事件应急指挥机构，统一领导、协调本级人民政府各有关部门和下级人民政府开展突发事件应对工作；根据实际需要，设立相关类别突发事件应急指挥机构，组织、协调、指挥突发事件应对工作。上级人民政府主管部门应当在各自职责范围内，指导、协助下级人民政府及其相应部门做好有关突发事件的应对工作。”另一方面，直接出现联防联控表述的文本主要表现为党政机关发布的规范性文件。如《国务院应对新型冠状病毒感染肺炎疫情联防联控机制关于做好新冠肺炎疫情常态化防控工作的指导意见》（国发明电〔2020〕14号）、《关于切实做好新冠肺炎聚集性疫情防控工作的紧急通知》（联防联控机制综发〔2020〕81号）等。

联防联控，是我国政府应对灾害危机所产生的本土制度，反映了我国应急管理体系的中国特色，通过全面的政治动员和社会参与，体现了“集中力量办大事”的大国优势。

1. 联防联控的功能定位不明确

联防联控究竟是整体上的应对体制，还是组织架构，抑或决策或协调的工作机制，目前仍难以界定。无论是在学术研究还是在各类官方文件当中，相关的概念表述大不相同。如果不能准确界定联防联控的功能定位，将无法对这一概念进行准确界定，进而难以实现其规范化和制度化。

2. 联防联控滋生了泛政治化的现象

在应对突发公共卫生事件的严峻形势下，联防联控反映了中央党政机关高度重视的政治态度，在具体的执行过程中，往往可能导致各级机关单位“层层加码”，而忽略了自身承担职责当中的公共服务部分，在一些部门和机关的运作中缺乏因时因地制宜的弹性。

3. 联防联控相关主体的关系有待厘清

由于联防具有多主体和跨系统等开放性特征，只有各主体之间形成有机联系的有序关系，才能形成应对突发公共卫生事件的合力。其中就涉及党政之间的关系、中央与地方的关系、政府与政府部门的关系、政府与市场主体及社会主体的关系、如何定位技术专家参与治理等一系列有待厘清的问题。

（二）权责分工

联防联控能够从宏观上整合与动员各方面力量，但在具体事务处理的微观层面，仍然需要进行进一步的权责明确与分工，以避免积极争夺与消极退让的职权争议，影响到突发公共卫生事件的及时和有效应对。尤其是以下三个方面的权责分工，是需要重点关注的核心问题。

1. 党政之间的权责分工并不明确

重大突发公共卫生事件暴发之后，各级党委和政府成为应急领导机构，具体表现为“委员会”“指挥部”“领导小组”等名义存在的常设性或临时性的议事协调机构。然而，各级党委与政府之间的关系在公共卫生应急实践中表现出不同模式：如在2003年的“非典”疫情和2009年的“甲流”疫情中，党委主要在“幕后”发挥指导、协调、督促、调查等间接作用，突发事件的具体指挥工作由政府负责；在新冠疫情防控中，党委从“幕后”走到了“台前”，对突发事件的应对工作直接进行指挥决策，政府负责具体执行。总体来看，究竟是党委负责统筹部署的间接领导，政府负责具体指挥执行，还是由党委进行直接领导，实践样态并不统一，在规范层面也并未明确。尤其是在党委对疫情防控进行直接领导的情况下，党内法规应当配套相应的制度规范，对党的领导干部在应对突发公共卫生事件过程中存在违规或渎职等行为的规定相应的责任追究制度。

2. 中央和地方之间的权责分工存在法律冲突

突发公共卫生事件应对的主要依据是《突发事件应对法》和《传染病防治法》两部法律。由于两部法律的制定背景和制度目标存在不一致，导致两部法律在中央与地方权限的划分上存在思路上的差异。在《突发事件应对法》当中，由于立法者已然认识到传染病的扩散具有“由点即面”的传播特征，而有关传染病信息的监测、分析以及及时处理，需要避免由于科层制层层上报产生的迟延弊端，因而确立了“以块为主型”的“属地管辖原则”，即将县级以上人民政府作为应对所有级别突发公共卫生事件的首要责任主体，而相关职能部门以及被授权的社会组织则在本级政府的领导下履行法定职责。在更早制定的《传染病防治法》当中，由于当时我国对突发公共事件实行分灾种、分部门的管理体系，也就是俗称的“以条为主型”管理体系，即对于不同类型的突发事件，由相应政府职能部门分别主管。例如，民政部门主管突发性自然灾害；公安部门主管社会安全事件；地震行政部门主管抗震；经济行政部门主管经济方面突发公共事件。这样一种分部门、分灾种的分散型应急管理体系被认为具有专业性较强，能够发挥专业优势，并做到各司其职的优势。然而，由于不同职能部门之间的考核目标并不一致，有的还存在相互竞争，且应急资源有限，而应急职责重大，致使出现各自为政和部门保护主义倾向。理论上虽然有多个部门对突发事件负责，但事实上，谁都没有能力负责。这样一种分灾种、分部门的应急管理体系在应对2003年“非典”疫情中暴露出了诸多问题，已经被实践证明是一种缺乏效率的应急处置体系。问题在于，2007年《突发事件应对法》制定时，没有妥善解决好两部法律之间关于央地关系处理上的法律冲突，这对于整体的公共卫生应急法律体系的建构带来了巨大的挑战。

3. 政府与职能部门之间的权责分工不够清晰

一级政府总揽辖区内的行政管理事务，职能部门在特定的管理领域履行法定职责。在突发公共卫生事件的应对中，往往需要多个职能部门共同协作，而其中最为核心的部门是卫健委。两相比较，一级政府具有综合性优势，而卫健委具有更为突出的专业性优势。按照《突发事件应对法》的规定，两者在突发公共卫生事件的应对中具有诸多管理事项上的交叉重叠，如预警的发布、信息的公开、作出决定或命令、采取应急管制措施、应急征用等。此外，从针对突发公共卫生事件的联防联控实践情况来看，究竟谁为主导，也存在不同的样态。具体而言：在2003年的“非典”疫情中，是由当时的卫生部（2018年改制为国家卫生健康委员会）牵头进行联防联控，具体表现为卫生部成立全国非典防治工作领导小组，卫生部长为组长。后来又成立了由国务院副总理担任总指挥的全国防治非典指挥部。在 2009 年的“甲流”疫情中，成立了以卫生部牵头的多部门人感染猪流感联防联控工作机制。在新冠疫情防控初期，成立了以卫健委牵头的应对新冠疫情联防联控机制，成员单位共 32 个部门。在法律层面来看，在突发公共卫生事件的应对过程中，究竟是由政府组建联防联控机制，还是由卫健委组成多部门联防联控机制，缺乏相应的规范性条件和标准。

（三）疾控机构

从公共卫生事件的应急管理过程来看，如能事先预防其发生，成本将远远小于事后的救治和控制，特别是对于一经扩散将造成严重损害的重大疫情，如不能在公共防疫的黄金期进行有效预防，事后补救的代价必将是国民难以承受之重。然而，虽然风险预防在我国的立法和政策当中屡次提及，但在具体的实现路径上往往没能注意制度落地，实践运行常常呈现出明显的“重治疗，轻预防”倾向。预防效能的欠缺，尤其体现在疾控机构的建设不足问题上。

按照《传染病防治法》第 7 条的规定，各级疾病预防控制机构承担传染病监测、预测、流行病学调查、疫情报告以及其他预防、控制工作。从该规定可知，疾控任务具有三大基本属性：一是需要借助医学、卫生统计等科学知识的专业性；二是进行信息监测、控制监督等工作的管制性；三是因疾控问题往往只有在遭遇公共卫生危机情况下才会引起决策者关注，但其功能强化依赖日常建设的持续性。问题在于，目前我国的疾控中心建设现状未能匹配疾控任务的专业性、管制性与持续性特征。

1. 疾控中心的管制职能被剥离

我国各级疾控中心在设置上被确定为卫生健康部门的直属参公事业单位，不具有支撑其履行疾控监管职能的行政管理职权，承担疾控监督执法的是卫生健康部门所属的卫生监督执法机构。

2. 疾控中心事实上的行政依附性影响其专业性判断

尽管疾控中心作为事业单位具有独立性，但因为疾控中心受到上级疾控中心和本级卫生健康部门的双重领导，加之受地方财政的影响很大，疾控中心的自主性缺乏支撑，这种局势下极大降低了疾控中心判断的专业性。

3. 疾控中心的资金保障存有不足

一方面，2017 年财政部、国家发展改革委发布了《关于清理规范一批行政事业性收费有关政策的通知》，取消了行政事业预防性体检费、卫生检测费、委托性卫生防疫服务费，阻断了疾控中心从市场获得营收的途径；另一方面，在疾控中心被划归为公益一类事业单位后，财政投入存在巨大缺口，国家公共卫生专项经费拨款不断下调，疾控工作的资金保障存有不足。

4. 疾控中心数量和人才队伍不断缩水

从疾控中心的数量来看，一些地方撤销了疾控中心，根据课题组调研所得，2019 年的总数比 2003 年“非典”后减少了 130 多个；从人才队伍来看，国家疾控中心每年流失的青年骨干以几十人计，一些地方疾控中心人才流失可能更加严重。

基于以上各方面的情况，疾控中心“小牛拉大车”的问题非常突出，因“用兵一时”而不愿“养兵千日”的倾向亟待纠正。

（四）基层治理

在公共卫生事件应急管理的组织体系当中，乡镇政府、街道办事处、园区、社区、物业等基层参与主体奋战于疫情防控的一线，在信息监测、涉疫人员排查、监督执法等方面与群众进行直接接触。问题在于，这些主体是否具备开展相应疫情防控工作的法律资格，亟待在法律层面予以明确，由此引起的以下两个方面的问题尤为突出。

1. 基层参与主体的身份不明确

一方面，无论是采取强制隔离、强制封锁还是针对违反疫情防控措施的违法行为进行处罚，均须以行动主体具备执法资格为前提。从《行政强制法》和《行政处罚法》对实施主体的规定来看，有权采取强制措施或行政处罚的主体原则上被限定为县级以上人民政府及其工作部门。具体而言，疫情防控的职责主要由县级以上的卫生健康部门、公安部门等承担。这种职权配置主要是从常态下控制权力和保障人权的角度进行的设计。另一方面，疫情防控期间，需要非常态的制度设计以提升行政效能，保障公权力在传染病风险出现的第一时间介入。在触及传染病患者、疑似患者或密切接触人群等情景下，如果仍然按照常态下的行政执法制度运行，将导致“管得到的看不到”和“看得到的管不到”的困境。在这种情况下，基层应急参与主体如不能即刻采取行动，将错过执法的时机，导致不可估量的后果。遗憾的是，虽然目前的《突发事件应对法》《传染病防治法》等法律法规概括性地规定了部分基层参与主体的职责，但均未对公共卫生事件应急状态下基层参与主体的执法主体资格予以确认。正是在这样的背景下，2021 年 7 月 15 日施行的第一次全盘修订的《行政处罚法》对这一问题进行了针对性回应，这主要反映在受委托行使行政处罚权的对象得以扩展，不再局限于行政机关和事业单位，而是所有依法成立的具有管理公共事务职能的组织。与此同时，乡镇政府与街道办事处也可以有条件地承接部分行政处罚权。这些规定，均反映了新背景下基层参与主体的执法权限强化的改革动向。

2. 参与主体越权行使管理职权频频出现

在 2021 年 7 月底，新冠疫情又出现反扑之势，为此，各地又出现了一波以接种疫苗为出行或参与其他公共活动的强制性条件的现象。在进入后疫情时代阶段后，无论是高校还是中小学，在 2021 年秋季均实现了或迟或早的正常开学，然而，却也出现个别地方的中小学校要求家长持疫苗接种证明方能办理入学返校手续的现象。虽然，校园属于人群密集的高风险场所，在疫情防控工作上应当更加严格，但国家卫健委多次强调新冠疫苗接种需要遵循知情、同意、自愿的原则。学校采取此种强制措施，限制部分学生的受教育权明显缺乏法律依据，超越了学校的管理权限。此外，各地还频频传出一些地方的公共交通运营公司以市民接种疫苗作为乘坐公共交通工具的前提条件的新闻。例如，大连国际机场从 2021 年 8 月 29 日起，要求凡是进入候机楼等公共区域的人员除佩戴口罩、出示数据行程卡、健康码外，还须提供疫苗接种记录。① 再如，在同一时间，长沙地铁在原有查验电子健康码的基础上，将对所有进站乘客增加查验疫苗接种记录。未接种疫苗的乘客，须登记姓名、联系方式、身份证号码、家庭住址、未接种原因等信息后，方可进站乘车。② 2020 年以来，各地更是纷纷将查验 72 小时内、48 小时内核酸检测阴性证明作为乘坐交通工具或出入公共场所的条件。诸如此类的做法在各地并不鲜见，但都在市民的强烈不满以及政府有关部门的明令叫停后偃旗息鼓。其中涉及的一个核心问题在于，学校、公共交通运输企业等主体虽具有加强疫情防控的良好初衷，但在没有获得法律法规授权或者有权部门委托的情况下，欠缺采取限制公民基本人权的管制措施的权限和资格。

（五）组织领导的法治化方案

突发公共卫生事件治理中组织领导法治化方案，应以构建权责清晰、履职有力的应急组织领导体系为目标。

1. 确立“块状为主”的属地管理模式

联防联控机制注重从横向上打通常规下的部门分工建制，对“块状”管理模式进行重组，形成跨部门、跨行业的防控合力。在非典疫情与新冠疫情等公共卫生事件应对实践中，根据疫情严重的程度，分别由相应级别的政府进行组织、协调和应对的属地管理原则，已然被证明具有快速反应的突出优势。因此，应当及早解决当前《传染病防治法》与《突发事件应对法》之间的管理模式冲突问题，在未来制定统一的《公共卫生法》或对《传染病防治法》进行修改时，确定与《突发事件应对法》一致的“块状为主”的属地管理模式。

2. 明确应急管理相关主体职权职责

一方面，应当明确应急指挥部为统一的领导主体，将实现部门协调与整

---

① 大连国际机场：“明日起旅客进入航站楼将出示新冠病毒疫苗接种记录［EB/OL］.（2021-08-28）［2022-10-09］. https：//baijiahao. baidu. com/s？ id=1709332175819781774&wfr=spider&for=pc.

② 长沙地铁：今起将对所有进站乘客增加查验新冠病毒疫苗接种记录［EB/OL］.（2021-08-29）［2021-10-08］. https：//www. sohu. com/a/486415524_ 118779？ _ trans_ =000019_ wzwza.

合的应急指挥部确立为统一领导主体，避免政出多门；另一方面，在地方立法层面与《行政处罚法》修法相衔接。授予省级政府根据情况决定乡镇政府、街道办事处行使部分处罚权，放开对事业单位以外的主体委托行使处罚权的立法动态，在应急状态下委托机场、火车站等交通枢纽，餐饮、住宿、商场等公共场所以及社区、小区物业等承担如健康监测、采取清洁、消毒措施等防疫管理职责。

3. 强化公共卫生预防专业机构的职能

实际上，在经历过本轮疫情的挑战后，原本作为国家卫健委内设机构的国家疾病预防控制中心（厅局级）转制为副部级的国家疾控局。首先，地方政府机构设置亦应作出相应调整，至少应确立疾控中心“公益一类事业单位保障，公益二类事业单位管理”的机构运行机制，其经费由财政全额保障；其次，健全公共卫生人才的准入、培养、待遇保障、考核评价和激励机制，扩充专业人员编制；再次，明确疾控中心可以面向高等院校或科研机构设立专项研究基金，从事前沿的流行性疾病研究；最后，赋予其监督执法权，确立疾控机构负责人作为公共卫生主管部门班子成员的制度。

4. 严格公共卫生应急防控问责制度

在疫情防控期间，无论是乱作为还是不作为，都将对人民群众的生命健康和财产安全造成严重损害，对于相关责任人员，必须严格依照党纪政务处分规定进行问责，才能达到督促履职，提升防控实效的制度功能。例如，针对郑州赋红码这一典型的乱作为事件，针对相关责任人员分别根据其情节严重程度作出撤职、记大过、记过、降级、严重警告等党纪和政务处分。在常态化的疫情防控形势下，地方防疫层层加码是广大人民群众感受最为深刻的乱象。为此，应当严禁随意封校停课、停工停产、未经批准阻断交通、随意采取“静默”管理、随意封控、长时间不解封、随意停诊等各类层层加码行为，加大通报、公开曝光力度，对造成严重后果的依法依规严肃追责。① 与此

① 国家民政部．关于进一步优化新冠肺炎疫情防控措施 科学精准做好防控工作的通知［A/OL］.（2022-11-14）［2022-11-11］https：//www.mca.gov.cn/article/xw/szyw/202211/20221100044887.shtml.

同时，还应当在制度上明确防疫不力的标准以及合义务履职后的免责条款，保障各级政府部门及其工作人员积极稳妥地推进防疫工作。

二、疫情预警的法治化

在突发公共卫生事件当中，往往也需要在没有明确传染源、理清致病机理、查明传播途径的情况下进行公共决策。一方面，在公共卫生事件大规模暴发之前，存在一段黄金防控期，如果政府在这一期间采取相应的防控措施，将极大降低疫情大范围传播的风险；另一方面，在疫情早期阶段，政府恰恰要面对各方面信息不全，有关传染病的知识储备不足的困局。此时，放任不管可能会造成极其严重而又不可逆转的损害，过度规制又可能限制自由、遏制发展。在制度层面，如何快速及时地对突发公共卫生事件采取集体行动取决于应急预警制度的科学构造。

（一）疫情预警的制度特征

在实定法上，《政府信息公开条例》第19条规定的主动公开范围中将疫情预警作为一项具体的公开事项，《突发事件应对法》和《传染病防治法》则为疫情预警提供了实施细则，因而疫情预警构成了政府信息公开的一种特殊形式。与其他的信息公开事项相比，疫情预警在以下两个方面表现出显著特征。

1. 具有公共决策的性质

一般的信息公开只是将行政机关在行政管理职能过程中制作或获取的信息通过主动公开或依申请公开的方式公之于外。疫情预警从过程上需要通过监测、报告等途径收集关于传染病的相关信息，引入技术专家进行专业研判，并最终由政府或卫生主管部门进行发布。疫情预警的发布需要对政治、经济、社会活动可能产生的影响，在对策上采取哪些应急措施，官方对应急资源的调动能力等作出预判，并进行风险权衡，其实是一个制定和执行公共政策的政治过程。

2. 具有切换常态秩序与应急状态的法效性

一般而言，政府信息公开的目的在于保障公民、法人或其他组织的知情权与监督权，但由于疫情预警在内容上包括警示事项和应采取的措施等，还产生了权责分配的法律效果。接到疫情预警的公共部门和机构，应当及时按照相关预案，采取相应的防控措施，公众的行动自由因之受到更为严格的限制。例如，按照《突发事件应对法》第 45 条的规定，当预警级别达到一级或二级时，县级以上人民政府将采取责令救援、紧急征调、关闭或限制特定场所、控制或限制公共活动等应急措施。显然，在预警发布后，基于有效防控传染病的需要，整体的法律秩序已从常态秩序切换成应急状态。①

（二）疫情预警的制度短板

政府对突发公共卫生事件的及时、准确预警，既可以促使卫生、公安等行政机关及医疗机构启动相应的应急预案，采取职权范围内的防控措施，又可以提醒群众采取防护手段，从而降低感染风险。然而，当前的疫情预警制度由监测、报告、研判、发布等环节组成，各个程序节点均存在运行机制障碍。

1. 传染病监测渠道单一

《传染病防治法》确定各级疾控中心为传染病监测职责的承担者，同时规定了医疗机构和采供血机构及其执行职务的人员承担信息报告义务。总的来说，目前实践中传染病监测信息的来源主要依赖于自下而上的报告制度。问题在于，现代城市的公共卫生风险具有隐蔽性、分散性特征，传染病监测渠道应当以开放性和多元性进行回应，反之，则容易导致公共卫生风险不能被及时发现的问题。

2. 报告途径不畅通

尽管《传染病防治法》第 37 条规定了传染病信息报告制度，但由于以下

① 谭达宗．突发公共卫生事件中政府信息工具的运用与改进［J］．中国行政管理，2021（12）．

几个方面的原因，导致报告途径不畅通：其一，新发疾病具有很大的不确定性，还可能对地方的经济社会稳定产生不必要的影响，报告人员担心失实的报告引起事后问责；其二，报告义务主体以外的群众报告或举报缺乏正面激励措施，动力不足，难以拓展外部信息渠道；其三，虽然自2004年起已建立基层医疗机构网络直报制度，但因为填报手续烦琐，且可能导致医院被封闭从而造成损失，该制度基本被空置。

3. 专家参与研判程序规则不明

当有权主体收到传染病报告后，需要进行核实与风险评估。对此，《传染病防治法》第33条第2款规定由疾控中心设立或指定专门部门、人员进行分析研判；《突发公共卫生事件应急条例》第22条确定了接到报告的地方政府和卫生行政主管部门立即组织力量对报告事项调查核实、确证的职责。问题在于，当前制度并未明确技术专家以何种方式参与研判程序，技术专家给出的意见对于最终的公共决策具有何种效力尚不明确。

4. 预警发布义务不清晰

按照现行立法，在传染病被发现的情况下，预警发布义务仍在以下两个方面存在模糊性：一方面，预警义务主体不明确。《传染病防治法》第38条将国家卫生行政部门和省级政府卫生行政部门确定为预警义务主体，《突发事件应对法》第43条却规定县级以上人民政府为预警义务主体。前者为旧的特别法，后者为新的一般法，无法从法律适用规则上解决两部立法之间的冲突，市、县两级政府是否有发布预警的职责成为亟待厘清的问题。另一方面，是否发布预警不明确。《传染病防治法》第19条第2款规定“及时发出传染病预警，根据情况予以公布”。这意味着是否向公众发布预警具有法定的裁量空间，存在一定的不确定性。①

（三）疫情预警的法治化方案

突发公共卫生事件治理中疫情预警的法治化方案，应以形成监测、报告、

① 谭达宗．突发公共卫生事件中政府信息工具的运用与改进［J］．中国行政管理，2021（12）．

评估、发布程序闭环的疫情预警体系为目标。

1. 打造全面覆盖、重点突出的疫情监测网络

综合运用大数据、人工智能、区块链、云计算等科学技术，实现医疗、公安、交通、通信等部门的信息共享，推进多渠道监测哨点建设，建立智慧化预警多点触发机制。重点要求各类医疗机构、社区卫生服务中心、小区诊所、口岸、机场、火车站、长途客车站、零售药店、学校、食品集中交易市场、物流仓储中心、生活污水处理场站等场所建设完善监测哨点。明确哨点对卫生行政部门的监测报告义务。

2. 疏通报告机制的运行障碍

应当在区分报告义务主体与报告权利主体的基础上完善相应的制度：一方面，针对医疗机构等承担监测职责的主体，报告属于一项法定义务，重点在于进一步明确及强化问责制度，解决迟报、漏报、谎报、瞒报等问题，允许紧急情况下的越级报告并优化网络直报途径；另一方面，针对其他单位和个人，应当重点保障报告权利的行使，开通市民热线、部门电话、政府网站、政务新媒体等报告途径，明确报告核实后对报告人予以奖励，对非恶意的失实报告免予追究责任。

3. 建立分析研判的专门机构

对新发传染病的分析研判是一项面向不确定性的决策，需要以流行病学、病毒学和临床医学的科学知识为支撑，充分发挥专家的专业研究能力。为加强分析研判工作的专业性保障，需要确立专家咨询委员会制度。在卫生行政部门接收到疫情报告后，应当组织本级专家委员会开展现场调查确证、进行科学分析、综合研判，根据紧急程度、发展态势和可能造成的危害程度，提出预警建议。

4. 重构预警发布制度

应当及早在立法上解决《传染病防治法》《突发事件应对法》《国家突发

公共卫生事件应急预案》确定的预警发布义务主体不一致的问题。一方面，考虑到发布疫情预警是一项专业性任务，应当明确疾控中心有权根据多渠道传染病监测信息和风险评估结果，以行政指导的形式向社会发布健康风险提示的权力；另一方面，考虑到发布疫情预警是一项影响经济社会的重大决策，应当确立地方各级政府为疫情预警的发布主体。

三、疫情处置的法治化

在突发公共卫生事件发生之后，可能产生公众恐慌、信息供给不足、社会失序等一系列的难题。政府在公共卫生的应急处置过程中，需要从其行政监管的工具箱中综合运用信息公开、行政补贴、行政强制、行政处罚、行政确认等多种行政手段，来达到有效的疫情防控目标。在新冠疫情的应急处置当中，主要表现为基于便民服务的信息公开、基于经济恢复的行政补贴、基于风险识别的行政确认以及基于风险控制的行政管制等行为模态。

（一）基于便民服务的信息公开

首先，从制度需求来看，公众认知的不确定性困境是影响传染病防控实效的重要因素。造成公众认知不确定性困境的原因主要包括以下三个方面。

1. 公众认知受主观因素影响

公众对于传染病的认知往往不是立足于传染的概率以及可能的损害结果等科学分析，更多的是与文化、价值观、情感等主观因素密切相关。例如，每年在世界范围内因流行性病毒感冒死亡的人数超过因癌症死亡的人数，但公众明显对于癌症具有更为突出的恐惧心理，人们可能更倾向于为预防癌症而在采取措施上有所投入，而容易忽视对流感的预防。此外，公众主观认知的差异，意味着即便是同样的信息也可能产生不同的行动结果。例如，在传染病暴发初期，即便已经发布传染病预警，城乡居民之间对于风险认知具有显著的差异，乡镇居民走家串户、进行棋牌等聚众性娱乐活动更为普遍，城市居民更倾向于实行居家隔离。

2. 公众认知易受虚假言论的误导

网络自媒体时代，人们越来越习惯于微信、微博、直播等各种社交平台的线上交流。然而，在网络传播的速度和便捷度不断提升的同时，虚假言论现象也随之增多。一方面，一些活跃于网络空间的公知、网红和“大V”出于自身流量和热度的考虑，往往在未详细了解事实的情况下发表极端言论，甚至故意夸大甚至虚构新闻；另一方面，在商业利益的驱使下，存在一些不法的商家为了增加自身产品和服务的市场份额或打击竞争对手而散布虚假市场信息。尤其在突发公共卫生事件暴发初期，人们在恐慌状态下极易受到虚假言论的影响。例如，在2019年疫情暴发初期，出现了如高度酒、熏醋、板蓝根颗粒、维生素C、双黄连、大蒜、盐水、桑拿、汗蒸、吸烟等能够预防病毒的谣言，在此类言论未被证伪之前，不少公众受到误导。更为严重的是，在疫情发展到因持续多年管控而引起民众焦虑、恐慌情绪的阶段，网络上更是出现大量碎片化的谣言或失实信息，意图影响我国的政治团结和社会稳定。

3. 公众认知受限于专业知识欠缺

在突发公共卫生事件期间，公众如何采取行动对于有效防控传染病和维持稳定秩序具有至关重要的作用。然而，由于公众无法依靠自身的经验得悉传染病的传染源、传播途径、防疫手段、有效药物等专业知识，可能影响其及时采取有效的防疫行动。并且，由于生产、生活、经营等活动受到疫情的冲击，在家事、劳动、经济等领域的纠纷具有一些新的特征，公众对这种特殊情况下的法律、政策缺乏了解，可能导致纠纷的升级甚至引起群体性事件。①

从制度供给来看，现行法上政府主要通过传染病信息公开与防控热线的方式为公众提供传染病信息服务。

1. 传染病信息公开

按照《传染病防治法》第38条的规定，传染病信息公开制度被分为两种

---

① 谭达宗．突发公共卫生事件中政府信息工具的运用与改进［J］．中国行政管理，2021（12）．

类型：一种是第 2 款规定的常规公开方式，即由国家卫生行政部门和省、自治区、直辖市的卫生行政部门定期公开的所有已经发生的传染病信息，具体表现为每年和每月公布的法定传染病报告，内容上包括法定传染病病例数、死亡病例数、发病率、死亡率等；另一种是第 3 款规定的每日发布的特定传染病报告，针对的是正处于暴发、流行时期的传染病信息。内容上包括新增的确诊病例、疑似病例、密切接触者、境外输入病例、死亡病例、重症病例、治愈病例等。[①]

2. 传染病防控热线

按照《突发事件应对法》第 44 条的规定，当三级或四级预警发布后，县级以上人民政府应当及时按照有关规定向社会公布可能受到突发事件危害的警告，宣传避免、减轻危害的常识，公布咨询电话。例如，各地政府在传染病暴发初期通过 12320 公共卫生热线、疫情防控指挥部防疫热线、疫情防控工作领导小组热线等为公众提供便民服务。一方面，在传染病防控早期，公众容易产生焦虑、恐慌的情绪，加之部分公众遭遇传染病防控知识欠缺、防疫物资短缺、交通阻断、粗暴隔离、网络谣言等问题，防疫热线可以起到安抚情绪和问题反馈的作用；另一方面，在公共卫生应急状态下，公众的生产、生活将面临一些新型问题，亟待通过政策咨询的方式得到释疑。例如，疫情防控期间涉及交通运输、复工复产、房屋租赁、旅游餐饮、对外贸易等诸多方面的政策咨询需求明显增长，防疫热线在一定程度上起到了政策答疑和普法宣传的功能。

从制度局限来看，存在突出的传染病信息服务便民不足的问题。突发公共卫生事件期间，公众认知的不明确性困境可能导致疫情衍生出次级风险。通过传染病信息服务的方式，处于信息优势地位的政府可以及时、准确、全面地向公众传递疫情动态、疫情防控、涉疫政策等有用信息。然而，新冠疫情防控期间的传染病信息服务实践主要存在以下两个方面的问题，影响其便民服务功能的发挥。

---

① 沈岿．论突发传染病信息发布的法律设置［J］．当代法学，2020（04）．

1. 传染病信息公开的内容固定化，不能满足公众动态的信息需求

从《突发事件应对法》《传染病防治法》《突发公共卫生事件应急条例》《国家突发公共事件总体应急预案》等有关规定来看，传染病信息公开的内容包括疫情初步核实情况、可能受到突发事件危害的警告、宣传避免和减轻危害的常识、咨询电话、政府应对措施、公众防范措施等。问题在于，在疫情发展的不同阶段，公众的信息需求具有不同的侧重点，在疫情暴发初期，公众主要聚焦于病毒传染源、病毒中间宿主、是否可以人传人、病毒潜伏期多长、谁是零号病人、有无有效预防药物、疫苗何时研发生产等信息。在疫情防控取得一定成效后，各地逐渐推动复工复产，此时公众的关注重心转向生活、生产、经营活动的相关涉疫政策，如旅游、娱乐、餐饮、零售等行业的产业政策，劳动、社保、补偿等领域因疫情影响引起纠纷的相应法律政策。在严格疫情防控经历了漫长周期后，群众心理产生焦虑、抑郁等问题时，信息公开还须同时兼顾心理疏导的功能。然而，传染病信息公开实践主要采用格式化的通报形式，其内容固定于每日公布新增病例数、疑似病例数、治愈人数、死亡人数等具体数据，这与公众在疫情防控期间的动态信息需求存在明显距离。虽然如百度、腾讯等民间信息平台在疫情防控期间补足了公众的多元涉疫信息需求，但作为官方的政府及相关主管部门未能在疫情之初，以及疫情常态化形势下提供权威而具有针对性的信息服务，有可能为整体的公共卫生应急防控埋下信息不对称的隐患。

2. 防疫热线承担咨询任务，由于专业性欠缺难以有效回应

在疫情暴发初期，各地开通 24 小时接听公众来电的疫情热线，对于安抚公众情绪，向有关部门反映公众诉求起到了积极作用。然而，无论是以卫生行政主管部门为母体的 12320 公共卫生热线还是以信访等其他部门为依托组建的热线专班，均存在专业性欠缺，无法有效提供咨询服务的问题。究其原因，在于《政府信息公开条例》确立的是常态秩序下各级政府及其工作部门承担其职权范围内的信息公开义务，而在公共卫生应急状态下，公众主要是希望通过防疫热线了解疫情相关的防控知识和法律政策，这必将涉及跨部门、

跨专业的知识和技术，任何单一的行政部门承担这种综合性的咨询任务均会出现“心有余而力不足”的困难。①

（二）基于经济恢复的行政补贴

从制度需求来看，从新冠疫情的暴发期进入疫情平稳防控的后疫情时代，经济恢复成为政府面临的紧迫任务。在疫情暴发之初，各地政府随之进入应急状态，采取如交通封锁、小区封闭、限制出行、关闭非必要生产经营活动等强制措施以保障人民群众的生命健康安全。旷日持久的疫情，导致民众普遍待工，企业普遍停止运营，国民经济的发展受到严重的影响。有数据显示：2020 年 1 月至 2 月，我国汽车销售额同比下降 37%，家具销售额下降 33.5%，建材销售额下降 30.5%，家电销售额下降 30%，住宿、餐饮、美容美发、大型百货商场、购物中心等行业和业态客流大幅下降，社会消费品零售总额同比下降 20.5%，增速同比回落 28.7 个百分点。②

随着疫情逐步平稳，为振兴经济，尤其是帮助受疫情影响较大的旅游、零售、餐饮、文娱等行业的恢复运营，全国各省市纷纷推出消费券的政策以刺激经济复苏。截至 2020 年 4 月 8 日，已有杭州、南京、广东、深圳、佛山、珠海、江门、郑州、江西、南昌、广西、湖南等 16 个省市近 50 城发行了消费券。③

在同样受到疫情蔓延的西方国家，亦存在类似的政府发行消费券的行为。如英国于 2020 年 3 月 26 日实行的“自雇收入补助计划”，政府给 95%的自由职业者发放过去三年中每月平均收入的 80%的金额，最多可连续发放三个月，每月不超过 2500 英镑；又如美国于 2020 年 3 月 27 日开始实行一项 2 万亿美元的经济刺激法案，其中一部分资金将直接支付给个人，对于年收入低于 7.5 万美元的成人每人发放 1200 美元现金支票，每个儿童发放 500 美元。

---

① 谭达宗．突发公共卫生事件中政府信息工具的运用与改进［J］．中国行政管理，2021（12）．

② 应对疫情冲击，消费如何提振？［EB/OL］.（2020-03-18）［2022-10-11］．https：//baijiahao.baidu.com/s？id=1661558007051972907&wfr=spider&for=pc．

③ 红包雨！50 城发消费券：10 城发放过亿，杭州最能花［EB/OL］．（2020-04-08）［2022-10-11］．http：//finance.sina.com.cn/roll/ 2020-04-09/doc-iirczymi5241399.shtml．

1. 从制度供给来看

作为兼具宏观经济调控手段、行政给付表现形式的行政补贴以及应急行政行为工具的消费券成为刺激经济恢复的重要抓手。

(1) 作为宏观经济的调控手段

宏观经济立足于政府与市场之间的关系，致力于促进投资、生产与消费，来达到总体的供需平衡和国民经济的发展。政府在进行宏观经济调控时，通常运用货币与财政两大政策。我国《宪法》第 107 条和《地方政府组织法》第 59 条授予了地方政府管理本行政区域内经济事务的职权。此次疫情防控期间发行的消费券，主要来自地方政府的财政支出，或是商家配额优惠的情况下部分来自政府配套，目标是通过刺激民众消费来拉动投资与生产，属于履行政府经济职责的调控手段。由于实践中的消费券具有无偿提供、有限期限、使用便捷的特征，能够促使民众在短期内作出消费行为，并发生经济学上的“乘数效应”。如郑州市 2020 年 4 月 3 日发放第一期总额为 5000 万元的消费券，截至 4 月 5 日，消费券已累计核销 1152.4 万元，带动消费金额 1.28 亿元，杠杆率达到 1∶11。[①]

(2) 作为行政给付表现形式的行政补贴

在政府的工具箱中，行政补贴具有以下几个方面的特征：第一，依申请的行政行为。在程序上，补贴以相对人的申请行为为启动前提。第二，对私人授益的行政行为。一旦政府通过立法或规范性文件制定了补贴政策，符合条件的相对人便具有公法上的给付请求权，属于一种利好的福利行为。第三，面向未来的行政手段。传统意义上的行政行为主要表现为面向过去的个案处理，行政补贴却是通过财政手段调整未来的行为预期。疫情防控期间，各地政府发行的消费券正是这样一种以民众通过线上预约申请为前提，政府通过财政授予民众经济利益，面向未来调整消费行为的行政行为。

---

① 带动消费金额 1.28 亿元！郑州消费券已累计核销 1152.4 万元［EB/OL］.（2020-04-05）［2022-10-09］. https：//www. zhengzhou. gov. cn/news1/120841. jhtml.

(3) 作为应急行政的行为工具

公共事务可以分为常态与非常态两种不同的状态。当常态下的行政法律规范授予的行政职权无法克服突发公共事件造成的社会危险，便通过法定的程序转换为应急行政的状态。与常态下的行政相比，应急行政状态具有侧重追求安全价值、存续时间较短、合法性控制减弱、行政组织权力高度集中、行政权力扩张、公民权利受到更严格限制、管理决策往往由领导决断等特征。尤其是具体到行政机关与公民之间的权利义务关系，行政机关的应急行政职权包括保障公民基本生存条件的救助职责、限制公民权利和要求公民提供协助的管理职责，公民相对应的享有被救助权、平常权利克减的义务以及因公务协助获得补偿的权利。两种状态下的行政秩序具有鲜明差异，分别以宣告预警与宣告解除来界定应急行政状态的开始与结束。新冠疫情的特殊之处在于，除了暴发初期的普遍蔓延，尔后便呈现整体平稳可控、偶有散点扩散的状态。在这种状态的切换之际，需要政府采取积极的经济刺激手段，属于组织受影响地区尽快恢复生产、生活、工作和社会秩序的举措，政府发放消费券即充当了此种应急行政背景下的行为工具。

2. 从制度局限来看

消费券的发放由于在现行法上缺乏有效的规制，引起了对于该制度运行的合法性和公平性的质疑。

(1) 合法性的质疑

虽然一般行为，作为行政补贴表现形式的消费券发放行为无须如负担行政一般受到法律保留原则的严格控制，但若任由政府随意发放则可能在实质合法性上存有滥用职权之嫌。尤其是在疫情背景下，消费券的发放时机不当可能引发公共卫生安全风险。例如，按照《突发事件应对法》的规定，突发事件应对的过程分为预防与应急准备、监测与预警、应急处置与救援、事后恢复与重建四个阶段。新冠疫情防控期间各地政府发放消费券的行为，属于组织受影响地区尽快恢复生产、生活、工作和社会秩序的举措，应当作用于事后恢复与重建这一阶段。问题在于，各地政府发放消费券的现象普遍开始于3月，尽管在这一时间段，许多省市已经实现“零增长”，疫情明显趋于和缓受控的状态，但毕竟发生在疫情尚未宣告解除的阶段，在民众进行餐饮、购物等报复性消费情况下，无法否认存在可能诱发疫情反扑的一定风险。

（2）公平性的质疑

由于行政补贴在授予相对人利益的同时，还可能对第三人产生负担效应。因补贴在企业、企业群体、特定行业等方面进行对象选择，对于没有获得补贴的第三人，在市场竞争中将处于不利地位。如世界贸易组织制定的《补贴与反补贴措施协议》中，以补贴是否具有专向性为区分标准确定了绿箱补贴、黄箱补贴和红箱补贴三类。普遍给予所有企业或行业的补贴，因不具有专向性，属于放行的绿箱补贴；给予特定企业、特定地区或特定行业的补贴属于受限制的黄箱补贴，可以进行反补贴申诉；出口补贴或进口替代补贴属于红箱补贴，被直接禁止。在我国地方政府实行消费券等补贴政策的问题上，应当审慎对待专向性补贴。从新冠疫情期间地方政府发放消费券的实践来看，往往并未通过公开招标等公平竞争的方式便选择与单一平台合作，而连接到平台的商家多是一些大型企业或连锁店铺，对个体商户造成明显的歧视。

（三）基于风险识别的行政确认

第一，传染病风险识别问题是突发公共卫生事件期间必须面对的普遍性难题。为了防止传染病的扩散，各国立法例普遍将隔离作为应对措施。从应然层面来看，只要能够有效实施对传染病患者的强制约束治疗，对疑似患者、病毒携带者或密切接触者的强制检疫，疫情传播便能及早得到控制。然而，要实现“早发现、早诊断、早隔离、早治疗”的目标，必须首先解决有效识别公众当中的传染病患者、疑似患者、病毒携带者、密切接触者这一前置性难题。

这种风险识别的不确定性困境主要有四个方面的原因：首先，通常传染病无法直接通过感官进行识别，而是需要借助一定的技术手段，加之作为传染病载体的人员具有流动性，进一步加大了技术检疫的难度。其次，受感人员在进行频繁的社会活动时造成病毒的人际传播，此时即便确认了受感人员，对于密切接触者及二次密切接触者范围的确定与排查具有相当难度。再次，传染病可能存在一段时间的潜伏期，在潜伏期内的受感人员并无明显症状，此时受感人员自身无法察觉。即便部分受感人员已经察觉自身的感染情况，可能因侥幸心理或畏惧隔离而选择知情不报，甚至有部分极端危险的涉疫人员在潜伏的同时基于报复社会的心理故意传播病毒等情形。最后，即便地方政府已经发布传染病预警，也不能不加区分地禁止生产经营活动，强制公众进行居家隔离，若对公民权利过度限制，将严重抑制经济的发展和社会的活力，在因时因地因人采取隔离措施的情况下，难以避免部分涉疫人员潜伏于社会人群，有传染病扩散的隐患。

第二，为了有效应对传染病风险识别的困境，我国应发展出具有风险识别功能的信息化行政确认手段。随着网络化和信息化的进程加快，流动、共享和开放中的数据成为一种重要的公共资源，通过数据手段进行治理的领域越来越普及，公共治理经由桌面互联网、移动互联网再到现在的智能互联网，线下政府逐渐向数字政府形态过渡。

在突发公共卫生事件期间，政府为了平衡传染病有效防控和保障经济社会活动正常开展的双重管理目标，需要通过执法技术手段的创新，实现在公共交通或公共场所等人流集中的区域进行传染病风险的识别。为此，中央网信办于2020年2月4日发布了《关于做好个人信息保护利用大数据支撑联防联控工作的通知》。该通知明确提出，鼓励有能力的企业在有关部门的指导下，积极利用大数据，分析预测确诊者、疑似者、密切接触者等重点人群的流动情况，为联防联控工作提供大数据支持。杭州市率先响应，于当日召开部署会议，确定了“红黄绿”三色健康码的管理模式，2月7日“余杭绿码”正式发布并上线运行。随后，全国陆续有数百城市推出了类似的健康码。并且，由于微信和支付宝是国民使用率极高的两款应用软件，国务院对腾讯与阿里巴巴两家公司进行统一协调，开展了全国范围的健康码开发运营。

总的来说，健康码正是一种回应风险识别不确定性困境的数据治理方式。通过对个人申报信息和后台公共数据的分析，自动化风险评级生成三色二维码，根据健康码的评级结果以决定对特定公民是否进行隔离、限制乘坐公共交通工具、限制进出公共场所以及是否批准复工复产的判断标准，在法律属性上分析，这正是行政工具箱中用以确定某种法律事实或者权利义务状态的行政确认行为。通过健康码的应用普及，传染病防控基本实现了从人工操作到数据治理的跨越，不仅解决了人工排查和反复登记的成本与效率问题，并在整体上实现了动态的精准防控。在后期的疫情数字化治理当中，在三色健康码的基础上，还出现了行程码以及一定期限内核酸检测阴性证明等数据确认工具。

第三，基于风险识别的行政确认衍生出一系列的替代性风险以及合法性争议。数据化和信息化的科技应用在降低某些领域固有风险的同时，其本身也会带来替代性风险。与此同时，由于创新行政监管手段，在发展过程中难免与现有法律秩序之间发生冲突，从而极易滋生合法性争议。

1. 以数据歧视为代表的数据风险

在科技应用领域产生的替代性风险较为普遍。例如，核科技的应用在解决能源供应问题的同时，产生了核战争、核电厂事故、放射性污染等新的问题。在新冠疫情防控过程中，诸如健康码在内的数据治理方式对于化解传染病风险识别的不确定性风险具有不可否认的成效，但也可能衍生出新的替代性风险，尤其是该数据治理方式在应用过程中存在违反平等保护原则的问题，值得引起重视。按照我国《宪法》第 23 条第 2 款的规定，公民在法律面前一律平等。宪法上的平等保护原则虽不禁止差别对待，但要求作为差别对待基础的分类标准具有正当理由。例如，基于民族、种族、性别、职业、财产、地域等分类标准而进行的差别对待一般无法通过平等保护原则的审查。新冠疫情防控期间健康码应用所产生的平等保护问题主要表现在以下两个方面：一方面，数据治理方式在应用对象上存在群体歧视。在常态的社会秩序下，数据治理方式的应用有一个逐步普及的过程。然而，在传染病暴发的应急状态下，健康码如“一夜春风”地应用于医院、公共交通、小区门禁等场景。由于健康码的软件应用需要以公众使用智能手机为前提，在全国尚有 5 亿人（多数是老年人）没有使用智能手机的情况下，造成了用户与非用户之间的差别对待，使得难以适应新科技的特定群体遭遇数字鸿沟下的用户歧视。另一方面，数据治理方式在地方实践中存在地域歧视。在新冠疫情初期，各地推出的健康码由于后台公共数据采集、制定的评级标准以及技术公司采用的算法等方面的差异，地方之间的健康码的风险评级并不一致。并且，各地政府出于对防疫不力引起问责的担忧，倾向于对外地健康码不予认可。技术差异与责任畏惧共同导致了“一地一码”的现象。尽管后期制定了《全国一体化政务服务平台防疫健康信息码接口标准》，但由于原本的地方健康码仍在运行，在认可全国健康码之外，各地对于外地的健康码是否承认，取决于各地之间是否签署了健康码互认协议或其他地方政策。

2. 数据失真与算法黑箱为代表的数据风险

健康码的数据来源于个人自主填报与后台公共数据两个途径。一方面，个人可能对其健康情况和行程轨迹进行虚假填报，导致数据失真。另一方面，后台公共数据主要由技术公司从医院、卫生部门、工作单位、基层社区、公共交通部门等主体接入，由于各主体采集的数据有限及数据共享程度不一等原因，最终形成的数据完整性难以保障。此外，算法不透明的正当程序缺失。按照正当程序原则，对行政相对人作出不利决定时，行政机关应当承担程序上的理由附加义务，阐明决定的事实根据和法律依据。在健康码的应用情景中，当公民被评定为黄码或红码时，将面临通行受限，强制隔离等不利结果。此时，程序上的理由附记义务要求健康码背后的标准和算法具有可解释性。问题在于，健康码的标准由行政机关制定，算法由技术公司提供，在标准与算法均未公开的情况下，标准是否合理，算法是否符合已经制定的标准，公众无从得知。事实上，全国各地多次出现健康码错误或故障现象，在算法不透明的情况下，被错误评级的公民难以实现权利救济。

3. 个人信息存在被滥用的风险

健康码的背后包含了用户填报的基础数据、人脸图像数据、交易数据、移动轨迹、通话记录等体量庞大的个人信息。无论是全国性还是地方性的健康码，均由技术平台研发，平台企业在巨大的商业利益驱使下，可能会对通过健康码形成的数据库进行二次开发利用，个人信息存在被滥用的风险。[①] 例

① 谭达宗．突发公共卫生事件中政府信息工具的运用与改进［J］．中国行政管理，2021（12）．

如，2022年8月3日，商丘市民权县发出“全域人员赋码管理通知”，决定对全域人员赋码管理，其中绿洲街道、南华街道、北关镇、王桥镇、老颜集乡、白云寺镇、野岗镇等7个高风险区人员赋红码管理，伯党乡、花园乡、胡集乡、人和镇、双塔镇、孙六镇、王庄寨镇、林七乡、褚庙乡、庄子镇、程庄镇、龙塘镇等12个中风险区人员赋黄码管理。[①] 民权县在此次赋码调整时所述的风险区域划分并不符合第九版的规定，与其之前上报给国务院的风险区域也有较大的差异。

（四）基于风险控制的行政管制

在进行疫情风险控制的一系列措施当中，对公民的人身权和财产权进行限制的行政管制措施，因其能控制流动性的特征而具有突出的效能性。但也由于其属于负担行政的范畴，违法或过度运用将导致基本人权的贬损。在疫情防控过程中，诸如强制封锁、强制隔离、强制检测、强制接种、行政处罚等，是行政机关使用频率较高的行政管制手段，实践中也引发了不少的合法性争议。

1. 超出授权范围的强制封锁

在疫情防控尤其是暴发初期，面对来势汹汹的病毒侵袭和扩散，各地政府纷纷会在非常时期采取非常手段，采取包括强制封锁在内的最严防控手段。例如，2020年2月12日湖北十堰张湾区在全域实行“战时管制”。要求所有楼栋一律实施全封闭管理，所有居民非医护人员及基本民生保障从业人员，不得出入楼栋。居民基本生活必需物资由乡镇、街办及村（居）委会负责定时定量、定品种定价格配送。[②] 又如2020年2月16日，湖北孝感发布的“第17号令”，该文件要求“一、所有城镇居民，必须足不出户，严禁外出；农村村民，严禁在村湾内闲逛、串门、聚集……违反本令的，一律处10日以下

---

① 国内此地已静态管理10天，全域人员赋红黄码［EB/OL］.（2022-08-03）［2022-10-11］. https：//m. thepaper. cn/baijiahao_ 19331345.

② 十堰市张湾区2月12日24时起战时管制，所有楼栋封闭管理［EB/OL］.（2020-02-13）［2022-10-11］. https：//www. sohu. com/a/ 372592959_ 260616.

治安拘留。二、所有车辆（含摩托车、电动车、自行车、三轮车）禁止上路行驶……违反本令的，车辆一律扣留，对当事人处10日治安拘留并处500元罚款；违反道路交通管理的，依法予以记分、吊销机动车驾驶证。三、所有非必需的公共场所必须关闭……违反本令的，对经营者处10日以下治安拘留。……五、违反本令的，一律纳入失信人员名单”。① 再如，2022年8月27日，三门峡市渑池县新冠疫情防控指挥部发布了一则通知，要求在主城区实行为期三天的全域静态演练，其间严格限制小区人员出入、限制道路车辆通行、控制社会面人员流动、严格管控公共场所。②

从这些地方发布的“封城”文件来看，公众普遍能够理解紧迫的抗疫压力和维护公众健康的公益目的，但目的的正当性本身并不能直接证成手段的合法性。这类强制封锁措施，显然对公民的人身自由进行了限制，按照《立法法》的规定，限制人身自由的强制措施和处罚只能由法律设定，但各地发布的“封城”文件并非法律，而是属于规范性文件。虽然《突发事件应对法》等法律法规授权政府及其工作部门在疫情当中采取一定的应急措施，但对相关规范进行梳理，会发现授权范围仅包括隔离、卫生检疫、停工停业停课、封闭被污染的公共场所、切断传播途径，以及必要时临时征用私人设备、设施等，而并不包含上述列举文件当中所涉及的要求居民闭门不出、不得闲逛、串门，不得驾驶车辆离开居住小区等命令。

在各地政府进行类似的强制封锁的疫情防控现象下，我们在有效应对疫情的同时，仍需从法治化的角度思考如何兼顾法律保留、法律优先、正当程序、比例原则等法治国家的核心价值。尤其是在持续而漫长的疫情防控工作中，风险区特别是高风险区的划分应当科学、精准。高风险区划得过大，加大了管理难度，增加了传播风险；个别地方静态管理简单化，一封了之，如2022年10月7日，永济市发布一则《实行临时性全域静默管理的紧急通知》，

---

① 湖北孝感：所有城镇居民必须足不出户［EB/OL］.（2020-02-17）［2022-10-11］. https：// finance. ifeng. com/c/7u7d9x5x9kM，2022. 10. 11.

② 河南一地，实行3天全域静态演练！官方回应了［EB/OL］.（2022-08-29）［2022-10-11］. https：// baijiahao. baidu. com/ s？ id＝1742578822701132955&wfr＝spider&for＝pc.

在提出没有发生疫情的情况下，实行全市的静态管理。[①] 相反，对一些真正需要静态管理的小区，社区却可能并未严格执行居民不出户要求。还有一些地方基层治理体系和治理能力严重不足，存在“一刀切”、层层加码、粗放管理等现象，致使各类依法科学的防疫政策难以有效落实到位。

2. 泛化运用的强制隔离

在传染病防治手段层面，隔离措施无疑是最为有效的方法之一，其可以快速医治患者并完全阻断传染源。从各国立法例来看，隔离措施主要分为隔离、检疫两种方式。两者区分标准主要为是否染疫，隔离患者是为了治疗，因此隔离处所通常为医院或其他医疗机构；检疫则指将与患者有过接触但未得病或未发病的正常人，或将有疑似可能染病但临床上并无症状，或未发病的带源者、带菌者等与社会人群分离或限制其行动，以避免与他人接触而传染扩散。现代检疫均以在家中检疫为原则，只有染病可能性较高的疑似染病人，或是高度传染力的传染病，才会在住家以外的指定处所检疫。实践中分为国境检疫、居家检疫和集中检疫。[②]

从我国《传染病防治法》来看，现行法对于传染病患者是隔离治疗、留验、就地诊验；对不确定是否患有传染病的人是留验、隔离、检疫、指定场所医学观察、其他必要的预防措施。从法律规范上的种类表述来看，现行法虽然区分了适用对象，但隔离措施的表述较为混乱，并未坚持“隔离”本身的内涵，带来的问题是适用时无端扩大“隔离”的对象范围，进而有违反比例原则、法律保留原则、法律明确性原则、正当程序原则等要求的疑虑。

3. 过度扩张的全员检测与风险并生的集中检测

2021 年 9 月 13 日，国家卫健委发布了《关于印发全员新型冠状病毒核酸检测组织实施指南（第二版）的通知》，该通知规定，500 万人口以内的城

---

① 山西永济市全市已实行静默管理，目前本地未发生疫情［EB/OL］.（2022-10-08）［2022-10-11］. https：//baijiahao. baidu. com/s？ id＝1746189917285005651&wfr＝spider&for＝pc.

② 高秦伟. 传染病防控中的隔离措施［J］. 中外法学，2020（03）.

市，应当在2天内完成全员核酸检测任务，必要时可通过省（区、市）内统筹保障。500万人口以上的城市，应当在3天内完成全员核酸检测任务，必要时可申请全国支援……疫情前期，在风险来源不明的情况下应至少开展3轮全员核酸检测；之后根据流调溯源情况、社区封控范围、核酸检测结果等综合研判，确定后续的检测范围和频次。原则上，隔离点和近3轮核酸检测出现过病例的街道或社区每日一检，14天内出现过病例但近3轮核酸检测没有出现病例的街道或社区隔日一检，14天内未出现病例的地区可每5天一检。在疫情防控期间，围绕核酸检测的“怪异”政策时而出现，例如，2022年8月28日，河北三河市发布的男女交替核酸检测，要求全市行政区域内的所有居民每周分性别两批次完成核酸检测，其中男性居民是每周一6：00至10：00，首次采样日期为8月29日；女性居民是每周四6：00至10：00，首次采样日期为9月1日。又如海南东方市发布通告，决定于9月5日0时至4时开展第29轮全市区域核酸检测。①

从这一系列核酸检测的政策来看，为了实现早发现早隔离早治疗的目标，全员检测成为疫情防控的重要策略。但是，从《传染病防治法》来看，强制检测的对象是传染病患者、密接或者疑似病患等，即便作扩张解释，也难以扩展到全员的范畴。更重要的是，在全员检测的要求下，各地亦衍生出在特定时间和特定地点进行集中检测，或者主动检测确认阳性给予金钱奖励等做法，集中检测在相应防护措施不到位的情况下，一旦出现患者融于人群的情况，反而可能产生集中扩散的巨大风险。此外，某些地方出现了在居民健康码中“加码”的做法，即不仅要求健康码为绿码，而且要提供一定时间内的核酸检测报告方能正常出行。此种做法在性质上已经属于将健康码为代表的行政确认与限制出行的行政强制措施相结合的混合管控，法律上关于行政强制措施的设定要求是非常严格的，此种做法在法律依据上存有疑问。相比之下，同样是实行核酸检测，上海市的做法颇为可取，由于上海市有一家奶茶店和米粉店涉及了3例确诊病例而被划定为中

① 每周开展男女交替核酸检测服务［EB/OL］．（2022-8-28）［2022-10-11］．https：//baijiahao. baidu. com/s? id=1742411683738283876&wfr=spider&for=pc.

风险地区，仅要求流调显示与之相关的人员进行强制检测，成为世界上最小范围的“中风险区”，[①] 较好地平衡了权利保护与疫情防控的关系。

4. 某些地方实施依据不足的强制接种

（1）法律层面区分疫苗种类匹配相应强制接种义务

从医学角度来看，接种疫苗是有效防止感染的重要途径。如钟南山院士指出，接种人数达到总人数八成以上，可以达到群体免疫的目标。正是为了达到这一目标，各地政府为推进新冠疫苗的接种作出了诸多努力。然而，从法律层面来看，公民并没有接受强制接种新冠疫苗的义务，这是因为，按照《疫苗管理法》和《基本医疗卫生与健康促进法》等相关规定，居民有依法接种免疫规划疫苗的权利和义务。这里的免疫规划疫苗也被称为一类疫苗，即居民应当按照政府的规定接种的疫苗，包括国家免疫规划确定的疫苗，省、自治区、直辖市人民政府在执行国家免疫规划时增加的疫苗，以及县级以上人民政府或者其卫生健康主管部门组织的应急接种或者群体性预防接种所使用的疫苗。由于新冠疫苗属于免费但自愿接种的疫苗，居民并不具有接种的法律义务，这也是为什么国家卫健委反复强调疫苗接种要遵循“知情、同意、自愿”的基本原则的原因。

（2）某些地方强制接种的依据不足

据此，各地政府及相关部门出台的关于未接种疫苗不准进出包括超市、酒店、医院（住院部）、学校、车站、养老院、图书馆、政务大厅、羁押场所、宗教场所、娱乐体育场所等各类重点公共场所，不能返校乃至纳入失信名单等一系列措施，属于变相强制公民接种疫苗，存在明显法律依据不足的问题。诚然，全民接种达到全民免疫是一种理想的政策目标，但需要注意的是，现行法上规定有将新冠疫苗纳入一类疫苗的法定程序，之所以尚未纳入是有政策层面的合法考量，这主要是因为为应对新冠病毒而在短期内研发出来的疫苗，毕竟有着一定的试验性，不同人的身体特质对疫苗的反应也会有

---

① 买杯奶茶致 8 人感染，如何看上海把 20 平米奶茶店列为中风险区［EB/OL］.（2022-01-17）［2022-10-11］. https：//baijiahao. baidu. com/s？ id=1722185520587325428&wfr=spider&for=pc.

所不同。即便可以从风险预防的角度划出接种疫苗禁忌人群，但也不能保证在全员强制接种的情况下，不会出现严重反应、后遗症甚至死亡的极端个例。尽管这在数据上可能是小概率的，但对于任何一个生命而言，只要发生了，就是100%的悲剧。许多国家政府并不愿意轻易担负为绝大多数人健康而强制牺牲个别人健康乃至生命的道德责任。因此，在决策层面未将新冠疫苗纳入规划疫苗范畴之前，强制接种或变相强制接种的做法不仅不合法，而且不符合科学性和政策性的要求。

5. 适用困难的行政处罚

在疫情防控期间，违反疫情防控要求以及哄抬价格的违法行为较为突出，因之而作出的行政处罚亦是最为常见的情形。从疫情防控实践来看，行政机关普遍面临作出行政处罚的适法困难的问题。在新冠疫情防控期间，对于违反疫情管控措施的行为，行政机关需要通过行政处罚的手段来进行教育和惩戒，以恢复有效的管控秩序。然而，由于以下几个方面的原因，地方政府及其工作部门存在行政处罚适用的困难。

（1）通过规范性文件的形式制定管控政策创设处罚

地方政府及其工作部门通过规范性文件创设处罚的做法涉嫌违反《立法法》《行政处罚法》《治安管理处罚法》等法律中关于限制人身自由措施设定权限的规定，从而导致相应的处罚也存在了违法嫌疑，典型的如各地在疫情初期发布的“战时管制”文件，规定违反相应管制措施的，作出拘留、罚款乃至纳入失信名单等惩戒，这类创设处罚的做法明显不符合现行法上关于处罚设定权限的要求。

（2）现行立法缺乏涉疫违法行为的具体处罚规则

由于《传染病防治法》的罚则主要是针对行政机构、疾控中心、医疗机构等主体，《突发事件应对法》仅规定构成违法治安管理行为的，由公安机关给予处罚，而《治安管理处罚法》也未对各类违反管控措施的行为进行细化，可操作性明显不足，有关部门往往只能援引一些原则性的条款来进行处罚。

（3）涉疫违法行为的处罚缺乏裁量基准

由于针对涉疫违法行为的处罚，缺乏相应的裁量基准，可能导致行政权的滥用。例如,《价格法》第14条明确禁止经营者哄抬价格的行为。但对于何为“大幅度提高价格”缺乏判断的标准。在实践中,出现了诸如“0.6元进价口罩卖1元,被罚没5万余元”的明显不当的执法事件。[①]虽然疫情防控期间,市场监督管理总局发布了《关于新型冠状病毒感染肺炎疫情防控期间查处哄抬价格违法行为的指导意见》(以下简称《指导意见》),但《指导意见》属于规章以下的规范性文件,按照《价格法》的规定,口罩的定价在正常情况下属于市场调节价,虽然疫情防控期间可以实行政府指导价或者政府定价,但需要以中央的和地方的定价目录为依据。中央定价目录由国务院价格主管部门制定、修订,报国务院批准后公布。地方定价目录由省、自治区、直辖市人民政府价格主管部门按照中央定价目录规定的定价权限和具体适用范围制定,经本级政府审核同意,报国务院价格主管部门审定后公布。省、自治区、直辖市政府以下各级地方政府不得制定定价目录。据此,《指导意见》所规定的“公共卫生一级响应期间,与疫情相关的医用商品、防护消毒商品等一律不得涨价”和“所售商品无参照原价,购销差价额超过15%的,构成哄抬价格行为”违反了《价格法》的规定,无法为有关部门查处价格违法行为提供执法依据。

(4)某些地方存在过激的防疫惩戒措施

在疫情防控期间存在地方政府过度追求疫情防控的效果,超出法治轨道采取过激惩戒措施的做法。例如,2022年8月30日,承德高新区发布一条通告,其中对于涉疫人员的惩戒包括:涉疫人员是党员、领导干部亲属的,一同追究党员、领导干部管理不好亲属的政治责任;涉疫人员是企业家的,列入银行黑名单,不得申请各类贷款;涉疫人员是个人的,列入高新区个人失信记录黑名单(三代以内旁系亲属不得参军、不得入党、不得报考公务员及事业单位等),年后,如个人无不良记录,方可恢复个人正常信用。虽然,因为该通告迅速引起社会舆论的普遍谴责,承德高新区当日便撤回了这一通告,并向社会公众道歉,但这一事件却成了疫情防控期间

① 6毛钱进的口罩卖1元是哄抬价格?网友热议,监管部门:重新调查[EB/OL].(2020-02-13)[2022-10-11]. https://baijiahao.baidu.com/s?id=1658413786023402885&wfr=spider&for=pc.

罔顾法治的典型。[1] 从某些管理细节来看，疫情防控期间亦存在一些过度抑制公民自由而又不尽科学的做法，例如，大连市曾要求市民必须佩戴 N95 口罩才能乘坐地铁、公交等，由于这一政策要求的“突然来袭”，一时间导致此类口罩供不应求，对市民出行和生产生活带来极大不便。[2]

（五）疫情处置的法治化方案

突发公共卫生事件治理中疫情处置的法治化方案，应以建立合法、有效、便民的疫情处置体系为目标。

1. 建设以公众动态需求为导向的应急信息服务制度

在新冠疫情暴发初期以及疫情加快扩散蔓延的阶段，网络上碎片化消息铺天盖地，其中不乏一些谣言、错误资讯，这时一旦官方声音滞后，群众恐慌或偏激情绪蔓延，严重时可能影响社会稳定。此时，只有通过便民信息公开，发挥信息公开制度所具有的指导、服务和规范功能，才能最大程度避免民众基于信息不对称产生的认知偏差，滋生不必要的次生风险。从法律层面来看，当前关于疫情信息公开的规定过于简单。《政府信息公开条例》只是明确将应急预案、预警信息及应对情况列入主动公开的事项，《传染病防治法》也只是规定了常规状态下每年和每月公布法定传染病报告和疫情暴发、流行时期每日公开特定传染病报告，缺乏针对专业知识、疫情政策、心理健康等贴合民众切实需求的工作机制指引。

具体而言，主要可以从以下方面推进疫情防控期间的信息公开工作：

其一，强化信息公开的专业性和权威性保障。疫情防控的知识具有跨领域的分散性，需要在组织保障上以综合性、合作性思维建构人员结构。因此，可以考虑成立防疫专家咨询委员会，吸收医学、药学、法律、政策、社会学、新

---

① 隐瞒行程 3 代内旁系亲属不得考公？承德高新区撤销公告，公开致歉［EB/OL］.（2022-08-30）［2022-10-11］. https：//www. 163. com/dy/article/HG1D64910514R9NP. html.

② 最新！大连坐公交需佩戴 N95 口罩，当地：为了保障市民出行安全！这个省会宣布，超过 4 天未做核酸，限制进入公共场所［EB/OL］.（2022-08-31）［2022-10-11］. https：//baijiahao. baidu. com/s？ id=1742653905801466782&wfr=spider&for=pc.

闻学、心理学等学科的专家，为公众就疫情当中群众关注的主要议题作出解答。

其二，创新信息公开方式，提升信息的可读性。应当以便民为宗旨，以文字、图片、视频等直观、多样、易理解的形式，向公众传授科学、理性的意见和建议。例如，在中央电视台的某个频道，每天固定档期开办疫情主题节目，对公众关注的疫情发展、防护事项、突发事件或重症的处理等，提供讲解和辅导。开通疫情热线，回答公众普遍关心的问题。

其三，紧密关注网络舆情，及时进行辟谣。各级联防联控机制应当督促谣言内容涉及其管理权限的机关落实《政府信息公开条例》第6条规定的及时发布澄清信息的义务，对于引发巨大舆情、造成恐慌或混乱的造谣事件当事人，以行政处罚乃至于刑罚的手段进行严厉打击，最大限度避免在疫情的特殊节点，境外势力或商业利益等有意以谣言造势，制造恐慌或混乱，导致社会失序。

其四，应当明确根据民众动态发展的信息需求重心调整信息公开的内容。例如，当人民群众对核酸造假、暴力执法、过度封控、违法隔离等问题表现出强烈不满情绪时，应当及时将查处的情况进行公布。又如，在疫情防控趋向逐步放开的形势下，应当重点宣传疫情接种、卫生防护、有效药物、分级诊疗等注意事项。再如，在疫情全面放开后的感染高峰，群众特别关心感染后发烧或咳嗽等各类症状的应对、重症就医渠道、避免复阳的注意事项等，相应的信息公开的工作重点也应当紧密跟进群众的此类需求。

2. 规范和科学运用刺激经济的应急补贴工具

一方面，应当主要运用政企合作的补贴政策。行政补贴源自国家财政支持，却可能因沉重的财政负担而导致政府供应乏力。由于消费券的刺激，商家最终能够从中获利，在资金来源上，许多地方政府发行消费券时采取了提供部分财政支持，商家匹配优惠额度的合作方式。例如，杭州2022年3月27日发放16.8亿元消费券，其中政府发放额度为5亿元，商家匹配额度达11.8亿元。[①] 在多元协力的现代化治理体系建设背景下，应当在制度上明确可以通

① 杭州发放16.8亿元消费券［EB/OL］.(2020-03-27)［2022-10-11］. https://baijiahao.baidu.com/s?id=1662234038897816314&wfr=spider&for=pc.

过社会捐赠、行政协议等方式拓展行政补贴的资金来源。

另一方面，应当采用分阶段调整的动态补贴实施制度。因消费券的补贴形式属于短期的产业政策，在实施的过程中特别需要根据情况的变化而进行适当的调整。从各地政府的实践来看，成功的消费券投放政策往往具有较好的适应性特征。早期投放的主要是救助性质的消费券，如郑州第一期发放了“红利性消费券”和“社会性消费券”，其中的“红利性消费券”针对低保、低收入、特困、优抚等四类救助对象，主要是满足生活必需品的消费；而后消费券的发放对象更为广泛，主要针对受疫情影响最为严重的餐饮、住宿、旅游、零售、商场等行业；后期的消费券将提高补贴额度，进一步扩散到汽车、房产的领域。为了在制度上保障消费券等行政补贴的实施能够紧密跟踪实践进行动态调整，应当确立行政补贴设定主体的定期评估义务，实施主体适时评价的义务，鼓励民众对行政补贴批评建议。

3. 加强数据治理手段的风险规制

政府在运用健康码一类的数据手段时，存在数据垄断、数据鸿沟、数据歧视、数据黑箱、数据壁垒和数据滥用等一系列数据风险。

其一，应在政府通过公私协力的方式创新数据手段的同时，应当承担公法上的监管义务，先行制定相应的技术标准，并通过公平竞争的方式选择能够满足技术标准的合作技术平台，以避免数据垄断。

其二，应在运用数据手段进行监管的情况下，由于老年人等未使用智能设备群体的存在，应当明确数据手段呈现的结论不具有绝对刚性，采取传统方式与智能方式并存的监管模式，以避免因数据鸿沟造成的不平等对待。

其三，应当确立数据手段后台算法的可解释性原则，政府运用数据手段进行监管时应当承担对后台算法采用的变量及其相应的赋值规则的公开义务，以避免数据黑箱与数据歧视等问题.

其四，在传染病风险影响范围延伸至全国的情况下，明确由中央政府负责推进具有统一标准、算法和公共数据库的全国性数据手段的开发。与此同时，确立各地区承担对全国性数据手段的数据共享义务，以避免区域性的数据壁垒；明确政府对公共卫生应急数据的安全保障义务。内容上包括在数据收集环节履行收集目的、方式和范围的告知义务和坚持最小必要原则，在数据储存环节承担个人信息保密义务，基于公共利益、科学研究或统计目的的脱敏处理利用规则，在规制任务完成之后履行数据删除义务，以避免数据泄露或数据滥用。

4. 强化行政管控的精准实施和规则供给

（1）坚持传染病毒株风险的动态评估

在不确定性的发展变化情况下，尊重科学的态度便是因时因势地优化疫情防控政策。应当动态评估传染病毒株变异过程中的传染率、致病率和死亡率情况，在法律上进行合理界定，以采取整体上合乎比例的防控政策。党中央多次强调“疫情要防住、经济要稳住、发展要安全”，这种统筹疫情防控、经济社会发展和民生诉求满足的观念反映了比例原则的基本精神，《传染病防治法》第2条规定的“分类管理”是对这一原则的具体呈现，即根据传染病的传播方式、传播速度、流行强度及对人体健康的危害程度不同，将传染病分为甲、乙、丙三类，分别配备严格程度不同的管控手段。对于传染病的防治，应当始终坚持尊重科学的态度，根据传染病病毒自身的情况来调整风险应对的整体政策。在新冠疫情的早期，具有高传染性与高致病率的特点，2020年1月21日，经国务院批准，将新冠肺炎列为乙类传染病，但提级采取甲类传染病的预防、控制措施。事实上，我国也正因为一开始采取了“外防输入，内防反弹”以及“动态清零”最严格管控手段，取得了在新冠病毒毒性最强阶段的抗疫胜利。

然而，当病毒进入到奥密克戎毒株阶段，已经朝着“与人共生”的方向变异，其低致病率和死亡率的特征不再符合甲类传染病的法定构成要件，此时只有从法律层面将新冠病毒重新界定为乙类乙控，才能实现疫情防控、经济发展和民生稳定之间的平衡。于是，在2022年11月11日国务院联防联控机制发布了《关于进一步优化新冠肺炎疫情防控措施 科学精准做好防控工作的通知》，公布了进一步优化防控工作的二十条措施，12月7日又发布进一步优化落实新冠疫情防控的十条措施。随后，更是制定了《新型冠状病毒感染“乙类乙管”疫情监测方案》《新型冠状病毒感染“乙类乙管”检测方案》等一系列规范性文件，为新阶段的疫情防控提供具体方案。此时，工作重心从“主要以切断病毒传播渠道的社会层面的物理隔离”向“主要以自我药疗和防重症及死亡的医疗治疗”过渡，防控模式从“主要依靠自上而下层层负责、严防死守或网络化管理模式”向“公民自觉参与和承担、政府组织和医疗机构救治托底的管理模式”过渡，具体方案着重于对疫情高峰医疗救治资源的调整、危重患者开通紧急救治的绿色通道、民众便利的网络医疗和药品服务渠道等面向。

(2) 根据区域疫情发展情况实施动态调整的管控政策

按照《传染病防治法》的规定，应当以区县为区域划分的单位，根据疫情发展动态调整管控政策。例如，2023 年 1 月 6 日北京市发布的《北京市新型冠状病毒感染监测预警工作方案》规定，在综合考虑疫情流行强度、严重程度、医疗资源占用等因素，分别采用非流行、流行和流行严重三个等级的分级管控措施。在非疫情流行期间原则上不采取限流措施，重点工作在于个人防护和健康检测；在疫情流行期间则重点加强对患有基础病老人、孕妇、儿童的监测及医疗就诊，对养老机构、社会福利机构、医疗机构、学校或学前教育机构，以及公共活动或商业活动场所采取限制聚集活动或错峰预约限流等措施；在疫情流行严重时，则重点强化对上述重点机构的封闭管理，对社会成员采取弹性工作制、必要时居家办公等措施进行管控。

类似的分级管控方案还可以具体到某些事项上管控的细化，如针对交通领域，在疫情流行严重时，实施全面的封闭对外通道，仅保障医疗救护或基本生活物流的配送通道；在疫情流行时，主要是调整公共交通的运营班次，限制人流密度，对返程进行错峰安排，限制不必要的弹性出行；在非疫情流行时，要求市民乘坐公共交通须进行体温检测与强制佩戴口罩，并倡议市民注意保持合理安全间距等。

(3) 严控全员核酸检测，保障核酸检测点的供应

在病株毒性较强的疫情暴发初期，常态化的全员核酸检测作为“严防死守”的必要抓手具有其政策合理性。然而，在病株变异到毒性减弱的新阶段，则应当严控全员核酸检测，避免对经济社会活动造成不必要的过多限制。一

方面，对于没有疫情的地区仅对风险岗位，重点人员进行核酸检测，一般不按照行政区域开展全员核酸检测；实行精准核酸免检，对于长期居家老人、居家办公和学习人员、婴幼儿等无社会面活动人员，可以不参加核酸检测；逐步取消在各类场所对核酸阴性证明的查验。另一方面，应当充分保障“愿检尽检”，通过合理布置核酸检测点、推广抗原检测等方式，满足部分民众的检测需求。

(4) 科学划定风险区，实现宽严相济

该管的坚决要管住，该放的有序放开，不能无差别和无休止地管控和限制，导致区域发展丧失活力。在系统考量疫情的有效防控与经济社会成本的基础上，应当坚持非必要不封控的原则，仅在传染源不明，传染速度较快、传染规模较大的情况下进行区域性的封控，严格禁止在没有传播风险的情况下实施区域性封控；在小区存在感染者的情况下，应当以单元、楼栋为单位科学精准划定高风险区；个别病毒和无症状感染者的居住地、工作地、活动区域经研判无传播风险的，可不划定风险区。

(5) 合理确定强制隔离的标准，实现疫情防控与公民权利保障的平衡

对于感染人群进行集中隔离已成共识，真正存有争议的在于：对于密切接触者、密接的密接、高风险区的外溢人员以及其他人员是否以及进行何种强度的隔离，适用何种密度的核酸检测？强度和密度失范将导致公民权利的过度牺牲。为了避免地方防疫政策的“层层加码”，国务院联防联控机制先后制发了第九版防控方案、“二十条”和第十版防控方案。总的来说，在病株毒性减弱、方舱建设耗费巨大、人员和医疗资源紧张、集中隔离可能引发次生风险的情况下，应当优先采用并依法规范居家隔离，最大程度地缓解因新冠病毒感染而造成的医院医疗资源挤兑。具体应当做到：明确在符合一定条件的情况下，可以让轻症和无症状感染者、密切接触者选择居家隔离或居家医学观察；对老弱病残孕等感染新冠病毒的特殊群体，优先考虑居家隔离；抓紧有效药物和退烧药的生产供应，针对性地补足社区医疗诊治的短板；推进社区摸排老年人、孕妇、基础疾病人群、透析病人、慢性病患者等脆弱人群信息，建立台账，在上述人群存在居家隔离的情况下进行有效联系，避免转

为重症时得不到有效的转运治疗。

(6) 加速推进针对病毒的疫苗接种，降低重症率与死亡率

医学研究表明，新冠疫苗对于老年人的保护作用显著，高龄新冠病毒感染者的重症率相对高，但接种疫苗后，对这类人群的保护作用大大提高。虽然我国已经实现了全人群疫苗完全接种率超 90%，但须注意到 80 岁以上老人加强针接种率仅为 40%，一旦发生大范围感染，少数的重症情形主要集中在老年群体，这对于所有有老人的家庭都是不可接受的结果。疫苗接种的核心问题在于，民众对于疫苗的有效性和安全性仍然存在一定的疑虑，并且对新冠疫苗实施强制接种缺乏依据。因此，各地应当通过充分的医疗科普，积极地鼓励引导推进老年群体疫苗接种的普及，最终实现新冠疫情的软着陆。

(7) 完善疫情防控当中的违反抗疫措施的惩戒制度

在疫情防控过程中，尤其需要注意从以下几个方面优化与实施违反抗疫措施的惩戒制度：

一是可以在《治安管理处罚法》《传染病防治法》《突发公共卫生事件应急条例》等法律法规中，也可以在省级地方性法规中专门规定违反抗疫措施的罚则。尤其是列明如编造、故意传播虚假信息，违反医学观察、隔离治疗等强制措施，对抗疫工作人员实施侮辱、恐吓、伤害行为，拒不履行政府发布的防控决定等较为典型的违法情形，应当从速、从重进行处罚。

二是应当注意到疫情防控中衡量“罚当其责”具有一定特殊性，因为民众在已经承认了多方面的权利限制的情况下，会对防疫人员和普通公众违法受到的问责尺度是否统一、公正具有极强的敏感性。在面对民众涉嫌违反防疫措施的问题而需要予以处理时，应强调以宽慰、说理、劝解为主，仅将处罚作为后备的惩戒性手段。

三是应当明确紧急情况下个人违反抗疫政策的免责制度。在疫情防控形势下，个人的人身自由受到了极大限制，然而，一旦在紧急情况下仍强制其人身受限，反而将置个人于即刻的危险当中，应当将这种情形下的自救行为明确为疫情防控期间的救济避险，免除违反抗疫政策的法律责任。

四是应当加强对核酸检测机构、疫苗研发机构、方舱建设运营机构、基

层社区违法行为的督查和问责，避免因违法的防疫行为导致防疫效果的失灵，乃至造成民众对防控政策的不信任。

五是应当根据疫情发展的情况调整对防疫人员的监督考核，在疫情暴发初期，以感染病例的数量作为考核和问责的重点具有合理性。然而在疫情发展到平稳期后，应当同时将考核和问责的重点由感染病例的数量向重症及死亡数量转移。

四、疫情保障的法治化

公共卫生事件对经济社会的冲击是全方位的：一方面是企业停工停产、人民群众收入降低、政府财政吃紧等“供给面的紧缩现象”，另一方面是涉疫医疗物资、基本生活物资等“需求面的紧缺现象”。在很大程度上，公共卫生事件等突发公共事件是对一个国家应急保障的考验。在2019年疫情这场“大考”中，我国的应急保障机制无疑是一块“短板”。

（一）应急物资供给不畅

虽然《传染病防治法》《突发事件应对法》等均有涉及应急物资储备的原则性规定，但由于配套的细则缺失，无法在实践中落地。例如，在2019年疫情暴发初期，N95医用口罩、防护服、呼吸机、测温枪等涉疫物资有价无市。这些现象都暴露了我国应急物资储备机制不畅的窘境。从立法来看，正是由于我国目前未有一部法律对国家物资储备体系作出统一安排，缺乏中央和地方的分工协作、储备产品目录和企业名录。现有的应急物资储备由于缺乏统筹，导致部门分散、存储成本过高、央地关系不协调等问题。

从疫情反映的情况来看，尤其有两个方面的教训应当注意：一方面是应急预案不够完善。首先，对于购买物资的型号、标准、价格和支付方式缺乏掌握。以口罩为例，由于各国对口罩防护标准的命名方式存在差异，容易造成混乱，而从不同国家供货商处进行采购，其支付方式和价格波动也存在较大差异，初期部分地方政府由于缺乏相应了解，严重影响了采购效率。其次，未能充分调动海外民间力量，不少海外华人有心捐赠，却没有和国内有关部门对接的途径，部分地方政府缺乏相关信息说明，导致了很多海外华人因为信息不透明而放弃了捐赠。最后，对医疗物资以外的物质缺乏关注，生活物资是“封城”隔离的保障，缺乏生活物资即是对隔离社区内的公众的忽视。另一方面是各地各级政府之间缺乏有效沟通。新冠疫情，其规模是我国应急管理体系建立以来的首次，远超之前的“甲流”和“非典”疫情，不少地方政府缺乏应对经验，未能建立起全国性的各级政府之间的沟通平台，从而出现了一些各自为政、缺乏沟通与协调的现象。

（二）抗疫人员的制度保障不足

在突发公共卫生事件中，坚守在一线的医护人员、公务人员以及社区志愿者对于捍卫人民群众的生命健康安全和社会秩序作出了巨大贡献。然而，从法律层面来看，更应当从制度上为抗疫人员提供支撑，一方面要发挥物质奖励与精神奖励的正面激励作用，另一方面要为一线抗疫人员消除工作的后顾之忧，为其提供薪资、保险等方面的保障。然而，从本次新冠疫情来看，以下两个方面的问题应当引起注意。

1. 补贴范围较小

虽然《传染病防治法》第 64 条对抗疫人员给予适当津贴作出了规定，但由于这一规定缺乏细则，在落实执行时存在发放标准难以认定的问题。在新冠疫情中，财政部、卫生行政部门等有关部门先后发布了包括《关于新型冠状病毒感染肺炎疫情防控有关经费保障政策的通知》（财社〔2020〕2 号）、《关于改善一线医务人员工作条件切实关心医务人员身心健康若干措施的通知》（国办发〔2020〕4 号）等在内的多个文件。这些文件确立了对一线医务人员实行每日 300 元的补贴标准。然而，由于“一线”被界定为与确诊或疑似病例直接接触，导致从事体温测量、预检分诊、健康监测、发热排查等同样处于风险前端的工作人员排除在外。

2. 抗疫人员的工伤认定存在一定障碍

在疫情防控期间，医护人员、劳动者、抗疫志愿者因其从事的活动性质，显然具有更大的感染风险。为此，2020 年 1 月 23 日人力资源和社会保障部、财政部、国家卫生健康委员会发布了《关于因履行工作职责感染新型冠状病毒肺炎的医护及相关工作人员有关保障问题的通知》，规定“医护及相关工作人员因履行工作职责，感染新型冠状病毒肺炎或因感染新型冠状病毒肺炎死亡的，应认定为工伤，依法享受工伤保险待遇”。从实践来看，虽然医务人员染疫的工伤认定并无困难，但感染的志愿者是否能被认定为工伤却存在一定的障碍。

（三）疫情征收、征用保障不充分

在突发公共卫生事件中，尤其在疫情暴发初期，基于事态紧急，各方面的资源往往难以应付迫切的疫情防治的需要，基于公共利益的考虑，政府及有关部门可能使用强制性的征收、征用手段，最大限度地调动资源，发挥抗疫效能。例如，在疫情初期，在研究病毒传播源的过程中，有一段时期将野生动物视为病毒传播的一个重要源头，正是由于这种观点，我国湖南湘西地区，大量的如竹鼠、娃娃鱼等野生动物的养殖户，被当地政府以防疫为由，进行了养殖动物的强制征收并予以扑杀处理，从观察的情况来看，政府对养殖户进行的经济补偿达不到填平损失的效果。

从一般的角度来看，疫情防控期间如对酒店等进行征用作为涉疫隔离场所适用，对口罩等医疗物资的征收等均为疫情防控中征收、征用的常规操作，此时，类似的损失补偿便成为一个应当引起重视的权益保障问题。

（四）疫情保障的法治化方案

突发公共卫生事件治理中的疫情保障法治化方案，应以完善包括应急物资储备保障，应急物资采购、储存、配给保障，抗疫人员保障，被封控隔离人员的服务保障，以及疫情放开后基层医疗资源保障在内的综合保障体系为目标。具体而言，可以着重从以下五个方面进行改进。

1. 建立健全应急物资储备机制

应当确立公共卫生物资储备目录清单，包括药物、医疗器械、防护装备和设备、医疗和隔离场所等的储备。加强传染病应急物资的产能和产品质量管理，建立库存动态调整和配置机制，建立短缺药物和防疫物资的生产、采购、储备和供应保障机制。应当实行中央和地方两级储备，并鼓励和指导家庭做好必要的传染病应对的物资储备。

2. 建立联动的应急物资采购、储存和配给机制

建立政府和各级卫健委联动的应急物资采购、储存和配给机制，以满足应急需要。结合民政、应急、后勤、医疗等多部门的需求，制定不同类别应急物资的采购标准，建立统一而又分类的物资储备目录，通过和生产商直接签约的方式进行采购，建立应急物资的合理调配物资种类，在平时应准确掌握各级物资的有效期、存量，并定期进行更新，保障需求的同时减少浪费。

3. 明确并加强抗疫人员保障制度

防疫人员在疫情防控期间响应国家政策号召，挺在了危险的第一线，应当根据其承担的危险程度以及现实遭受的损害情形强化制度保障。具体而言：首先，应当对直接参与公共卫生事件现场调查处置、患者救治、国境卫生检疫、动物防疫等一线强风险活动的人员按照一级标准进行补助；其次，对从事体温测量、预检分诊、健康监测、发热排查等日常监测与服务活动的工作人员按照二级标准进行补助；最后，应当避免因参与者的身份差异区别对待抗疫人员的工伤保险待遇，明确凡是参与抗疫工作的医疗人员、公务人员和志愿者等，均享受工伤保险待遇。

4. 重点强化封控隔离人员的服务保障

一是要明确地方政府建立生活物资保障工作专班，及时制定完善生活必需品市场供应、封闭小区配送、区域联保联供等预案，做好重要民生商品储备；二是全面摸排社区常住人口基础信息，建立包括独居老年人、困境儿童、孕产妇、基础病患者等重点人员清单、疫情防控期间需求清单；三是优化封闭区域终端配送，明确生活物资供应专门力量，在小区内划出固定接收点，打通配送“最后一米”；四是保障居民治疗和用药需求的满足，指导社区与医

疗机构、药房等建立直通热线，小区配备专车，做好服务衔接，严格落实首诊负责制和急危重症抢救制度，不得以任何理由推诿拒诊；五是做好封控隔离人员心理疏导，加大对老弱病残等特殊群体的关心帮助力度，解决好人民群众实际困难。①

5. 在放开疫情管控的同时做好基层的医疗保障

首先，在对疫情采取全面放开严格管控，个体做好自己健康的第一责任人的同时，应当有效衔接相关的医疗物资保障。尤其是要科学预判放开后疫情感染高暴发的时间点，在此之前做好乡镇、小区、街道等基层的各类医疗物资供应保障工作，如 N95 口罩、抗原检测试剂、退烧药、应对基础病的对症抗生素等。只有在医疗尤其是基层医疗资源有效统筹保障的情况下，方能保证全面放开初期免于“失序”和“混乱”。反之，如果不能提前做好药物供应的保障预案，在政策上不应突然松绑，以免群众陷入全面感染又无药可用的恐慌和危险之中。其次，应当针对传染病暴发在基层医疗机构就诊的特点强化重点医疗资源的供应，例如在全国放开疫情管控的背景下，新冠疫情的全面扩散导致发热门诊的需求暴增，此时应要求所有二级以上医院和基层医疗卫生机构发热门诊应开尽开，简化就诊流程，密集发布居家治疗、抗原检测等相关文件对居家治疗进行指引，积极推动分级诊疗，大力推动互联网医疗服务。最后，在病毒传染性强而致死率低的条件下，放开社会面的管控同时要加强对重症的有效收治，为此要统筹调配医疗资源，扩容医院重症床位，简化重症患者转诊流程，推动整体的医疗资源向重症救治倾斜。

6. 确保征收、征用后的充分补偿

突发公共卫生事件中广泛的征收、征用，充分体现了紧急情况下维护公共利益的行政优益权运用。征收、征用的强制性，反映了公共利益在程序上优先于私人利益实现的特征。然而，为了保障整体的疫情防治效果，被征收、

① 国家民政部．关于进一步优化新冠肺炎疫情防控措施 科学精准做好防控工作的通知［A/OL］.(2022－11－14)［2022－11－11］https://www.mca.gov.cn/article/xw/szyw/202211/20221100044887.shtml.

征用主体在此时承受了经济上的损失，且此种损失构成了相对于全体公民的“特殊牺牲”，在实体权益保障上，应当承认“特殊牺牲”的主体享有“公平求偿”的权利。这里的经济补偿，即便不能包括间接的预期收益，但也至少应当保障直接的现实利益的损失。因此，征收、征用机关，应当在查明实际损失的情况下，按照市场价格予以补偿。从财政保障的角度来看，考虑到各地政府财政水平存在差异的现实，应当从国家层面建立一支服务于疫情经济保障的基金，将各地征收、征用补偿纳入基金的使用范围，以确保征收、征用后的充分补偿。

第三章

突发公共卫生事件中市场主体发展保障的法治化

2022 年 10 月，习近平总书记在中国共产党第二十次全国代表大会上的报告中强调，要以“构建高水平社会主义市场经济体制”为要求，在“深化国资国企改革”“优化民营企业发展环境”“支持中小微企业发展”等方面多管齐下，加快构建新发展格局，着力推动经济高质量发展。[①] 激发市场主体活力是经济社会发展的重要命题，市场主体尤其是大量中小微企业的发展，对提振我国市场信心、促进经济发展至关重要。

新冠疫情的暴发给我国经济社会发展带来巨大冲击，并由此引发市场主体的生存发展危机。我国不断调整优化突发公共卫生事件防控政策，加强统筹突发公共卫生事件防控和经济社会发展，以求最大限度减少突发公共卫生事件对经济社会发展的影响。2022 年 12 月初，国家发布《关于进一步优化落实新冠肺炎疫情防控措施的通知》，提出十条进一步优化落实疫情防控的措施；12 月中旬，召开中央经济工作会议，在全面分析当前国内外经济形势的基础上，加快推动各项部署落实。当前，全国生产生活正在加速恢复正常，各类市场主体活力和信心得到进一步激发，经济运行整体好转。然而，从国

① 习近平．高举中国特色社会主义伟大旗帜 为全面建设社会主义现代化国家而团结奋斗——在中国共产党第二十次全国代表大会上的报告［R/OL］．（2022-10-25）［2022-10-31］．http：//www.news.cn/politics/cpc20/2022-10/25/c_ 1129079429.htm.

内来看，我国经济恢复的基础尚不牢固，突发公共卫生事件持续反复冲击，产业链供应链运行不畅等问题仍然存在；从国际上来看，外部环境动荡不安，世界经济可能面临滞胀局面。[①] 因此，各类市场主体的发展仍然面临着各种风险挑战，需要在深刻认识应对突发公共卫生事件和经济恢复发展的辩证关系基础上，探索出系统、长效的促进市场主体发展治理机制和对策。

法治具有固根本、稳预期、利长远的保障作用，对于提振发展信心具有重大意义。因此，将市场主体的发展与法治建设在联动的视域下加以统筹，以法治保障的方式为突发公共卫生事件中市场主体稳定、持续发展营造良好的营商环境具有重要意义。具体而言，应立足市场主体发展需求，进一步厘清市场主体发展面临的困境症结，充分调动和运用法治力量，确保促进市场主体发展的各项措施合法合规、科学精准，进而激发市场主体的发展活力。

一、突发公共卫生事件中市场主体发展面临的困境

在重大公共卫生事件影响下，全球经济受到深度影响，遭遇“一场前所未有的危机”。重大公共卫生事件会对经济、就业、城镇化、居民消费等多个方面产生影响。公共卫生事件的暴发对各国制定宏观经济政策带来了巨大挑战，即使是有控制的公共卫生事件也可能在短期内对全球经济产生重大影响。[②] 全球经济一体化趋势下，中国作为全球“世界工厂”，其国内突发公共卫生事件虽已得到有效控制，但面对全球经济前景的极大不确定性，国内市场主体经济活动仍将在相当长时期内受到突发公共卫生事件的影响，市场主体发展面临着前所未有的压力。

（一）国际大循环战略受阻，经营市场萎缩

当前，全球突发公共卫生事件引发国际经济大循环受阻，世界百年未

① 韩文秀．贯彻中央经济工作会议精神 推动我国经济运行整体好转［EB/OL］．（2022-12-20）［2023-01-15］．https：//www. chinanews. com/cj/2023/01-08/9930178. shtml.

② 安树伟，黄艳．突发公共卫生事件对区域经济韧性的影响机制与应对［J］．中国软科学，2024（01）．

有之大变局加速演进，全球经济复苏乏力。一方面是市场需求下降、供应链中断、全球经济发展衰退，另一方面则是逆全球化浪潮下的单边主义、保护主义重新抬头。自新冠疫情暴发以来，就有国家主张打破全球价值链，要求将产业生产转移到离本国更近的地方，声称无论从经济还是公共卫生角度来看如此依赖进口都是危险的。① 世界部分国家的贸易保护主义抬头，选择“逆全球化”建立起贸易壁垒，减少进出口贸易、增加本国产品补贴等方式，以内化和封锁的经济战略实现贸易的区域化和本土化，导致国际经营市场萎缩。医药产品是突发公共卫生事件中受贸易保护措施影响最大的行业之一。突发公共卫生事件的暴发使得全球对药物、医疗物资的需求大增，多数国家面临短期医疗资源紧缺问题。突发公共卫生事件使医疗器械供应链冲击很大，造成部分医疗器械供应链运行降速，甚至中断。最突出的问题就是疫情暴发使得口罩需求量激增，国内产能不足且国外对医疗物资出口严格限制，无法及时满足人们对口罩的需求，甚至满足不了部分重要行业的复工要求。之后随着党中央系列措施的出台以及疫情形势的好转，口罩供需矛盾才逐步得到缓解。② 但是，医疗资源的欠缺也倒逼我国提高突发公共卫生事件防控应对能力。此外，药品专利的私权保护和强制许可的公共利益保护之间也产生冲突，各国都在积极研发抗病毒药物及疫苗，以求占据突发公共卫生事件防控的制高点。③ 新冠疫情防控期间，一些发达国家如法国和德国还对个人防护用品进行出口限制，这两个作为欧洲医疗设备的主要供应国家，将贸易政策掌握在自己的手中，优先保护本国公民；在美国，口罩等个人防护用品制造商3M还发表声明称“要求3M停止向加拿大和拉丁美洲市场出口美国生产的口罩”。这些贸易出口限制措施使得部分发展中国家无法及时获取足量的医疗防护物资来进行突发公共卫生事件防控，劳动密集型的发展中国家停工停产停运，对全球供应链生产造成不

① Evenett S J. COVID-19 and trade policy: Why turning inward won't work [M]. CEPR Press, 2020, p21.

② 赵艳，史孟娅. 突发公共卫生事件背景下医疗器械供应链脆弱性研究 [J]. 北京交通大学学报（社会科学版），2024 (02).

③ 易继明. 后疫情时代“再全球化”进程中的知识产权博弈 [J]. 环球法律评论，2020 (05).

利影响。[①] 此外，许多发展中国家和转型经济体因财政限制还面临疫苗短缺的困境。根据《联合国世界经济形势与展望 2022》（The United Nations World Economic Situation and Prospects，WESP）中的数据，截至 2021 年 12 月，最不发达国家每 100 人注射的剂量仅为 23.9 剂，而发达国家却有 147.4 剂。严重的疫苗短缺继续阻止更高的疫苗接种覆盖率，导致全球特别是发展中国家极易受到新一轮感染浪潮的影响，并随之产生劳动力市场下行的后果，进一步加剧了产业链、供应链的中断。[②] 重大公共卫生事件的冲击使供应链结构发生改变而导致供应链失调，短期内出现大量需求，但供应与生产端产能严重不足，供需矛盾突出。

贸易保护主义还表现在数字技术壁垒方面。数字化、智能化技术在突发公共卫生事件防控中发挥了重大作用，也促进了新产业、新业态和新模式的发展。突发公共卫生事件背景下全球高新技术领域的贸易正在迅速减少，发达国家因担忧本国高新技术产业的发展前景，以新技术知识产权保护为借口对别国企业设置技术性贸易壁垒以及实施出口限制的情况不在少数。例如，美国自 2018 年就开始在信息通信产业等高新技术领域对中国实施贸易保护政策，激起中美贸易摩擦；2020 年 5 月更是升级针对华为的管制措施，并正式修正出口管制条例；同年 8 月又推出“清洁网络”计划，封闭市场，禁止美国境内使用微信、Tik Tok 等中国企业的产品。2022 年 8 月，美国总统拜登正式签署《芯片和科学法案》，其中明确规定了“禁止获得联邦资金的公司在中国大幅增产先进制程芯片”等对抗中国市场的内容，意图限制中国企业获取投资、技术合作等国际资源，从而实现打压中国半导体产业在先进技术领域发展的目的。受新冠疫情影响，以美国为首的发达国家直接将矛头指向中国，“去中国化”运动甚嚣尘上，致力于将中国从全球贸易生产体系中排除出去。逆全球化的趋势愈演愈烈，境外产品需求量的大幅度下滑导致我国市场主体的经营市场萎缩，这对我国的国际经营市场产生不小的打击。

---

① Evenett S J. COVID-19 and trade policy: Why turning inward won't work [M]. CEPR Press, 2020, p33、36.

② World Economic Situation and Prospects (WESP) 2022. https://www.un.org/zh/node/164995. 2022 年 10 月 12 日。

（二）产业链波及效应明显，生产经营成本负担困难

近年来，我国产业链供应链核心竞争力不断增强，在全球产业链供应链中的地位持续攀升。党的二十大报告提出“着力提升产业链供应链韧性和安全水平”，[①] 这对于在突发公共卫生事件中推动经济高质量发展、加快建设现代化经济体系、维护国家产业安全具有重要指导意义。全球突发公共卫生事件形势复杂严峻，经济全球化背景下国外市场的发展影响到国内市场主体的生产经营活动。首先，后疫情时代全球经济亟须快速复苏，但部分行业和关键制造商呈现供应链瓶颈状态。例如，5G 技术时代全球对半导体相关产品产生强劲需求，主要芯片生产商的交付周期不断延长，以至于限制了相关行业尤其是新能源汽车行业生产的产出。其次，各国为了本国突发公共卫生事件防控需要采取一定程度的隔离封锁政策，人们不上街、工作场所被关闭、交通被中断，劳动者失业，[②] 当供应链上的企业长期处于半关闭或低水平经营状态时，就会波及全产业链上其他企业的生产经营状况。最后，还有一些国家由于高度依赖中国供应链，在面临中国突发公共卫生事件使得企业停工停产的境况下，促使一些国家及其跨国企业下决心要分散供应链风险，开始考虑将部分产能从中国转移出去或迁回本国。[③] 在突发公共卫生事件中，在产业结构服务业化水平较高的地区，产业链和供应链更加复杂，与国际市场联系更加密切，面对公共卫生事件的冲击其产业链和供应链受到宏观市场波动的影响会更为剧烈。[④]

在经济全球化背景下，突发公共卫生事件发生的停工停产停运外加国际上持续变异的病毒侵袭，国际市场上的产业链中断波及国内市场主体的日常

---

① 习近平．高举中国特色社会主义伟大旗帜 为全面建设社会主义现代化国家而团结奋斗——在中国共产党第二十次全国代表大会上的报告［R/OL］．（2022-10-25）［2022-11-09］．http://www.news.cn/politics/cpc20/2022-10/25/c_1129079429.htm.

② Atalan A. Is the lockdown important to prevent the COVID-19 pandemic? Effects on psychology, environment and economy-perspective［J］. Annals of medicine and surgery, 2020, 56: 38-42.

③ 袁振邦，张群群．贸易摩擦和新冠疫情双重冲击下全球价值链重构趋势与中国对策［J］．当代财经，2021（04）．

④ 安树伟，黄艳．突发公共卫生事件对区域经济韧性的影响机制与应对［J］．中国软科学，2024（01）．

生产经营，尤其是对经营涉外业务的市场主体来说，其生产成本负担进一步加重。其主要表现在，一是由于市场主体为避免额外的存储成本，通常不会持有过多的库存，这意味着生产商和零售商可能无法及时反应和灵活应对突发公共卫生事件感染带来的消费者需求波动问题。① 当突发公共卫生事件的持续周期远大于市场主体的原材料和生产成品库存的周转周期时，等到市场主体的原材料和产成品库存耗尽，将无法满足正常的生产经营活动，从而增大跨国生产和贸易的不确定性以及市场主体的经营成本。② 二是市场主体为维持自身日常经营，需要承担物流仓储费、员工薪资、社保等生产成本支出，以及因担心境外突发公共卫生事件输入而必须负担的一系列防护措施成本。在收入没有增长的情况下，市场主体负担日常生产成本仍然要不断支出，这样的状态使得市场主体日常生产经营困难加重。三是突发公共卫生事件导致全球经济航运成本居高不下，新的病毒变异又延长国际航运的瓶颈期，航运成本和瓶颈期延长的双重叠加，阻碍全球商品贸易的增长，③ 市场主体的经营成本负担加重，入不敷出。交通物流是现代经济的经脉、民生保障的重要支撑。2022 年 12 月 7 日，国务院联防联控机制综合组公布优化落实疫情防控的“新十条”，明确不再对跨地区流动人员查验核酸检测阴性证明和健康码等；12 月 8 日，交通运输部印发通知，提出配合有关部门落实公路及航道、船闸防疫检查点“应撤尽撤”。伴随突发公共卫生事件防控措施持续优化，政策发力和各地积极落实形成合力，港口航运、末端配送等交通运输行业运行呈现持续回暖状态，为促进国际国内产业链供应链稳定畅通、支撑经济社会发展提供了有力服务保障，有效降低了市场主体生产经营成本。总体而言，助企纾困措施有一定效果，但企业发展信心和获得感依旧不足，经济促进政策还有待改进完善。因而，构建一套较为完备的法律制度体系，要求法律制度与政策体系相配套，进而完善市场主体帮扶纾困和风险应对机制，是破解突发公

① World Economic Situation and Prospects (WESP) 2022 [R/OL]. [2022-09-30]. https://www.un.org/zh/node/164995.

② 余振，刘李威．疫情影响下中国制造业参与全球产业链的变化及应对 [J]. 江西社会科学，2020 (07).

③ World Economic Situation and Prospects (WESP) 2022 [R/OL]. [2022-09-30]. https://www.un.org/zh/node/164995.

共卫生事件防控中市场主体高质量发展难题的应有之义。

（三）市场融资渠道限缩，融资需求与金融资源分配矛盾凸显

长久以来市场信贷资源配置呈现扭曲状态，银行等金融机构更倾向于将信贷资源分配给大型国有企业，中小民营企业普遍存在融资渠道少、融资成本高的问题。在突发公共卫生事件的冲击下，市场主体本就生产经营受困，受突发公共卫生事件影响更大的中小企业和民营企业，还要遭受融资渠道限缩的打击。具体而言，在内部融资上，中小企业是利用自有资金或者参股股东的资金等进行融资，但受企业效益影响较大，突发公共卫生事件影响下的中小企业经营状况不佳，内部融资对中小企业而言资金支持力量相对有限。在外部融资上则是金融包容度不足，一是商业银行等金融机构的信贷融资对企业信用具有较高的门槛要求。突发公共卫生事件导致市场经济低迷，企业投资收益率降低、资金周转速度变慢，银行等金融机构会有资金无法及时收回的担忧，并且大型企业为确保不发生资金链断裂，不惜以较高价格吸收相当数量资金，这又对中小企业融资产生“挤出效应”。[①] 二是股权融资方式对中小企业、初创企业而言也并不友好。由于在突发公共卫生事件扩散蔓延关键时期，股票市场中的中小板企业跌幅较大，当下面对突发公共卫生事件的持续性反弹和企业发展的不确定性，投资者投资意愿不强，从而造成中小企业融资难度进一步加大的窘境。三是政策性融资筛选对象严格，其支持对象往往是具备行业或者产业优势、技术含量高或政府重点扶持的行业或企业，这对不符合政策要求的其他中小企业而言，就无法获得相应的政府政策性融资支持。[②]

融资渠道限缩对中小企业的融资难、融资贵愈加严重，尽管政府一系列金融政策安排旨在倾斜扩大对中小企业的融资供给，但融资需求与金融资源分配并未完全匹配。例如，2020 年 5 月 26 日央行等八部门联合发布的《关于进一步强化中小微企业金融服务的指导意见》中指出，鼓励中小银行加大自

① 吕劲松．关于中小企业融资难、融资贵问题的思考［J］．金融研究，2015（11）．

② 张艾莉，毕思琦．中小民营企业融资路径探索［J］．人民论坛，2020（27）．

有资金支持力度，促进加大中小微企业信贷投放，降低融资成本；同年 6 月 1 日，央行等五部门又联合发布《关于加大对小微企业信用贷款支持力度的通知》，提出各银行业金融机构要增加对小微企业的信贷资源配置，要针对小微企业融资需求和特点，并合理下放审批权限，以提高小微企业信用贷款的发放效率。但这些政策措施主要针对符合银行信贷条件的企业，无法惠及所有急需资金支持的企业。商业银行的贷款门槛往往要求不动产抵押，这对轻资产的中小微企业来说很难实现，因而融资支持政策难以惠及达不到信贷条件的大量中小微企业，融资需求主体与金融资源分配对象不匹配。中小微企业、民营企业融资需求大，然而金融资源天然性倾向于大型企业、国有企业。值得注意的是，随着突发公共卫生事件得到控制，税收激励和财政补贴政策也正在转向支持创新和技术升级以及绿色产业的投资，而对于传统制造业的中小微企业来讲，仍处于融资需求无法满足的状态。

（四）劳资纠纷增加，劳动用工风险大幅提升

全球劳动力市场处于下行状态，并进一步加剧供应链中断。为了把握劳资纠纷在突发公共卫生事件暴发后的情况，以中国裁判文书网为主要检索来源，以“劳动争议”为案由，结合“新冠疫情”或“突发公共卫生”等关键词进行检索，共统计出裁判文书 6217 篇（如表 1 所示）。从数据可知，从 2020 年下半年开始，涉疫劳动纠纷案件激增，这样的情况一直延续至 2021 年底，直至 2023 年才有所缓和。大量劳动争议纠纷层出不穷，突发公共卫生事件防控期间的劳资利益纠纷成为社会关注的焦点。

表 1　人民法院审理涉疫劳动争议民事案件情况

时间	2020. 01—2020. 06	2020. 07—2020. 12	2021. 01—2021. 06	2021. 07—2021. 12	2022. 01—2022. 06	2022. 07—2022. 12	
案件数量	278	1630	1754	1365	889	301	6217
占比	4. 4%	26. 2%	28. 2%	22. 0%	14. 3%	4. 8%	100%

在新冠疫情防控期间，劳动用工风险增加，包括但不限于以下三个表现方面。

一是因防疫隔离等外力原因停工产生的劳动者工资薪酬支付问题。在突发公共卫生事件防控期间，聚集性突发公共卫生事件反弹在部分地区出现。为了控制传染源，防止突发公共卫生事件进一步扩散，这些地区不得不重新采取交通管制、限制人员流动、停产停工等措施。故此，对于非劳动者自身原因造成的、不可归责于劳资双方当事人的延迟复工、停工停产情况，牵涉到用人单位工资应如何续付以保障劳动者基本生活。虽然人力资源和社会保障部办公厅在2020年1月24日就发布《关于妥善处理新型冠状病毒感染的肺炎疫情防控期间劳动关系问题的通知》文件，其中明确规定，劳动者因隔离或者其他紧急措施而不能提供正常劳动的，企业应当支付在此期间的职工报酬。但是中央文件对“隔离”“劳动报酬及生活费”以及“延迟复工期间劳动关系的处理”等概念的界定模糊，地方在适用时对劳动关系的处理没有统一的标准，难免造成事后司法机关处理涉疫劳动纠纷裁判理念的错位。① 因此，对于劳动者因隔离致使劳动合同暂停履行而可能产生的劳动者工资薪酬风险需要谨慎处理。

二是远程劳动场景下的劳动者权益保障问题。为避免人群集聚和流动而采取的居家自我隔离、法定隔离等措施，促使随数字技术应运而生的远程办公、视频会议、网上培训等方式成为新的维持生产经营的重要用工形式。工业和信息化部办公厅在2020年2月18日颁布《关于运用新一代信息技术支撑服务疫情防控和复工复产工作的通知》文件中指出，支持运用云计算大力推动企业上云，重点推行远程办公、居家办公、视频会议、网上培训、协同研发和电子商务等在线工作方式。在国家政策支持下，云计算、人工智能等数字技术不断发展，远程办公在未来或将成为一种解脱劳动力的新的工作方式。由此，对于“居家办公”的劳动者的劳动薪资、劳动时间、休息休假、工伤认定等一系列劳动权益应如何保障成为新的话题，② 远程劳动的法律性质和制度构建亟待研究和建立。

三是“共享用工”模式带来的劳资权利义务关系不对等问题。突发公共

---

① 汪银涛．防疫隔离的劳动法属性与工资风险负担规则的立法重构［J］．学术交流，2021（02）．

② 田思路．远程劳动的制度发展及法律适用［J］．法学，2020（05）．

卫生事件影响下的流动性管制导致个别行业用工量激增，劳动力供需严重失衡，2020 年 2 月 3 日，阿里巴巴集团旗下盒马鲜生超市公开宣布接纳云海肴、青年餐厅的员工到盒马各地门店工作，仅仅两天，盒马就招募了近 500 名员工。此后，多家企业也相继跟进，推出类似“共享员工”举措。2020 年 9 月 30 日，人力资源和社会保障部办公厅发布《关于做好共享用工指导和服务的通知》指出，“支持企业间开展共享用工”，并要求“维护好劳动者在共享用工期间的合法权益”“保障企业用工”。“共享员工”的工资是由用工过剩企业实际负担的，但“共享员工”得不到基于劳动关系的工作待遇和劳动保障，而用工短缺企业不需要实际支出工资成本，却可以保持对员工基于劳动关系的控制权，失衡的劳资权利义务关系，不利于和谐劳动关系的形成。[①]“共享员工”是共享经济和零工经济发展的产物，也许会成为一种新的趋势，但对于其潜在的劳动用工风险需要予以预防。

政府在延长劳动者假期、承担确诊患者医疗费用、加大对用人单位的金融支持力度等方面的非常态化措施，既是对劳动者和用人单位更高程度的保护与扶持，也是实现突发公共卫生事件防控目标的重要手段。然而，此类临时性措施虽能解决一时之需，长期执行却无益经济的稳定和发展，需要能够在非常态情形下实现劳资双方关系协调与利益平衡的常态化法律制度。法的滞后性与立法程序的复杂、严谨和耗时，使得突发公共卫生事件期间劳动者和用人单位权利义务关系与利益的体系化制度框架无法迅速形成。

二、市场主体纾困政策的现状与法治化保障的不足

（一）市场主体纾困政策出台情况

从国家工业和信息化部网络平台公开的法规政策来看，从突发公共卫生事件暴发至今，仅涉及中小企业的政策就多达百余条。这些政策广泛分布于

① 朱艳秋．就业非正规性：“共享员工”的现实缺陷与规制进路［J］．中国人力资源开发，2020（12）．

国务院及其各部门，其中又以国家发展改革委、工信部、交通运输部、商务部、财政部等较多涉及市场主体经济活动的部门出台规范性文件为主。由于支持中小企业政策库显示的政策数量样本较少，为较全面准确地分析各类关于市场主体纾困政策措施的涉及内容，笔者以中国中小企业信息网上公布的政策为基础，汇总统计从全国经济主要经济指标呈现回升势头的 2020 年 3 月始，截至 2021 年 2 月的一年时间内，有关中小企业的政策措施共计 1710 件。按政策内容分类数量具体如表 2 所示。

表 2　促进中小企业发展的国家政策出台情况

阶段 内容	2020/03— 2020/05	2020/06— 2020/08	2020/09— 2020/11	2020/12— 2021/02	合计	占比
财政金融	73	87	34	69	263	15.4%
产业	320	269	138	204	931	54.4%
涉外	37	29	19	12	97	5.7%
创新科技	24	19	6	12	61	3.6%
创业就业	16	22	4	3	45	2.6%
服务体系	40	35	18	23	116	6.8%
人力资源与社会保障	16	11	5	10	42	2.5%
知识产权	19	6	4	3	32	1.9%
财税	28	23	8	22	81	4.7%
其他	18	7	6	11	42	2.5%
合计	591	508	242	369	1710	100.0%

根据数据统计可知，面对中小企业的多样政策诉求，国家惠企纾困政策集中于产业政策、财政金融政策，其中产业政策在所有政策中占比超过一半。产业帮扶、金融支持既是市场主体在突发公共卫生事件冲击下的重要诉求，也是国家为市场主体纾困的主要手段。在突发公共卫生事件高峰期刚过去的半年（2020 年 3 月至 8 月），面临发展困境的市场主体亟待复工复产，大量纾困政策快速高效发布，形成一种“政策暴发”的状态。政府有限理性下注意力分配失衡，导致面对“突发公共卫生事件”等此类重大突发公共事件暴发，国家的注意力从常规依法治理迅速转移到“突发公共卫生事件防控”和“保

障生产生活”上，使得一个时间段内相关政策骤然增多。①

另外，从地方二级平台发布的法规政策来看，突发公共卫生事件时期涉及市场主体发展的政策，多是由各级人民政府或者相关行政部门以出台意见、通知等地方规范性文件的方式应对。例如，《北京市人民政府办公厅印发关于支持中小微企业和个体工商户做好常态化疫情防控加快恢复发展的若干措施的通知》《江苏省人民政府印发关于积极应对疫情影响助力企业纾困解难保障经济加快恢复若干政策措施的通知》，以及自 2022 年开始，各地对中小企业发展帮扶政策的出台，如广东省人民政府印发《广东省进一步支持中小企业和个体工商户纾困发展若干政策措施》、河南省财政厅会同省税务局联合印发《支持中小企业发展若干政策》等文件。各地各级人民政府及其有关部门及时发布政策性文件助力中小微企业发展，但是各类政策措施政出多门、零落分散，且均是以“低位阶”的法律效力运行。纵观突发公共卫生事件防控之下全国省级地方性法规以及设区的市地方性法规和自治条例、单行条例内容，主要集中在公共卫生和健康应急管理、动物防疫、社会治理、生态环境保护等方面，可以发现，目前缺乏专门针对市场主体发展的立法应对。

各级政府实施的旨在为市场主体解忧纾困的政策措施，成为突发公共卫生事件防控常态化下促进市场主体发展的主要力量。然而，政出多门、内容分散，且多以意见、通知、公告等效力位阶较低的政策性文件形式表现，政策的有效期限也比较短。后疫情时代背景下，促进市场主体发展的系统化制度供给不足，政策性文件相较于法律而言，缺失法律特有的逻辑自洽性、可预见性、稳定性和普遍性。我国在应对重大突发事件中的专门针对市场主体发展的立法缺位，《中小企业促进法》等相关法律法规在维护市场主体发展权益中也没有充分发挥效用。归根结底，在后疫情时代促进市场主体发展必须要求法治取向，充分调动和运用法治力量，将事关促进市场主体发展的体制机制创新纳入法治的轨道，以此为后疫情时代促进市场主体发展提供有力支撑。

① 姜晓萍，吴宝家．疫情防控中的中小企业支持政策：扩散特征与核心议题——基于省级“助企纾困”政策的文献计量分析［J］．行政论坛，2020（03）．

（二）促进市场主体发展的法治保障不足

1. 临时性政策实施效果难以保障，专门性应对立法缺位

突发公共卫生事件期间中央和地方政府出台大量政策帮助市场主体纾困解难，但以发放消费券、进行现金转移支付等暂时性政策为主，并无法长久维持市场主体稳定发展。因而，有必要将行之有效的短期政策长期化和法定化，且法定化的政策并不会对现有社会公共利益造成损害。市场主体的发展需要安全的、有序的、可预见的市场秩序，而这正是法律的秩序要素，有必要用连续性的制度保障应对将来可能发生的重大突发事件。2003 年“非典”发生后不久，国务院在一个月内紧急制定颁布了《突发公共卫生事件应急条例》，为国家抗击非典提供法律依据；2004 年全国人大进一步修订《传染病防治法》，2007 年制定《突发事件应对法》，在应对非典、新冠疫情这类突发公共卫生事件方面，可以说我国已经有了较为完备的法律应对体系。[①] 但应对此类重大风险的法律体系建设健全侧重在公共安全治理方面，缺乏专门针对市场主体的立法保护。笔者在“北大法宝”平台上的“突发公共卫生事件”专题和“营商法规”专题内查询发现，促进市场主体发展的应急立法散落于各级各类法律法规和规范性文件，鲜有专门针对市场主体就重大突发风险事件的解忧纾困、促进发展的立法保障，且各个部门多倾向于从自身利益和角度出台政策措施，整体协调性较弱。

就此而言，突发公共卫生事件防控常态化下对市场经济的政策治理呈现出末端管控和源头治理的失衡状态，过分关注各类政策对市场主体发展需求的围追堵截，忽略了顶层法律的系统化梳理统筹。“一揽子”解危纾困政策有力地支持了市场主体健康发展，但忽视了对市场主体的法律体系建设保障，针对市场主体纾困解忧的专门性法律和法规明显不足。截至 2022 年 6 月底，我国登记在册的市场主体 1.61 亿户，其中企业 5038.9 万户。市场主体的数量庞大与市场主体的持续发展对提振市场信心、促进就业和积蓄经济力量至关

① 陈云良．促进公共卫生法律体系向公共卫生法治体系转化［J］．法学，2021（09）．

重要。因此，有必要将市场主体应急管理的法治建设从个案式的政策应对转向整体市场利益的保障，并对市场主体的解忧纾困要从个别化的、即时性的、暂时性的政策支持转向普遍性的、可预见性的、稳定性的立法保障。

2.《中小企业促进法》等法律法规统筹的缺失

在专门性应对立法尚不具备现实立法条件的情形下，为了弥补因突发公共卫生事件的出现引起的市场失灵问题，我国已建立了应急财政调控、应急税收调控、应急金融调控等法律制度，为政府的应急干预行为提供了基本的法律依据。[①] 但这些制度只是分散在宏观调控法律体系中的单行法律的部分规定，彼此之间尚且缺乏有效衔接，并且这些规则制度是属于对整个经济运行活动进行调节和控制，而非直接作用于市场主体。目前在我国现行法律体系中，仅有国家层面上的《中小企业促进法》作为专门综合性法律法规以促进市场主体发展，此后，许多地方政府颁布了《中小企业促进条例》。然而，《中小企业促进法》和各地方政府发布的《中小企业促进条例》在实践中并没有起到对市场主体发展应有的法律统筹作用，更没有得到有效的实施和执行。

首先，对市场主体经济行为具体规范和调整的法律法规分散于各部门法中。例如，《对外贸易法》中规定“国家支持科技企业孵化器、大学科技园等科技企业孵化机构发展”，各部门法都有各自相应具体且实效的规范，而《中小企业促进法》及其条例更多的仅是发挥指导作用。

其次，《中小企业促进法》及其条例维护的是中小企业的合法权益，不涉及所有市场主体，目前仍没有一部专门规范所有类别的市场主体发展的法律。

再次，相较于此类“促进型”法律，现实中更普遍适用的是《反垄断法》《反不正当竞争法》《消费者权益保护法》《价格法》等聚焦于对市场主体规制的“管理型”法律。

最后，《中小企业促进法》及其条例多采用宣示类、倡导类、表彰奖励类等带有“软法特征”的鼓励性规范，强制性规范占比极小。[②] 这些规范在应

---

① 殷继国．紧急状态下经济法的应急保障功能［J］．政法论丛，2020（03）．

② 张琳．营商环境视域下民营经济立法功能变迁［J］．地方立法研究，2021（05）．

对突发公共卫生事件、经济危机、地震、洪涝灾害等重大突发事件时，需要依靠地方政府发布具体政策的方式才能落地实施，无法直接适用于紧急状态下的市场失灵状况，也因此容易被主动、直接、强硬、精准的政府干预行为喧宾夺主。一条根本没有实效性的法律规范很难说具有实质上的有效性，此时，法律已经被架空了。[①] 值得注意的是，《中小企业促进法》和《中小企业促进条例》法律法规统筹缺失的问题，究其原因并不集中于其法律体系不完备、法律规范存在漏洞等，更多的是法律实施和执行不力的问题。市场主体发展的法治保障不仅要系统完善以《中小企业促进法》为代表保护市场主体发展的法律规范，更要完善法律实施和执行机制。

3. 相应地方立法供给不足

法律是由一般性规范同适用与执行规范的特殊性行为构成的综合体。规范性制度的存在以及对该规范性制度的严格遵守，是在社会中推行法治所必须依凭的一个不可或缺的前提条件。[②] 故此，国家法律法规对市场主体发展的立法保障需要各级地方立法机关和行政机关予以细化落实，并通过中央和地方性法规政策的衔接和配套，构建促进市场主体发展的法治保障体系。当前促进市场主体发展的立法多集中于较高层次的行政法规及部门规章，地方政府仅依令行事。事实上，突发公共卫生事件防控下各地根据当地实际情况自行采取措施更为重要，因地制宜的市场主体纾困法律的缺失引发了地方法治指引不足的后果。

各省级地方人大及其常委会并未发挥其应有的立法职能，反而是各级人民政府及有关部门通过发布通知等政策性文件为市场主体提供纾困措施，地方立法机关缺席了突发公共卫生事件防控常态化下市场主体的发展。中央法律法规需要由地方立法机关和地方政府予以立法细化、实施与执行，并对法律主体的活动作出具体行为准则。经济法中政府宏观调控行为接受传统法治

① 沈伟．法律可以促进中小企业发展吗？——基于《上海市促进中小企业发展条例》立法后评估的实证分析［J］．政法论丛，2018（02）．

② ［美］E·博登海默著，邓正来译．法理学法律哲学与法律方法［M］．北京：中国政法大学出版社，2017，259-260．

原则的支配，法律优先、法律保留是应有之义，在此基础上框定了经济法、委托立法、经济政策、经济行政之间的关系，是经济法应当遵循的形式层面的价值判断。[①] 但实践中各级地方政府及有关部门发布各项具体可操作执行的举措，实质上是将本来应当属于“法律保留”的事项，以行政机关的自我判断将其予以细化，使其自己赋予自主的裁量权，将立法控制桀骜不驯的行政权的法治理念归于空谈。[②] 也由于地方缺乏对突发公共卫生事件防控常态化下市场主体纾困的法律统筹，各地行政机关依据本区域内经济发展程度的不同、政府治理能力的差异以及地方利益集团的影响等因素，对市场主体实施差别化政策待遇，进而容易滋生地方保护、违反公平竞争等乱象，最终不利于市场主体的发展。

三、市场主体发展保障法治化的理论基础和现实意义

（一）激发市场主体活力法治保障的理论基础

1. 市场主体平等理论

传统的经济法主体理论侧重于政府主体和市场主体之间的关系，聚焦行政机关对市场主体的行为进行规制，而现在更需要关注的是市场主体与市场主体之间的关系问题。国有企业与民营企业、大型企业与中小型企业、平台企业与平台内企业等，各类市场主体之间的竞争、负担、融资能力等均不同。在市场运行机制中，因信息不对称、资源差异等处于弱势地位的市场主体，需要由经济法律制度对这些弱者进行法治保障，使利益适当倾斜处于劣势的市场主体，以实现各方主体的实质平等和实质正义。换言之，为实现市场主体的基本权利而通过立法赋予处于不利地位的市场主体以特殊权利，使各市

---

① 单飞跃，徐开元．从国家的经济干预到经济的宪法治理——经济法学理论基础的转换［J］．社会科学战线，2021（05）．

② 沈伟．法律可以促进中小企业发展吗？——基于《上海市促进中小企业发展条例》立法后评估的实证分析［J］．政法论丛，2018（02）．

场主体利益在一定秩序中达到均衡，进而实现资源的合理配置。① 2022年末的中央经济工作会议指出，要坚持“两个毫不动摇”，深化国资国企改革，提振民营企业家信心，从制度和法律上平等对待国企民企，从政策和舆论上鼓励支持民营经济和民营企业发展壮大。在当前因突发公共卫生事件冲击影响经济发展的情况下，秉持市场主体平等理念，以法治方式依法平等保护各类市场主体产权和合法权益，在制度设计方面统筹各类市场主体高质量发展工作全局；在立法原则中破除市场准入不合理限制和隐性壁垒，对各类所有制企业一视同仁保护；在行政执法中切实平等保护各类市场主体财产权益、创新权益和经营自主权，减轻民营企业、中小企业的压力。其中，公平竞争审查制度正是这一理念的法治体现，其要求政策制定机关面对各类市场主体的经济活动制定一系列政策法规、规范性文件时，在税收优惠、财政补贴、金融包容度等方面均给予各类市场主体实质平等，进一步加大依法保护民营企业、中小企业和企业家权益力度，以维护竞争有序的市场环境，促进实质公平。

2. 风险预防原则

风险预防原则最早是在环境保护之中提出，它的目的是鼓励甚至是强迫决策者在进行这些活动之前，考虑其活动对环境可能产生的有害影响。当有充分证据表明一项活动可能对环境造成不可接受的损害时，风险预防原则②要求负责任的公共和私人权利持有人防止或终止该活动。③ 置换到经济法领域内，经济法应对的是市场系统性风险。系统性风险会危害所有人的利益，如金融危机不仅导致经营者利益受损，消费者、劳动者权益等均会受到影响。正是因为实施经济活动产生了社会风险，才需要经济法予以规范经济活动，风险理论便成为不可忽视的概念。④ 从风险预防主体来讲，市场经济领域内包

① 陈婉玲．判断与甄别：经济法权利辨析——以市场主体权利为视角［J］．政法论坛，2017（04）．

② 与针对事先即可确定危害的预防原则（prevention principle）相区别。

③ Cameron J, Abouchar J. The precautionary principle: a fundamental principle of law and policy for the protection of the global environment [J]. BC Int'l & Comp. L. Rev., 1991, 14: 1.

④ 薛克鹏．经济法视野中的风险理论［J］．经济法研究，2019（01）．

括个人风险、企业风险和政府风险，本书主要以应对政府风险来阐述风险预防这一原则的运用。现代经济法的重要功能和使命就是防范和化解各类风险，从而更好实现经济法的具体立法目标。① 但是风险一般是不确定的，就此而言无法用现行的法律制度来应对突发的危机事件，需要用灵活的政策来予以应对。立法者授权政府在国民面临不确定威胁时，不顾科学上的不确定性而采取保护国民的行动。② “风险社会”这一因素通过突发公共卫生事件对我国乃至全球经济的影响表现得特别明显，使得一国国内市场、国与国之间的市场、跨国界的区域市场乃至全球市场持续性地处于系统性的风险状态之中。正是在全方位融入了风险因素的经济场域中，政府主体、社会主体、市场主体各自的行为方式均因突发公共卫生事件防控而发生变化。③ 由于突发公共卫生事件此类非常规突发事件，已超出人们一般风险认知范围和可控手段，因此需要在风险预防原则的指导下，由法律授予政府干预的正当性，并明确所授经济权力的适用前提、范围、程序和责任等，且要求行政系统内部和外部市场主体、社会公众予以严格监督。如此，在发生诸如疫情等重大突发事件时，政府可以根据自己的预测和判断采取事前预防、事中救济和事后恢复市场活力的全过程应对措施，这样在形式上至少是符合法律规范的，符合行政法治和经济法治的理念。

3. “经济宪治”理论

经济宪治要求经济法立足经济秩序本身，遵循宪法对经济秩序的价值判断，将经济法的立足点从国家干预转变为实现经济秩序本身，将经济宪法与政治宪法相结合共同构建以经济宪治为基础的经济法治。④ 不同于单纯的“经济宪法”，“经济宪治”在此之上还强调“经济治理”，且“经济治理”的范围是无限的。与经济宪法对法治的承诺和以司法标准指导经济政策的承诺相

① 张守文. 中国经济法理论的新发展［J］. 政治与法律，2016（12）.

② 金自宁. 风险规制与行政法治［J］. 法制与社会发展，2012（04）.

③ 黄茂钦. 疫情防控背景下经济治理的软法方案［J］. 辽宁师范大学学报（社会科学版），2022（01）.

④ 单飞跃，徐开元. 从国家的经济干预到经济的宪法治理——经济法学理论基础的转换［J］. 社会科学战线，2021（05）.

反，经济治理可以诉诸任何可以想到的手段来追求政治优先事项，并享有广泛的自由裁量权，赋予和规范国家机构经济权力，是对法律、经济、政治之间关系的重新配置。[①] 经济法是社会经济秩序保护之法，[②] 宪法是创制和维护全领域法秩序的根本大法，因此，经济宪治即要求创制和维护经济领域内的法秩序。换言之，在市场经济的目标引领下，宪法赋予市场主体经济权利，塑造国家经济权力的功能与运行方式，以此框定国家与市场的基本关系。[③] 突发公共卫生事件暴发使得市场经济发展遭受重创，灵活性的政策措施能够满足恢复市场经济发展的迫切需要，但传统法治原则所要求的法律优先、法律保留可能会与经济政策先行发生形式上的冲突。因此，在普通法律无法解决问题时，需要回到宪法中去寻找解决思路。国家公权力与公民私权利在经济领域中的交织关系，可以在经济宪治中作出合适的安排。经济宪治是将经济宪法与政治宪法相结合，为经济决策提供依据和指导。保护公民财产权是我国宪法确立的一项基本准则，以法治方式平等而有效地确认和保护市场主体产权和合法权益，才能更好地稳定经济秩序和市场预期，更好保障市场主体的安全感和获得感。依法治国，首先是依宪治国。经济宪治理论为国家机关行使经济职权提供了合宪性约束，防止在后疫情时代产生市场失灵和政府失灵的“双重失灵”问题，符合经济法治的内涵。宪法保障公民私权利，约束国家公权力，廓清政府与市场的边界，进一步转变政府职能、提升政务服务能力和水平，对于属于市场主体自主决定的事务，由市场自我调节，进而推动“有为政府”和“有效市场”更好结合。

4. 经济法学的“发展理论”

习近平总书记强调，贯彻新发展理念，实现经济从高速增长转向高质量发展，必须坚持以法治为引领。从把握新发展阶段、贯彻新发展理念、构建

---

① Joerges C. The European economic constitution and its transformation through the financial crisis [J]. A companion to European Union law and international law, 2016: 242-261.

② 刘水林. 经济法是什么——经济法的法哲学反思 [J]. 政治与法律，2014 (08).

③ 单飞跃，徐开元. “社会主义市场经济”的宪法内涵与法秩序意义 [J]. 东南学术，2020 (02).

新发展格局的实际出发，以解决法治领域突出问题为着力点，为全面建设社会主义现代化国家提供有力法治保障。[①] 高质量的法治建设保障高质量发展，经济法学的发展理论通过多种体现发展政策的经济法手段，将创新、协调、绿色、开放和共享发展的新发展理念融入经济法制度中，以解决经济发展的“内卷”问题。[②] 完善促进创新发展的法治体系，深入推进公平竞争法律和政策的实施，实现公平竞争与鼓励创新良性互动；[③] 健全劳动者权益保护法治体系，缓解劳资关系矛盾冲突，协调劳资双方共同致力于促进市场经济发展，构建全国统一大市场建设；遵循开放理念，加强涉外领域的法治建设，维护国家主权、安全和发展利益，在稳定国内大循环的基础上，进一步在国际上提高对外开放水平。党的二十大报告要求，必须完整、准确、全面贯彻新发展理念，加快构建新发展格局，着力推动高质量发展。经济法学的发展理论聚焦于如何形成或者构建好的经济法律制度，“促进经济和社会的良性运行和协调发展”是经济法调整所追求的目标。[④] 经济法学发展理论中融入新发展理念，并转化和表现为经济法律制度，是公共利益时代价值的实现，能够更充分地保障各类主体的发展权利。[⑤] 经济法各类具体制度和经济政策将有关发展因素全面融入其中，平等保护各类市场主体合法权益，促进和保障市场主体活力的激发，努力为构建新发展格局、推动高质量发展营造更好的法治环境、营商环境、发展环境，实现市场经济的协调发展、永续发展和共享发展。

（二）激发市场主体活力法治保障的现实意义

之所以经济发展需要法治保障，是因为法治能够为市场主体提供稳定、可预期的市场环境，保障市场秩序。[⑥] 习近平总书记强调，法治是国家治理体系和治理能力的重要依托。只有全面依法治国才能有效保障国家治理体系的

---

① 公丕祥．坚持以法治引领和促进高质量发展［N］．中国社会科学报，2022（04）．

② 张守文．新发展理念与“发展型法治”的构建［J］．人民论坛·学术前沿，2021（13）．

③ 时建中．高质量法治建设保障高质量发展——学习党的二十大报告关于高质量发展与全面依法治国的体会［J］．政法论坛，2022（06）．

④ 张守文．经济法学的发展理论初探［J］．财经法学，2016（04）．

⑤ 谭晨．新发展理念的经济法释义：关联、定位及内涵［J］．西安交通大学学报（社会科学版），2019（06）．

⑥ 马怀德．迈向“规划”时代的法治中国建设［J］．中国法学，2021（03）．

系统性、规范性、协调性，才能最大限度凝聚社会共识。① 法治是对个人权利的尊重和对国家权力的约束，要求宪法或法律在管理国家事务的过程中居于最高地位。② 法治不仅是应对突发公共卫生事件等各种风险挑战的基本手段，更是突发公共卫生事件防控常态化下促进市场主体发展的理论支撑和基本遵循。“社会主义市场经济的本质上是法治经济”，法治是社会主义市场经济的规则和秩序，能够保障和实现市场主体尤其是大量中小企业的可预期、稳定发展。

1. 有助于推动“内环为主、双环互促”的新发展格局构建

党的二十大报告强调，坚持高水平对外开放，加快构建以国内大循环为主体、国内国际双循环相互促进的新发展格局。③ 当今世界正在经历百年未有之大变局，全球地缘政治博弈愈发激烈，国际格局加速演变，我国经济外循环面临“逆全球化”、单边主义、贸易保护主义等不稳定因素，外加突发公共卫生事件全球蔓延进一步加剧国际环境不稳定。④ 为此，理想方案是立足于国内发展，更多依靠国内市场实现经济发展，形成“以国内大循环为主、国内国际双循环相互促进的新发展格局”。“双循环”发展格局的基础是建立统一开放、竞争有序的市场体系作为现代化经济体系的核心内容，⑤ 完善现代化经济体系，并通过统筹推进国内法治和涉外法治，为构建双循环新发展格局提供法治保障。“法治是最好的营商环境”，法治保障现代市场体系和现代经济体制建设以稳定国内大循环，以法治处理好政府和市场的关系，将优化营商环境的政策目标上升到法律高度。国际上则以涉外法治作为重要领域立法，

① 习近平：坚定不移走中国特色社会主义法治道路 为全面建设社会主义现代化国家提供有力法治保障［R/OL］.(2021-02-28)［2022-10-31］. https：//www.court.gov.cn/xinshidai-xiangqing-288311.html.

② 焦洪昌主编．宪法学（第5版）［M］．北京：北京大学出版社，2013：32-34.

③ 习近平．高举中国特色社会主义伟大旗帜 为全面建设社会主义现代化国家而团结奋斗——在中国共产党第二十次全国代表大会上的报告［R/OL］．(2022-12-25)［2022-11-10］．http：//www.news.cn/politics/cpc20/2022-10/25/c_1129079429.htm.

④ 许皓．“双循环”的法治保障：以内促外与内外并举［J］．湖北大学学报（哲学社会科学版），2021（05）.

⑤ 张守文．新发展格局与“发展型法治”的构建［J］．政法论丛，2021（01）.

通过涉外经济法方面的制度安排，解决国家之间的复杂交易关系，进一步提高对外开放水平，从而促进内外循环的良性互动。如此，有利于我国经济领域形成良好的营商法治环境，市场主体能够公平有序开展市场经济活动，并促使因突发公共卫生事件影响的产业链复苏和转型升级，不断释放经济增长的内需潜力和整合全球要素资源，保障“双循环”的良性运行，构建起“国内大循环为主，国内国际双循环”的新发展格局。

2. 有助于数字经济的稳定发展

数字经济是市场经济的重要组成部分，而市场经济又是法治经济，这就决定了数字经济必然在法治轨道上才能稳定运行发展。受新冠疫情的影响，数字技术、数字经济为市场主体渡过突发公共卫生事件危机、恢复生产活力提供了新路径和新平台，在线教育、网络办公、在线医疗等数字消费新场景不断产生，数字技术赋能美好生活的作用不断凸显。数字经济已成为全球经济复苏和发展的重要驱动力。① 目前，我国不断深化网络空间国际交流合作，积极搭建共商共建共享平台。例如，发布《网络空间国际合作战略》，签署《二十国集团数字经济发展与合作倡议》，举办亚太经合组织数字减贫研讨会等。2022 年“共建网络世界共创数字未来——携手构建网络空间命运共同体”的世界互联网大会在乌镇举办，各国共商世界互联网发展大计。统计数据显示，截至 2021 年，我国数字经济规模达 45.5 万亿元，连续多年稳居世界第二，数字经济占国内生产总值比重为 39.8%；电子商务交易额、移动支付交易规模居全球第一。② 2021 年 8 月中共中央、国务院印发《法治政府建设实施纲要（2021—2025 年）》提出，数字经济、互联网金融、人工智能、大数据、云计算等相关法律制度的及时跟进，以良法善治保障数字经济新业态新模式健康发展成为必然选择。而其中，经济法的促进和保障作用可以为

① 中国人民银行行长易纲在中德“金融科技与全球支付领域全景—探索新疆域”视频会议开幕致辞，易纲表示，数字经济已成为全球经济复苏和发展的重要驱动力。金融科技应立足于服务实体经济，赋能金融数字化转型升级，提升金融服务质效，助力数字经济发展。同时，我们也应主动应对金融科技带来的风险挑战，努力缩小“数字鸿沟”，建立具有适应性、竞争力、普惠性的现代金融体系。

② 王思北，商意盈．共创美好数字未来——我国积极参与全球互联网发展治理［N］．人民日报，2022-11-09（004）．

数字经济的创新发展保驾护航。传统经济法律制度依托创新思维体系为数字经济的发展预留足够空间，新兴数字经济形态秉持法治观念形成稳定和可预期的经济秩序。[①] 以经济法律制度有效规范和治理数字流通共享和安全保护问题，以及互联网平台企业的垄断和不正当竞争行为等，以此保护用户和消费者以及其他经营者的合法权益和社会公共利益，助推数字经济的有序稳定发展。互联网经济发达的浙江省在2021年3月1日正式实施的《数字经济促进条例》就以地方性法规方式为浙江省数字经济“一号工程”高质量发展提供明确的立法保障。因此，系统完善的法律法规和政策体系能够为数字经济发展提供明确的规范指引，实现在探索数字经济发展正当性、合法性的同时，也保护数字经济的创新性的目的，推动我国数字经济高质量发展。

3. 激发全社会创新活力

科技自立自强是国家强盛之基、安全之要。习近平总书记在党的二十大报告中强调，加快实现高水平科技自立自强。以国家战略需求为导向，集聚力量进行原创性引领性科技攻关，坚决打赢关键核心技术攻坚战。[②] 科学技术是第一生产力，而市场主体又是技术创新的主力军。由此，为激发全社会创新活力，应当维护市场主体尤其是大量发展能力相对较弱但创新能力强的中小企业利益。一般而言，社会创新活力与其制度环境密切相关，社会中的市场主体尤其是大量中小企业的创新能力与国家的制度保护呈正相关关系。法治保障促进数字经济、共享经济等新业态新模式的发展，经济法制度中的财税法、金融法、产业法、竞争法等为市场主体积极创新保驾护航，人才引进、创业补贴等经济政策的实施进一步激发全社会创新活力。例如，研发费用减税政策可以带动企业加大科技创新投入，我国全社会研发投入与国内生产总值之比由2012年1.91%提高到2021年2.44%；更好地创新激励制度能够促使市场主体进行风险更高但更有回报的投资，进而达到促进创新的政策目的。

① 赵骏．“一带一路”数字经济的发展图景与法治路径［J］．中国法律评论，2021（02）．

② 习近平．高举中国特色社会主义伟大旗帜 为全面建设社会主义现代化国家而团结奋斗——在中国共产党第二十次全国代表大会上的报告［R/OL］．（2022-10-25）［2022-11-09］．http：//www.news.cn/politics/cpc20/2022-10/25/c_ 1129079429.htm.

为保障市场主体对创新研发投入，通过有针对性的严格规制竞争和包容性政策制度扶持，有效调整各类经济法律制度，以此为市场主体产权保护提供坚实的法律基础。深化“放管服”改革并将行之有效的做法上升为制度规范，为市场主体积极创新提供了强大后盾，最终实现创新转化为竞争力，提高产业链供应链科技水平，实现“顶天立地”的大企业和“铺天盖地”的中小微企业共生共荣的企业生态格局。①

4. 有助于构建和谐的劳动关系

法治是最好的营商，和谐是最优的环境。根据第四次全国经济普查结果，中小微企业吸纳就业人员 23300.4 万人，占全部企业就业人员的比重为 79.4%，中小微企业的发展对解决民生就业问题具有重要作用，市场主体尤其是其中占比较高的中小微企业成为吸纳社会就业主体。突发公共卫生事件引发大规模劳动力再分配冲击，改变了劳动力需求和供给。社会对信息技术、数据分析等岗位职业的需求增加，而对传统制造业工人和中等技能人员的需求下降。因此，构建突发公共卫生事件的劳动法治理体系，可以帮助市场主体对接突发公共卫生事件防控措施，实现突发公共卫生事件防控中的市场主体正常生产经营。以法治视域内的传统劳动法律制度和协调、共享的发展法治理念的衔接配合，能够有效缓解劳动者与用工者之间的冲突，解放更多劳动力并使其投入高精尖产业中，以此促进数字经济、共享经济等新兴经济发展。在法规政策、司法裁判的引导下，以调解、仲裁等多元解纷方式实现劳资利益的互利共赢，有助于因突发公共卫生事件而隔离或者延迟复工的劳动者免遭失业下岗风险，以及能够使因突发公共卫生事件受到权益损害的劳动者积极维权。同时，法治保障可以促进和谐劳动关系的构建，帮助市场主体快速恢复生产，推动市场主体尤其是大量抗风险能力弱的中小微企业加快转型升级，并形成一批新型岗位人才缺口，有效缓解后疫情时代就业岗位供应不足的问题。

---

① 辜胜阻，韩龙艳，庄芹芹．营造中小企业发展良性法治环境的战略思考——基于新版《中华人民共和国中小企业促进法》的视角［J］．经济纵横，2018（02）．

5. 进一步推进法治政府建设

党的二十大报告指出，法治政府建设是全面依法治国的重点任务和主体工程。[①] 法治意味着政府的全部活动应受预先确定并加以宣布的规则制约，能够使人们明确预见到在特定情况下政府将采取何种行动，以便根据这种预测提前安排自己的行为。[②] 2021 年 8 月中共中央、国务院印发《法治政府建设实施纲要（2021—2025 年）》中要求，坚持运用法治思维和法治方式应对突发事件，着力实现越是工作重要、事情紧急越要坚持依法行政，严格依法实施应急举措，在处置重大突发事件中推进法治政府建设。突发公共卫生事件的关键时期，政府为平衡好防控突发公共卫生事件和激发市场主体活力的需要，采取一系列减税降费、信贷融资、减少行政审批事项和涉企收费、放宽市场准入门槛等应急政策纾困，并积极运用数字技术以实现行政机关的快速调动社会资源、及时满足市场主体诉求的精准干预。但以经济行政、经济政策的治理方式来追求政治优先的同时，仍须坚守法律优先、法律保留的传统法治原则。政府只有坚持走中国特色社会主义法治道路，才能确保市场主体权利获得充分自由和得到更好发展。换言之，突发公共卫生事件防控常态化下对政府治理的要求体现在进一步强调依法行政，以理性和规则治理的方式，将更多注意力和精力转到需求更为迫切的市场主体服务中去，以政府治理的法治化推动市场主体的更好发展和市场公平有序竞争的展开。

四、市场主体发展保障的法治化路径

经济发展的根基在于市场主体，发展社会主义市场经济，就要不断培育和激发市场主体活力。无论面对什么样的困难，保住市场主体、“留得青山”，

① 习近平. 高举中国特色社会主义伟大旗帜 为全面建设社会主义现代化国家而团结奋斗——在中国共产党第二十次全国代表大会上的报告［R/OL］.（2022-10-25）［2022-10-31］. http：//www.news.cn/politics/cpc20/2022-10/25/c_1129079429.htm.

② 惠建利，李叶宏. 哈耶克的“政府干预”理论［J］. 山西师大学报（社会科学版），2008（04）.

并努力使市场主体更加活跃、“青山常在”，我国经济发展就会有源源不断的动力。[①] 市场主体的活力激发对国民经济的发展有举足轻重的影响，在突发公共卫生事件之时尤其要寻求长期解决方案。政策固有的因地制宜、因时制宜、因人制宜等局限性，实行法治合乎规律地成为治国理政的第一选择。[②] 经济法内的各类经济法律和经济政策以及相应的制度变革应成为优化完善的重点，通过增进其合理性、合法性和包容性，使其成为能够有效促进发展的“良法”；[③] 遵循法治规律和原则，将经济法的宏观调控和市场规制作为发展手段，以法治的思维和方式在有效灾害管理下激发市场主体活力，实现促进和保障经济发展的“善治”。

（一）构建专门性的市场主体发展立法

从社会学解释角度论，立法要扎根于“现实”，即立法应当是对社会及其变迁情况的反馈，需要注意立法时所涉及的现实环境如经济情况、科学认识等。[④]《突发事件应对法》第 49 条[⑤]是对市场主体的严格监督和管制规范，然而，现实是大量的市场主体遭遇生存考验，《突发事件应对法》及《突发公共卫生事件应急条例》缺少对这些亟待走出发展困境的市场主体的应对和帮助。法律是由国家制定的、并依靠国家强制力作为终极力量保证实施的，它能够克服政策等治理制度体系的局限性，确保制度体系运行的效能。[⑥] 但是，我国现行经济法律无法有效解决重大突发事件引发的影响经济社会持续稳定发展的市场主体发展困境。因此，针对重大突发事件冲击下，关于激发和释放市场活力相关立法缺失的现状，有必要构建突发事件时的专门性市场主体发展

---

① 2021 年 6 月 2 日，李克强在全国深化“放管服”改革着力培育和激发市场主体活力电视电话会议上的讲话［R/OL］.（2021-06-03）［2022-10-31］. http：//www. xinhuanet. com/2021-06/08/c_1127540099. htm.

② 张文显．法治与国家治理现代化［J］. 中国法学，2014（04）.

③ 张守文．新发展格局与“发展型法治”的构建［J］. 政法论丛，2021（01）.

④ ［奥］恩斯特·A. 克莱默著，周万里译．法律方法论［M］. 北京：法律出版社，2019：142.

⑤《突发事件应对法》第 49 条：“自然灾害、事故灾难或者公共卫生事件发生后”，人民政府采取的应急处置措施“依法从严惩处囤积居奇、哄抬物价、制假售假等扰乱市场秩序的行为，稳定市场价格，维护市场秩序”。

⑥ 张文显．法治与国家治理现代化［J］. 中国法学，2014（04）.

立法，进而弥补《突发事件应对法》中对促进市场主体发展的立法空白，从而为突发公共卫生事件防控中的政府帮助市场主体释放活力空间和市场自身激发活力提供直接行为依据。

第一，明确构建市场主体发展专门立法的立法目的与经济法所调整与追求的高端目标相契合，即为促进经济和社会的良性运行和协调发展。[①] 并且，此专门性市场主体发展立法的调整对象应为市场主体，调整范围为突发事件。突发事件还需进一步区分为非常规突发事件和常规突发事件。常规突发事件发生频率较高，人们在应对这些事件的过程中已经逐渐掌握了其发生、演变和影响的基本规律，并积累了行之有效的预防、避险和止损方法；而非常规突发事件超出了人们一般风险认知范围、超出常规可控手段和通常心理承受能力，是需要使用非常规方式予以应对的突发事件，如非典危机和新冠疫情即属于此类。[②] 现行《中小企业促进法》并未明显区分正常和非正常运行状态下的市场经济规范，《突发事件应对法》又是一部应对突发事件的综合性法律，并未对突发状况下的市场经济进行细化规定。因此，有必要通过立法构建区分常规和非常规经济运行状态下的市场主体应对突发事件的法律制度。

第二，强调中央和地方的协同和分担。发生突发灾害时，地方多是以“中央先行，地方辅助”为行事原则，极度依赖中央的援助，长此以往容易导致地方管理动力不足，因而有必要将应急责任划分并以法律形式予以固化。[③] 可以《突发事件应对法》《中小企业促进法》为上位法依据，制定专门的市场主体预防和应对的单项法规或部门规章，再由地方各级人大及其常委会和各级政府结合本地经济发展水平、政府财力等多重因素考量予以细化落地，从而加强地方应急处置的主动性。通过立法明确各级政府的权力和责任划分，实现地方政府对市场活力从被动释放向主动激发的转变。

---

① 张守文．经济法学的发展理论初探［J］．财经法学，2016（04）．

② 林鸿潮．论非常规突发事件应对中的市场机制——从社会动员的缺陷说起［J］．暨南学报（哲学社会科学版），2015（04）．

③ 李楠楠．突发事件下财政应急机制纾困路径的法治研究［J］．江西财经大学学报，2021（02）．

第三，建立全过程的法治应对机制，尤其要注重对事前预防和事后复工复产的治理机制完善。一是积极发挥市场调节作用作为风险的事前预防措施。《突发事件应对法》要求“实行预防为主、预防与应急相结合的原则”，并且“增强全民的公共安全和防范风险的意识”。[①] 有鉴于此，应对重大风险需要重心前移，在要求各级政府树立风险意识、储存一定的应急产品和服务之外，以财税支持、融资促进、创业创新支持等法规政策，不断激发市场主体发展活力，提高其预防和抵御突发事件的风险能力。风险预防要求市场主体充分发挥资源配置作用，可以在全国范围内为受灾地区提供应急产品和服务来获得收益、维持运营、进行资源盘活和流转，而政府只需要储备较为有限的基本资源保证能够即时性提供基本公共应急服务即可。[②] 这样可以改变过去市场主体对政府依赖的被动心理和风险意识不足的问题，提升市场主体主动应对突发事件的应急能力。二是政府主导的紧急援助阶段。此时，相比经济恢复，更为重要的是保障基本民生，政府可以通过对民众扶危济困、提高居民的消费能力等方式来间接刺激市场经济的恢复和发展。例如，以地方政府发放消费券的方式来增加居民的消费能力，帮助零售等行业的市场主体恢复经营能力，同时也刺激了社会劳动岗位的需求扩大。劳动者就业得到保障，居民消费能力也会得到进一步的提高，最终实现突发公共卫生事件冲击下的经济恢复。三是注重市场经济复苏阶段。这一阶段旨在追求经济政策的三个目标：经济活动的复苏，建设一个强健的经济体系，以及平衡好取消隔离后市场主体恢复经营的同时有可能引发聚集性突发公共卫生事件反弹的风险。[③] 当发生聚集性突发公共卫生事件反弹时，要注重“平急结合”，建立健全高效顺畅的报告、发布、处置、服务和分级响应机制，加强行业正面引导，进而提高行业产业的突发公共卫生事件防控效能，实现突发公共卫生事件防控和经济发

① 李楠楠．突发事件下财政应急机制纾困路径的法治研究［J］．江西财经大学学报，2021（02）．

② 林鸿潮．论非常规突发事件应对中的市场机制——从社会动员的缺陷说起［J］．暨南学报（哲学社会科学版），2015（04）．

③ Yoshihiro Masui. COVID-19 and Fiscal Policies：COVID-19 and Japanese Tax Policy［J］. Intertax，2020，48（8）：783-886.

展的双重并举。[①] 借鉴业务连续性管理理论（Business continuity management，BCM）[②]，从市场风险、供应链风险、内部风险和外部风险四方面着手帮助后疫情时代市场主体的恢复和发展。[③] 在市场风险上，调整产业政策以支持市场商业模式数字化转型，促使企业及时调整可持续发展战略；供应链风险上完善连接原材料、中间商和终端销售的供应链管理技术方案；内部风险上构建远程用工、共享用工等新型用工模式的劳动者权益保障制度设计，以劳动法对接突发事件应对的相关法律，建立健全以劳动法为基础的多元化综合治理机制；[④] 外部风险上则充分利用税收减免、贷款贴息、财政补贴等多项政策，并加强市场主体的产权保护，最大限度支持市场主体资金供应和可持续发展。从事前市场调配资源预防为主，到事中政府紧急救助，再到事后政府引导激励、市场主体主动提高风险管理能力的治理过程，政府和市场二者达成“共识”，这是市场活力得以激发、市场经营得以繁荣的社会结构性“事实”。[⑤]

（二）增强与《中小企业促进法》的联动与衔接

正如罗马法学家塞尔苏斯所言，认识法律并非固守它的文字，而是要认识到它的力量和权力。虽然从《中小企业促进法》法律条文的表述来看，其主要以政策宣示的方式扶持中小企业，诸多条文不具有可操作性，[⑥] 但其背后的立法目的是突出中小企业在国民经济和社会发展中的重要战略意义，中小

---

① 湖南省文旅厅召开专题会议 正研究出台旅游业恢复具体措施［EB/OL］.（2022-10-31）［2022-10-31］. https://baijiahao.baidu.com/s?id=1748122092855641341&wfr=spider&for=pc.

② 业务连续性管理理论（Business continuity management，BCM）是一种突发事件风险管理过程，被广泛应用于构建企业灾后恢复研究的理论分析框架，可以识别企业在突发事件中面临的不确定风险，以及它们对业务流程和可持续增长机会的影响，进而提出相应的建议以降低突发事件对企业的影响，加快企业复苏。

③ Chen J, Huang J, Su W, et al. The challenges of COVID-19 control policies for sustainable development of business: Evidence from service industries［J］. Technology in Society, 2021, 66: 101643.

④ 王显勇．突发公共卫生事件的劳动法治理：方式、原理与法律规则［J］．中国劳动关系学院学报，2022（05）．

⑤ 刘成斌．活力释放与秩序规制——浙江义乌市场治理经验研究［J］．社会学研究，2014（06）．

⑥ 沈伟．法律可以促进中小企业发展吗？——基于《上海市促进中小企业发展条例》立法后评估的实证分析［J］．政法论丛，2018（02）．

企业对经济的增长、就业的稳定、科技创新等至关重要。面对中小企业与大企业的经济发展失衡问题，要强调协调发展理念，充分发挥《中小企业促进法》对中小企业的促进发展作用。在后疫情经济形势亟待恢复和发展的情况下，有必要充分发挥《中小企业促进法》作为促进市场主体发展的“基本法”的作用，提升市场主体在市场竞争中的博弈能力，以推进市场化，提升市场自由度，激发市场活力。[①] 具体而言，为充分发挥中小企业在国民经济和社会发展中的重要作用、保障中小企业公平参与市场竞争、维护中小企业合法权益等，有必要从以下几方面发挥《中小企业促进法》的作用。

第一，与其他维护经济运行机制的经济性法律法规政策联动促进中小企业发展。法治强调系统治理、综合治理。在遵循市场发展规律的前提下，《中小企业促进法》应协同其他法规政策，对中小企业的发展活力进行释放和激励。将预算法、财政税收法律、政府采购、企业融资担保等相关一系列法律法规、规章及政策性文件，与《中小企业促进法》中的财政支持、融资促进内容相协调，从而减轻中小企业税收负担和融资负担；以《科学技术进步法》《清洁生产促进法》《循环经济促进法》等促进经济发展方式转变的法律为依托，[②] 与《中小企业促进法》中的创新创业支持内容相结合，并依托各类产业政策，为中小企业的发展提供鼓励创新的营商环境，促进中小企业转型升级。除此之外，2022 年 11 月 1 日起施行的《促进个体工商户发展条例》（以下简称《条例》），明确了个体工商户的法律地位，以及各部门、各地区在促进个体工商户发展方面的职责任务，将有效保护个体工商户合法权益。将《中小企业促进法》和《条例》形成合力，也能够共同为中小企业和个体工商户提供稳定可预期的经营环境和良好的法治环境。

第二，通过“法法衔接”的方式，将民商经济法律的责任规制与《中小企业促进法》的权益保护功能相衔接，为市场活力的持续发挥提供有效保障。即将《中小企业促进法》《公司法》《合同法》《破产法》，以及知识产权法律等与市场主体参与经济活动密切相关的民商法以及《反垄断法》《反不正当竞

① 张守文. 政府与市场关系的法律调整［J］. 中国法学，2014（05）.

② 张琳. 营商环境视域下民营经济立法功能变迁［J］. 地方立法研究，2021（05）.

争法》《劳动法》等经济法律相衔接，弥补《中小企业促进法》救济渠道欠缺实效性的不足。《中小企业促进法》第51条第1款规定地方政府应当建立专门渠道听取意见和建议，但该款规定听取的内容仅限于受管理的中小企业对政府相关工作的意见和建议。《中小企业促进法》第51条第2款要求政府有关部门和行业组织应当受理中小企业的投诉、举报，从立法目的解释角度看，投诉、举报的内容应是来自行政机关乱收费、乱摊派、设置烦琐行政审批事项以及一些大企业滥用市场支配地位长期拖欠中小企业资金等侵害行为。换言之，《中小企业促进法》对中小企业权利救济场景多发生在不平等主体之间，并且在实践中，地方建立的专门投诉渠道发挥的作用也有限，[①] 法律规定的结果责任承担对已造成损失的中小企业而言不具有补偿意义。更为理想的法律方案或许是，加强与民商经济法领域有关法律的配合衔接，在市场经济活动中，以民法的填补损失功能给遭受侵害的中小企业提供获得补偿的权利救济，以商法的促进交易功能帮助中小企业尽可能清除达成交易的障碍，以劳动法的补偿机制救助受突发公共卫生事件影响而经营困难的用人单位，以经济法的社会本位原则倾斜式保护处于相对劣势地位的中小企业。如此，中小企业的权益得以有效保护。

第三，地方在中小企业促进立法上应与中央立法相呼应。以《中小企业促进法》为基本型法律，各地立法机关结合本地经济发展程度、财政收入水平、产业结构特征等及时修订《中小企业促进条例》，并谨防对中央或者其他省域的法规政策实行拿来主义。地方政府在《条例》出台后应制定配套的政策措施并完善工作机制，围绕财税优惠落实中小企业、引导金融机构为中小企业提供融资担保等，为中小企业提供足够的资金来源；依托产业政策，积极培育科技型、创新型中小企业品牌，拉动中小企业转型升级；采取多种手段和技术为中小企业提供便民化、一站式服务等。地方政府的法治治理方式是保障市场活力迸发的源泉，在顺应地方经济水平、人力物力等资源的现实基础上，充分发挥经济法作为发展促进法在培育市场发展方面的效能，因地

① 陈竺．全国人民代表大会常务委员会执法检查组关于检查《中华人民共和国中小企业促进法》实施情况的报告——2019年6月26日在第十三届全国人民代表大会常务委员会第十一次会议上［J］．中国人大，2019（15）．

制宜培育中小企业市场力量。

（三）建立与其他法规政策协调发展新模式

立法是一瞬间的，但法律是要被持续适用的。① 此次重大突发公共卫生事件的发生，说明了不断适应当前新情形的客观目的解释和法律续造的重要性。经济法能够把鼓励促进和限制禁止的各类手段相统一，是经济法发挥其促进发展功能的前提。② 以法治思维和法治方式，加强经济法、社会法等跨部门法的综合调整，借助财政法、预算法等相关法律法规的同时，配合出台适宜的产业政策、财政政策、货币政策等，多管齐下，为市场主体的健康发展营造良好营商环境，以实现市场主体有更大的经济自由度。

1. 在统一法秩序内配套其他相关法律和制度变革

以激发市场主体活力为导向，在法律的整体关系和整个法秩序中寻求其他法律和制度的帮助，建构和完善后疫情时代促进市场主体发展的法治保障体系。一是赋予预算法弹性空间，允许优先满足应急性支出的需求，调整预备费设置比例与管理方式，以提升应急财政储备能力。③ 二是健全紧急采购制度，制定紧急采购部门规章，完善紧急采购的实体和程序要件。④ 三是对消费券等临时性财政转移支付法治化，构建以地方为基础、中央为支撑的消费券规制体系。⑤ 四是聚焦小微企业和重点支持行业，实施大规模、精准化、高效的增值税留抵退税政策。平等对待国有、民营和外资企业等各类市场主体，重点聚焦制造业；同时，加大对小微企业和个体工商户的支持，帮扶特殊困难行业企业，留住市场主体，精准激活经济发展。五是构建适用于非常态情形下实现劳资双方权利义务关系协调与利益平衡的法律制度框架。将突发公共卫生事件防控期间实施的临时性措施转化为具有长期执行可能性的常态化

---

① ［奥］恩斯特·A. 克莱默著，周万里译．法律方法论［M］. 北京：法律出版社，2019：101.

② 张守文．经济法学的发展理论初探［J］. 财经法学，2016（04）.

③ 季洁．后疫情时代应急财政支出法治化研究［J］. 北京理工大学学报（社会科学版），2021（05）.

④ 殷继国．紧急状态下经济法的应急保障功能［J］. 政法论丛，2020（03）.

⑤ 季洁．我国地方政府消费券的财政法规制研究［J］. 当代财经，2020（11）.

机制，进而缓解受突发事件影响产生的劳资矛盾，保持和谐劳动关系。六是针对受突发公共卫生事件影响生产经营处于破产边缘的企业，通过破产法制度安排促进其重组更生，帮助企业修复信用、紧急解封相关银行账户、紧急许可恢复生产，[①] 助其渡过难关、恢复活力。七是有效落实公平竞争审查制度，政策制定机关需要对在突发公共卫生事件管控期间颁布的各类影响市场主体依法平等使用生产要素资源的特事特办优惠措施进行清理和废除，并对增量文件严格落实公平竞争审查，保障市场主体尤其是各类中小企业公平参与竞争。八是把实施扩大内需战略同深化供给侧结构性改革有机结合起来，增强国内大循环内生动力和可靠性，以涉外经济立法和各类负面清单制度、自贸区自贸港、跨境电商等发展，推动货物贸易优化升级，创新服务贸易发展机制，进一步扩大对外开放，提升国际循环质量和水平。

2. 在法治框架内实现政策先行，推进市场化与法治化的互动

《宪法》第 15 条规定“国家实行社会主义市场经济”，还强调“国家加强经济立法，完善宏观调控”，这从宪法高度突出法治化宏观调控的重要性。只有规则，没有自由裁量权的调和，不能应付法律的复杂性。[②] 一方面，法治框架内的政策先行可以推动市场化进程。突发公共卫生事件等非常规突发事件的暴发迅猛、传播速度快、波及范围广，政府及相关部门在突发公共卫生事件防控期间可依据传统法律规范先行出台一系列对市场主体解忧纾困的政策措施。另一方面，法治框架内的政策先行可以反推法治化进程。先行政策的有效实施为后续的市场法治建设提供实践经验，立法机关及时作出针对非常规经济状态下的解决办法，将政府在突发公共卫生事件中出台的促进市场主体发展的政策措施予以法治化稳定下来。法律不再被动满足现实环境，而是更加主动自我完善和发展，积极有效调整复杂的市场经济关系。[③]

---

① 李蕊．重大突发公共卫生事件中防疫用品市场管制理路［J］．法学杂志，2020（04）．

② Kenneth Culp Davis. Discretionary Justice：A Preliminary Inquiry［M］. Louisiana State University Press：1969，p3-26.

③ 李灯强，管志鹏．改革开放以来中国经济市场化与法治化互动的生成逻辑［J］．江汉论坛，2021（11）．

具体而言，发展是解决我国一切问题的关键，做好突发公共卫生事件防控需要财力物力共同保障。我国正处于经济恢复发展的关键时期，需要继续落实各项突发公共卫生事件防控政策以推动经济回归正常运行轨道。因此，坚持比例原则，用更小的代价和用尽可能短的时间把突发公共卫生事件控制在最小的范围，平衡好突发公共卫生事件防控和经济社会发展之间的关系至关重要。地方政府及相关部门应在省联防联控机制的大力支持下，在宪法和法律的制度框架内，考虑实际情况和实践需要。法律的滞后性与公共行政的灵活多变，要求政府及其部门需要立足地方发展需求、突出产业特色，依据法律进行改革创新。并且，行政机关要坚持依法、科学、民主决策。突发公共卫生事件防控中促进市场主体发展牵涉复杂市场利益关系，需要厘清和明确政府、市场主体和社会公众的权责，压实主体责任、形成责任闭环，确保政府出台的各项措施合法合规、科学精准，富有权威性、针对性和操作性，准确把握各方利益，坚决杜绝“一刀切”管理和“各自为政”的散乱式管理。同时，可以启动区域联保联供机制，围绕重点环节，加强上下游企业产销对接，充分调动市场力量，拓展供应链渠道。此外，为防止政府失灵，应明确政府发布经济决策的规则和程序。以调查、听证、公开征求意见等程序规范政府决策行为，实现政府经济决策的程序正义。这也可以让市场主体预见和判断政府在某种特定情况下将采取何种政府行为，进而提前做好应对措施。

（四）建立多主体共治共享发展机制

经济法不仅关注对市场主体发展具有重要影响的政府的发展，也关注作为国家发展终极基础的市场主体的发展。① 中小企业等市场主体在应对突发事件时存在对政府扶持过度依赖的现象，忽略了其自身积极主动承担风险预防责任和强化风险防范能力的必要性。依法治国强调自治和共治，在后疫情时代，明确市场主体与政府的风险责任承担，构建市场化的应急机构不仅有助于减轻市场依赖政府应对重大风险的惯性，强化市场主体抗风险能力，还有

---

① 张守文．经济法学的发展理论初探［J］．财经法学，2016（04）．

利于构建新型公共治理格局，有效发挥市场自我调节功能，将市场配置资源的优势充分激发出来，实现共治共享。以市场主体自我建立的自治性组织相较于政府服务机构而言，在利益的博弈中也更能代表普遍市场主体的利益诉求，从而化解了非理性和无序抗争的风险。①

扶持中小企业应对突发公共卫生事件等风险的域外经验，与我国法治视域下的多元主体合作共治理念相契合。意大利将扶持中小企业发展的职能和任务下放给各大区及地方机关，设定专门机构扶持中小企业发展，并注重通过企业家自主创立的中介机构为中小企业提供服务，如意大利工业家联合会和意大利中小企业联合会。② 日本设立专门面向中小企业金融需求的日本金融公司（Japan Finance Corporation，JFC），对受到突发公共卫生事件影响的中小企业分门别类精准实施融资贷款支持。JFC 针对环境卫生行业的中小企业及酒店、餐厅或咖啡馆等餐饮经营企业发放特别贷款，并向任何遭受或有可能遭受暂时经营状况恶化的符合资助条件的中小企业提供安全网贷款等。日本还成立信用担保公司（Credit Guarantee Corporations，CGCs）作为支持中小企业的公共机构，为中小企业从商业银行和其他民间金融机构贷款提供担保。③

在借鉴域外的市场救助经验的基础上，为实现突发公共卫生事件防控常态化下市场主体活力的充分激发，我国应以法治保障市场主体权利本位，提高市场主体的法律地位，促使市场主体强化自我应对风险能力，真正实现由市场决定资源配置。除了在各省级工信管理部门下设立专门面向中小企业服务的管理机构、为中小企业提供法律法规政策咨询以及中小企业维权等系列服务的辅助之外，还可以考虑加强政府与社会资本的积极合作，设立专门面向中小企业融资需求的金融公司和信用担保公司，以充分调动市场资源；或是由市场主体自发设立组织或者行业协会，在法律框架下制订规则进行自我服务；抑或充分调动市场主体的积极性，大力发展慈善事业，以社会捐赠等方式积极帮助其他市场主体解忧纾困。以国家促进发展和市场主体自我发展

① 薛澜，张帆．治理理论与中国政府职能重构［J］．人民论坛·学术前沿，2012（04）．

② 贾平．论我国中小企业的法律保护［J］．河北法学，2008（10）．

③ Abdullah A, Seng W B, Huda M I M, et al. COVID-19: Implications on Small and Medium Enterprises（SMEs）in Japan［J］. IJEAS: The International Journal of East Asian Studies, 2021, 10（1）: 157-174.

的双重手段、多元共治的法治方式，可以有效弥补中国市场经济体系应对突发事件的短板，提升经济支撑能力。

（五）健全相应机制，破除市场主体数字经济转型发展障碍

数字技术作为世界科技革命和产业变革的先导力量，日益融入经济社会发展各领域全过程，深刻改变着生产方式、生活方式和社会治理方式。① 我国《“十四五”数字经济发展规划》提出，以数据为关键要素，以数字技术与实体经济深度融合为主线，加强数字基础设施建设，完善数字经济治理体系，协同推进数字产业化和产业数字化，赋能传统产业转型升级，培育新产业新业态新模式，不断做强做优做大我国数字经济。突发公共卫生事件的暴发倒逼生产生活、消费、工作等领域数字化方式的创新发展，推动了电子商务和数字经济的发展。党的二十大报告更是进一步提出要加快发展数字经济，促进数字经济和实体经济深度融合，打造具有国际竞争力的数字产业集群。② 在突发公共卫生事件的影响下，全球线上消费方式发展迅猛。如在大多数企业因新冠疫情衰退遭受灾难性经济损失之际，亚马逊、3M、吉利德、Zoom 等一些企业的利润因选择线上消费与数字支付而在突发公共卫生事件期间大幅增长。③ 消费结构的转型升级推动产业结构转型升级，更多传统产业通过利用信息技术以线上方式直接面向消费者。在双循环新发展格局背景下，数字经济的发展、企业数字化转型与产业数字化融合发展给中小企业的发展、转型带来机遇，但随着机遇的到来，中小企业也面临创新不足、数据资源配置水平不高、经营效率较低等挑战。许多中小企业仍停留在数字化探索阶段，难以跨越转型升级中的数字鸿沟，即虽然数字化转型会将企业领入数字经济的大道，但数字经济的发展又会自发地产生和扩大数字鸿沟，导致不同类型、不

---

① 为构建网络空间命运共同体指明方向——习近平主席致 2022 年世界互联网大会乌镇峰会的贺信引发热烈反响［EB/OL］.（2022-11-10）［2022-11-14］. https：//baijiahao. baidu. com/s? id=1749093180634961416&wfr=spider&for=pc.

② 习近平. 高举中国特色社会主义伟大旗帜 为全面建设社会主义现代化国家而团结奋斗——在中国共产党第二十次全国代表大会上的报告［R/OL］.（2023-10-25）［2022-10-31］. http：//www. news. cn/politics/cpc20/2022-10/25/c_ 1129079429. htm.

③ Reuven Avi-Yonah. COVID-19 and Fiscal Policies：COVID-19 and US Tax Policy：What Needs to Change?［J］. Intertax，2020，48（8）：790-793.

同规模的企业在开展数字创新活动中存在很大差异，严重阻碍了企业突破发展瓶颈的步伐。[①] 此外，鉴于数字化发展存在诸多治理难题，数字经济共享发展和安全保护之间的关系仍需平衡。《网络安全法》《数据安全法》以及许多与数字经济发展相关法律文件的出台，说明了通过法治保障数字化发展的必要性。以经济法治促进创新发展的方式实现数字经济结构的优化，不仅可以破除传统行业转型的壁垒，还可以释放新的市场活力，进一步激发数字经济发展。

第一，完善数字经济活动相关市场交易规则。在积极促进企业数字化发展的同时，还需要平衡好数字发展和数字风险之间的关系，加强风险、安全和技术团队之间的协作，并与法律、市场制度进行协调。[②] 2022 年 12 月 19 日，中共中央、国务院发布了《关于构建数据基础制度更好发挥数据要素作用的意见》，提出了一系列创新性的数据治理思路与制度。其中最值得关注的制度设计是数据产权结构性分置制度，即数据资源持有权、数据加工使用权、数据产品经营权“三权分置”。对公共数据、企业数据和个人数据，实行分类分级确权授权。企业数据由市场主体享有持有、使用、获取收益的权益与数据产权结构性分置制度相配合，并且还需进一步建立数据要素各参与方合法权益保护制度，充分保护数据来源者和数据处理者的权益。目前，我国已经颁布了不少与数字经济治理有关的法律法规，包括《消费者权益保护法》《电子商务法》《反不正当竞争法》《反垄断法》《网络安全法》《数据安全法》《个人信息保护法》等，但这些法律中与数字经济有关的内容并非专为数字经济制定，其相互之间还存在衔接不顺的问题。因此，在我国尚未制定数字经济专门法或基本法的背景下，健全市场主体数字化转型、规范市场主体行为应注重协调不同法律之间的适用问题。首先，应以《个人信息保护法》等法律法规确保在线消费者的数据和信息安全，并最大限度发挥其数据价值。其次，应充分发挥数据在数字经济中的要素配置效应，探索建立国家层面的数

① 杜勇，曹磊，谭畅．平台化如何助力制造企业跨越转型升级的数字鸿沟？［J］．管理世界，2022（06）．

② Fitriasari F. How do Small and Medium Enterprise（SME）survive the COVID-19 outbreak?［J］. Jurnal Inovasi Ekonomi, 2020, 5（02）.

据要素交易法律法规和数据分类分级制度体系。再次，放宽数字产业市场准入，取消社会资本进入数字产业存在的诸多限制，加大力度消解阻碍我国数字经济快速发展的限制性政策，破除数字经济市场和行业壁垒。[①] 此外，还应建立数字市场内的公平竞争规则，加快修订《反垄断法》《反不正当竞争法》和配套相关制度规则建设。最后，针对中小型企业的数字化转型与发展，还应出台有利于中小型企业的数字惠企政策，结合不同行业的市场特点和资源优势，有针对性地满足不同政策诉求的市场主体数字化转型，健全各类体制机制为市场主体数字化转型提供高质量制度供给。

第二，构建数字化信息服务平台和网络体系，缩小地区之间、不同市场主体之间的数字鸿沟，实现不同地域、层级、部门之间的突发公共卫生事件防控和市场信息共享互通。首先，5G、物联网等新型基础设施建设的产生发展，能够催生新模式、新业态，促进数字经济的发展，带动经济结构转型升级。因此，政府要加强顶层设计，加快制定数字基础设施建设的相关战略规划，统筹规划行业和区域布局；[②] 加强突发公共卫生事件之下产生的新业态新模式的管控，研究各新兴产业的突发公共卫生事件防控模式的调查研究，利用数字技术改造传统产业，达到提质增效的目的。产业数字化从聚焦个别经营环节到覆盖整个产业链生态系统，形成了越来越强的经济动能。其次，依托数字经济的技术优势，打造和开拓多元主体参与、更为广泛的市场主体竞争体系。各类市场主体则依托互联网平台整合的市场供需信息和资源，以平台为媒介进行原材料供应和产品服务的匹配，在风险可控的前提下迅速找准供应方与需求方，形成更为广泛、更加多元的市场竞争体系。随着多要素融合发展，特别是数字化技术的广泛应用，通过数字技术的赋能效应，可以优化市场主体的信息获取方式，激发多元市场主体的竞争潜力，从而提高市场主体的生产效率。除此之外，还应积极引导企业创新，充分发挥政企合作效应，建设风险预警和应急保障体系，为今后市场主体及时作出突发事件应急

---

① 朱福林．后疫情时代我国数字经济高质量发展战略对策［J］．经济体制改革，2021（01）．

② 韩晶，孙雅雯，陈曦．后疫情时代中国数字经济发展的路径解析［J］．经济社会体制比较，2020（05）．

响应提供关键基础保障。①

第三，通过政府数字化转型重塑治理结构、革新治理理念，提升政府与各类市场主体协同配合能力，促进数字经济稳定发展。中国数字经济的发展过程中最重要的是“有为政府”和“有效市场”的结合。“有为政府”不仅应着力于改善营商环境、克服市场失灵，还应适当超前地建设数字基础设施，有效市场则将大量的资源特别是资金配置到新兴的数字经济产业。经济数字化、社会数字化、政府数字化互为支撑，可以推动“有为政府”和“有效市场”更好结合。首先，政府提升基础设施建设和政策供给质量，强化数字转型服务。在坚持科学精准防控、不断提升分区分级差异化精准防控水平的基础上，围绕前期咨询、架构设计、运行维护、跟踪监管等服务需求，为市场主体提供数字技术孵化的培育服务，全方位、多环节赋能市场主体数字化转型。其次，加强政府、高校、企业等社会各界的公私合作，以“产学研”结合的方式促进成果转化。瞄准短板弱项精准施策，实现数字技术与实体经济的深度融合，对实体经济进行全流程改造，打造具有国际竞争力的数字产业集群。在数字产业集群产生的聚集资源效应下，促进创新资源在行业间的优化配置，有效发挥市场机制的力量，摆脱市场主体对政府的过度依赖。最后，政府提升管理和监管的数字化水平，严厉打击各类侵犯市场主体知识产权和威胁数据安全的不法行为。面对数字经济发展可能存在的不确定性风险，应加强跨部门协作，从专项整治走向常态化监管，建立风险预警机制，支持数字企业的创新发展，以“有为政府”化解数字化进程中的治理难题，实现数字经济的高质量发展。

① 吴静，张凤，孙翊，朱永彬，刘昌新．抗疫情助推我国数字化转型：机遇与挑战［J］．中国科学院院刊，2020（03）．

第四章

突发公共卫生事件中矛盾纠纷预防与化解的法治化

突发公共卫生事件的数次暴发都严重威胁着社会公众的生命安全和身体健康，也打破了常规状态下和谐安宁的社会秩序，导致各种正常的利益关系失衡，其引发的相关矛盾纠纷也逐渐显现，防范和化解突发公共卫生事件中的矛盾纠纷已成为另一个“战场”。尤其是在突发公共卫生事件后期，即突发公共卫生事件防控工作的常态化，并不代表矛盾纠纷预防与化解工作已经完结。恰恰相反，一方面，随着突发公共卫生事件防控政策的常态化，其后期综合征逐渐显现，加之局部地区仍时有相关卫生事件不断集中暴发，突发公共卫生事件的发展仍在继续；另一方面，及时总结与反思突发公共卫生事件中矛盾纠纷预防与化解机制实际运行的得与失，实现突发公共卫生事件中矛盾纠纷预防与化解机制的法治化，将“危机”化为“机遇”，构建、运行一套经得起实践考验的矛盾纠纷预防与化解机制，是突发公共卫生事件中矛盾纠纷治理法治化的关键点，也是今后应对类似事件的必要准备。有鉴于此，本章将以突发公共卫生事件中矛盾纠纷预防与化解机制实践运行的充分调研为基础，以突发公共卫生事件后续时代不断发展的各地情况为补强，明晰突发公共卫生事件中矛盾纠纷的发展态势及应对要求，指出突发公共卫生事件矛盾纠纷预防与化解机制的运行现状及问题，探寻突发公共卫生事件纠纷预防与化解机制法治化的具体路径。①

一、突发公共卫生事件中矛盾纠纷的发展态势及应对新要求

（一）突发公共卫生事件中矛盾纠纷的发展态势

1. 初期矛盾纠纷的演变

一般社会秩序状态下的当今中国，人们在传统思维的影响下对事件不满的包容性较大，社会矛盾纠纷的发展会有较长的能量积累期，社会矛盾纠纷也更加偏重于涉及社会转型期的人民生存的土地、就业等群体性纠纷，处置方式也较为单一。但通过调研发现，相较于一般社会状态下的矛盾纠纷演变的特征，突发公共卫生事件集中暴发下矛盾纠纷的演变呈现出明显的新特性。

（1）矛盾纠纷领域化趋向明显

为遏制突发公共卫生事件的肆虐横行，各省在遵照国家防控精神的基础上不断出台、升级防控政策。毫无疑问，这为全国打赢突发公共卫生事件阻击战奠定了坚实基础，但也同时不可避免地对生产、生活带来直接、巨大的影响。在调研中发现，由于防控政策具有指向性，导致突发公共卫生事件中矛盾纠纷的潜伏、暴发也呈现出了明显的领域性。以H省为例，如F法院在防控期间的受案类型多集中在六类：一是房屋租赁合同纠纷，增长最多；二是建设工程纠纷；三是企业停工停产，导致欠缴社保资金而引发的非诉执行案件；四是劳动争议，在2019年受理劳动争议案件为600多件，但2020年9

① 如因H省紧邻2020年突发公共卫生事件首先发现地、扩散地，防控措施相对较为严厉，且省多州市偏重的野生动物养殖、文化旅游、出租车运输、外出打工等生产活动受影响颇大，引发诸多矛盾，具有研究的典型性，故选择以H省作为重点考察对象。具体而言，笔者在2020年8月至10月通过参加H省州市信访领导非正式座谈会、走访调研H省卫健委与其省会城市C市高新技术产业开发区、经济技术开发区及其他下属区的L法院、F法院、X司法局，深入了解了2020年突发公共卫生事件暴发与防控期间的矛盾纠纷发展的态势，准确把握此次突发公共卫生事件引发的矛盾纠纷与正常状态下矛盾纠纷的区别，并对H省特别针对突发公共卫生事件中矛盾纠纷所运行的预防与化解机制的实践及其成效进行考察。当然，本书将H省作为主要研究对象的同时，也关注和分析着突发公共卫生事件后期常态化阶段的矛盾纠纷在各地的演变。

月关于劳动争议的收案量已经达到 600 件；五是离婚案件①；六是民间借贷、金融借款，很多当事人因突发公共卫生事件无力还贷。而 L 法院与 F 法院略有不同，主要集中在：劳动争议；商铺和房屋租赁纠纷；物业纠纷；邻里纠纷和婚恋纠纷；买卖合同纠纷。H 省信访部门的受案情况又与前两者略有不同，省信访局及整个省信访系统消化所有老百姓关于突发公共卫生事件方面的投诉电话达 32 万多个，集中于以下六个方面：一是突发公共卫生事件后商铺的租赁问题；二是房地产领域问题；三是公共交通领域问题②；四是餐饮服务领域问题③；五是劳动社保领域问题；六是野生动物的养殖业问题④。

表 4-1　F 法院、L 法院、H 省信访局受案类型的比较

F 法院受案类型	L 法院受案类型	H 省信访局受案类型
房屋租赁合同纠纷	劳动争议	商铺的租赁问题
建设工程纠纷	商铺和房屋租赁纠纷	房地产领域问题
欠缴社保资金而引发的非诉执行案件	物业纠纷	公共交通领域问题
劳动争议案件	邻里纠纷和婚恋纠纷	餐饮服务领域问题
离婚案件	买卖合同纠纷	劳动社保领域问题
民间借贷、金融借款案件		野生动物的养殖业问题

根据以上受案情况分析，虽然几个受案主体受案类型略有差别，但突发公共卫生事件中矛盾纠纷领域化趋势明显。在实践中，突发公共卫生事件中

① 2020 年 2 月 3 日至 3 月 6 日，尽管身处突发公共卫生事件期间，H 省全省还是有 13422 对夫妻离婚。突发公共卫生事件风险下强制回归、居家隔离给夫妻创造了朝夕相处的机会，但平时隐藏在生活中被忽略的问题慢慢显现，压抑已久的矛盾，在狭窄的空间里被浓缩放大。婚姻存续期间隐而不彰的矛盾、纠纷，两性关系私下的不满在面对面的局促空间里集中暴发。

② 如突发公共卫生事件期间停运，有些农村路线为承包制，承包人损失惨重，故其要求补偿损失。另外，汽车运输公司的员工因突发公共卫生事件薪酬大减，员工认为自己合法权益没有得到保障，这种矛盾在公共汽车公司和国有汽车运输公司比较突出。

③ 2020 年突发公共卫生事件的发生正逢春节来临，一些餐饮店为了做好过年生意，大量进货食材，但是由于突发公共卫生事件期间不准聚餐，损失惨重，这些损失应当向谁诉求？以谁为被告？

④ 突发公共卫生事件期间，全国人大通过法律禁止野生动物养殖，严重影响了养殖户的生存。在这里，就涉及到一个依法确定和合情合理补偿的相互衔接问题。H 省中的 Z 市和 X 市都是野生养殖大市，曾作为脱贫产业予以鼓励养殖。现禁养，虽然 H 省出台补偿政策规定，但标准比较低，不仅补偿比例小，实际补偿品种也较少，导致养殖户群体意见突出，上访比较频繁。

矛盾纠纷的领域趋势不限于此，如限行、禁行或封闭等交通管制措施引发运输合同纠纷（票务纠纷、货物纠纷）不断；文化和旅游部办公厅暂停旅游企业经营活动的紧急通知使得旅游、餐饮、文娱等合同纠纷突出；延期复工导致劳动者与用人单位间的劳动争议纠纷量大；全面禁止非法野生动物交易、食用野生动物决定了潜在特种养殖维权纠纷频发。此外，村、社区的防控衍生出婚姻家庭纠纷、邻里纠纷、物业管理纠纷、租赁纠纷、干群纠纷等。这种突发公共卫生事件中矛盾纠纷演化的领域化趋向使得矛盾纠纷呈现了集中性，蔓延性迅捷，加剧社会震荡。

（2）矛盾纠纷易激化性突出

易激化性固然有突发公共卫生事件中矛盾纠纷易成类型化、集中化的原因，更为重要的是突发公共卫生事件期间公众社会认知结构的易改变性。社会认知是指个体在社会环境中对自我、他人或群体的心理和行为进行感知、判断、评价、推断和解释，以做进一步反应的过程。不同于正常状态下的普通社会认知，在突发重大卫生事件中，社会公众的认知更多地卷入了个体的情绪、态度、心理等非智力因素。社会公众认知结构因此发生了改变，由普遍、趋同的状态转向无序与不稳定。这种社会认知结构的无序与不稳定，传导到公众的行为，在很大程度上引发了社会敏感、焦虑、恐惧甚至是戾气感，如未能得到及时疏导，将进一步激化诸多突发公共卫生事件矛盾纠纷的生成与发展。

（3）矛盾纠纷暴发后延性尤甚

随着突发公共卫生事件的缓和及防控措施的调整，相关矛盾纠纷量由前中期的阶段性回落转而有向上的趋势。在前期防控关键期，防控压倒一切，抑制了突发公共卫生事件中矛盾纠纷的暴发。很多矛盾纠纷在此期间呈现一种潜伏、隐忍的状态。而在复工复产阶段，突发公共卫生事件所引发的纠纷进入集中暴发的“窗口期”，对社会稳定造成极大压力。H 省 F 法院 s 副院长以及 L 法院的各庭庭长所言证实了此点。

s 副院长：突发公共卫生事件对我们 F 法院的收案量是有重大影响的，其经历了一个转折波动的过程，第一季度收案量下降达 16%，之后开始缓慢回升。

庭长1：突发公共卫生事件防控期间，案件数量表面上没有增加，但矛盾纠纷仍然存在，只是因为防控措施影响而没有大面积的暴发出来。在后期相对比较平稳后，就面临着案件增多的事实。

庭长2：从2月到9月，我院案件数量同比增加了17%，其中2月到4月的案件数量同比增加了27%。

庭长3：在疫情防控期间，因为受防控的影响，以及突发公共卫生事件引发纠纷具有滞后性，导致了1月到3月我们庭的商事案件出现了阶段性回落，大概下降的比例是30%。但是随着突发公共卫生事件的缓和以及防控措施的调整，4月的商事案件迎来了较高的上升，上升比例大概是23%左右。

庭长4：我们庭从2月1日到现在，新收新受理的案件是413件，与去年相比同比增长了9.3%，但是分两个阶段，2月到4月的话是一个下降的趋势，5月到现在的话是增长的趋势。

此外，据统计，至2020年10月，H省整个c市地区案件数量增加比接近20%。若按现有趋势判断，随着防控政策滞后及其副作用的渐显，不仅突发公共卫生事件矛盾纠纷的数量会渐增，而地方无法解决的纠纷也将会上移。这些矛盾纠纷随着上移的过程，数量逐渐累加，激化程度也不断升级，将成为影响社会和谐稳定的危险因素，不利于社会的安定。①

2. 后期矛盾纠纷的特性

(1) 纠纷诱因经济化

突发公共卫生事件发生后广范围、强干预、长时段、高频次的严格防控政策与措施深深影响了经济走向。“静默”、大范围防控等方式，尽管一定程度上阻断了突发公共卫生事件的传播，但也付出了高昂的经济代价。社会生产活动受阻，经济发展放缓，经济下行压力骤然加大，经济寒风影响到了社会大众。餐饮、酒店、旅游、运输等服务业艰难生存。大量企业难以维持，

① 刘锐．我国当前预防和处理社会矛盾的法律思考［J］．国家行政学院学报，2009（05）．

以 2021 年国家市场监督管理总局公开的数据为依据，全国注销的企业多达 349.1 万户，而被注销的个体工商户更是高达 961.9 万户。企业的“生存困难”直接传导到个体大众之上，根据国家统计局新闻发言人公布的数据，青年群体失业率持续上升，从 2022 年 5 月的 18.4% 到 6 月的 19.3%、7 月的 19.9%。

经济下行的这种趋势和表现，是突发公共卫生事件后期矛盾纠纷暴发的重要原因之一。

以房屋买卖纠纷为例，截至 2022 年 10 月，突发公共卫生事件对金融、餐饮、旅游等各行各业的持续负面影响显现，许多小微企业倒闭消失，大中型企业纷纷开始降薪、裁员，甚至进入重整或破产境地，人们收入锐减，越来越难以支撑房屋供贷，引发“断供”热潮。诸多房屋购买者迫不得已的断供引发诸多问题。一方面，“法拍房”的数量持续增加，强制执行案件井喷；另一方面，社会个人住房贷款的不良余额增加，不仅冲击了本就脆弱的房地产业，而且对银行金融体系造成了巨大的风险。如果“断供”风潮继续恶化，不仅会造成房屋买卖双方的激烈矛盾，引发一系列影响社会安定的民生问题，甚至可能冲击经济体系，引发更大的金融风险和矛盾。以房地产行业为例。因为房地产行业的三条红线再加上突发公共卫生事件的影响，导致房地产企业资金链紧张；房地产行业的大多上游企业都与房地产企业之间有各种不同账期，短则几个月，长则好几年，而上游企业在扩张的过程中又会向银行贷款。这就导致了房地产企业在防控及放开后的关键时刻无法得到银行的贷款，从而难以给上游企业清账，而上游企业账期未清拿不到资金，又没有办法还银行的贷款，最终房地产企业、上游企业与银行三者之间就陷入了类似于三角债关系的这种死循环。

(2）纠纷群体集中化

纠纷群体集中化主要体现在低收入群体、失业者、患者及家属以及老人等社会弱势群体中，这与社会弱势群体风险抵御能力以及遭遇风险之后的恢复能力羸弱密切相关。突发公共卫生事件导致个人、家庭和行业等多类主体的复合困境，低收入群体面临失业、家庭入不敷出的经济压力，失业者最低保障受到威胁，患者及家属面临巨大的心理压力和社会排斥压力，被隔离的个人生活空间极度压缩，负面情绪滋生，易躁易怒等。弱势群体在突发公共卫生事件期间的诉求表达渠道单一，常态化防控中诉求压力进一步转嫁到社区执行突发公共卫生事件防控任务的政府工作人员身上，在防控一线很容易发生隔离群体与社区民警或社区居委会工作人员的直接暴力性矛盾冲突。社会矛盾纠纷群体集中化随着社会复工复产有序推进，在突发公共卫生事件后期会逐渐显现，多类主体的复合困境是政府部门在突发公共卫生事件恢复后期所要着重解决的难题。

(3) 纠纷影响社会化

突发公共卫生事件后期社会矛盾纠纷影响面广，程度深，传播速度快且民众关注度高，容易引起相同境遇群体的效仿，进而引起一系列社会矛盾的连锁反应，易成为社会公众在防控期间不断累积发酵的不良情绪发泄的“泄洪口”。在突发公共卫生事件发生之前，社会矛盾纠纷大多与利益相关人发生联系，较为分散化分布且公共关注度低，往往在矛盾纠纷双方之间拉锯较量，除非涉及广大公众集体利益，一般的社会矛盾纠纷也很少掺杂无关公众的社会负面情绪，社会矛盾纠纷化解也较为容易。而在经历突发公共卫生事件“大停摆”之后，社会经济、就业、医疗保障、物价等民生问题都受到了不同程度的影响，相关的类型性纠纷层出不穷。这些与民众切身相关的问题变得越发敏感，集体主义感在这时候表现得异常强烈，涉及此类纠纷若不能及时有效化解，会给国家整体政策的推进和落实增添阻力，同时也损害国家和政府的公信力与权威性，其带来的负面影响将会波及社会的方方面面。

(二) 矛盾纠纷应对的新要求

根据前述所言，如表4-2所示，突发公共卫生事件暴发初期，矛盾纠纷的演变暴露出不同于正常社会秩序下的领域化、易激化性、暴发延后性等特征；而突发公共卫生事件后期，矛盾纠纷则更突出纠纷诱因经济化、纠纷群体集中化、纠纷影响社会化的特征。毫无疑问，前后阶段突发公共卫生事件矛盾纠纷显现出的这些特征，加剧了后期相关矛盾纠纷处理方式的复杂性，对矛盾纠纷预防与化解都提出了新的要求：

表 4-2　突发公共卫生事件中的矛盾纠纷与常态矛盾纠纷演变的比较

发展态势	突发公共卫生事件中的矛盾纠纷	传统矛盾纠纷
在领域化方面	趋向明显，集中，蔓延性迅速	
在易激化性方面	更突出，公众社会认知结构的易改变性加剧矛盾纠纷的生成与发展	较弱，人们在传统思维的影响下对事件不满的包容性较大，社会矛盾纠纷的发展会有较长的能量积累期
在暴发时间点方面	有后延性，在防控前期潜伏，防控后期常态化阶段集中暴发	

首先，要坚持以“中国式现代化”的思想旗帜指引突发公共卫生事件中矛盾纠纷预防与化解的法治化。“中国式现代化”是顺应中国现代化时代要求应运而生的重大理论创新成果，为我们提供了新的理论视窗、理解系统和话语体系。在“中国式现代化”研究范式下，突发公共卫生事件中矛盾纠纷预防与化解的法治化要树立“以人民为中心”的社会治理理念，构建“一核多元共治”的社会治理体系，打造“共建共治共享”的社会治理格局，运用“自治法治德治”的社会治理机制，建立“预防在前非诉优先”的社会治理层级，实现社会治理现代化。①

其次，就突发公共卫生事件中的矛盾纠纷预防而言，矛盾纠纷发展的新态势决定了矛盾纠纷预防机制的运行必须更加注重精准化、快速化、动态化和协同化。具体而言，必须发挥好突发公共卫生事件中矛盾纠纷排查的基础作用、矛盾纠纷预警的关键作用、矛盾纠纷预控的目的作用、相关配套制度的保障作用。如应急状态下的突发公共卫生事件中矛盾纠纷预警要求预警责任主体能在短时间内对社会矛盾纠纷作出精准的监测、识别、研判、预警应对。

最后，就突发公共卫生事件中矛盾纠纷的化解而言，不能仅靠传统的处理方式。突发公共卫生事件中的矛盾纠纷发生在特殊场域，受其影响，正常状态下的纠纷解决方式、理念无法完全解决。若想“对症下药”解决各类突

① 廖永安，江和平．中国式社会治理现代化的发展道路与前进方向［J］．民主与法制，2022（41）．

发公共卫生事件中的矛盾纠纷，需根据因突发公共卫生事件发展阶段的变化而产生的纠纷类型的不同，因应施策。如在暴发期，多关注因防控措施如限行、禁行或封闭等交通管制措施引发运输合同纠纷。此外，村、社区防控衍生出婚姻家庭纠纷、邻里纠纷、物业管理纠纷、租赁纠纷、干群纠纷等。以H省L法院的执行便可感受几分。

z法官：现在各行业、企业都遇到同样的困境，即在查封冻结等处理资金财产方面，法院如果不考虑企业的实际情况，那么可能满足了一方企业，另一方企业就无法生存。再如针对企业法定代表人的惩戒措施可能也会影响到企业的维持，所以企业希望法院的执行，既要从有利于保护债权人利益的角度出发，但是也要考虑地方整体行业、整体企业的实际情况。

总的来说，突发公共卫生事件中的矛盾纠纷区别于常态社会秩序下矛盾纠纷的静态样态和动态演进，其应对方式、方法也呈现出显著差异。换言之，较常态秩序下矛盾纠纷的应对而言，突发公共卫生事件中的矛盾纠纷预防与化解机制有了不同的需求。我们要在“中国式现代化”指引下，根据突发公共卫生事件中矛盾纠纷预防与化解的新需求，审视矛盾纠纷预防与化解的现状，找出其存在的问题，以指引突发公共卫生事件中矛盾纠纷预防与化解机制的法治化路径。

二、矛盾纠纷预防与化解机制的现状及困境

（一）矛盾纠纷排查薄弱

突发公共卫生事件中的矛盾纠纷排查是遵循党委领导、政府负责、社会协同、公众参与的社会新兴治理体制所进行的防控工作，是矛盾纠纷预防与化解机制的先决环节。唯有明底数、了实情，抓住矛盾纠纷萌芽的“窗口期”，先期介入扑灭“着火点”，方能在纠纷暴发或者扩大前将其解决，真正做到矛盾纠纷的预防。但分析多次重大突发公共卫生事件中矛盾纠纷排查的现实情况后，我们发现相关矛盾纠纷排查工作还存在薄弱之处，在诸多方面有待优化。

一是基层矛盾纠纷排查力量不足。村或社区是社会治理的单元格，也是社会治理的最前线。村或社区作为矛盾纠纷排查的主体、一线执行者，为突发公共卫生事件中矛盾纠纷排查工作的顺利开展发挥着不可替代的作用。然而，村或社区排查队伍力量不足却制约了基层社区纠纷矛盾排查的效果。一方面，村或社区排查人员数量有限，而突发公共卫生事件中的矛盾纠纷又恰恰多集中于基层，排查人员量与排查纠纷量形成一种内在的紧张关系，使得矛盾纠纷排查的效果难以尽如人意；另一方面，村或社区排查人员多为本村或社区成员，法治素养相对不足，对矛盾纠纷排查工作不仅缺乏专业性、统筹性，更缺乏灵敏性，不能深入、扎实的排查矛盾纠纷，使得突发公共卫生事件中的矛盾纠纷或隐患未能在源头解决。

二是各纠纷排查主体权责不明。突发公共卫生事件中的矛盾纠纷排查工作是一项系统性工程，需要各纠纷排查主体权责明确、分工合理。在多次突发公共卫生事件防控中，矛盾纠纷排查工作显露的最突出问题就是各纠纷排查主体的权责混淆，严重影响了矛盾纠纷排查工作的有序、协调进行。目前，司法行政机关、政法委、综治办负责领导、监督、统筹突发公共卫生事件中矛盾纠纷排查机制的运行，基层社区、公安机关、人民法院等对突发公共卫生事件中的矛盾纠纷进行具体排查工作。分工乍看似乎合理，实则不然。在现实中，基层社区、公安机关、人民法院等对突发公共卫生事件中的矛盾纠纷的具体排查界限不明，一方面可能导致突发公共卫生事件中的矛盾纠纷排查工作出现重复排查，浪费了资源；另一方面也导致部分矛盾纠纷排查“无人问津”，不利于纠纷的前端解决。

三是信息共享机制不畅。在突发公共卫生事件中的矛盾纠纷排查过程中，各类纠纷排查主体由于职能定位方面的差异，在纠纷信息的识别与整理方面各自为战，信息共享基本无从谈起。以 H 省为例，其在新冠疫情这一典型突发公共卫生事件的矛盾纠纷预防机制上实现了信访部门与其他纠纷排查主体的联动。但这种联动主要源于应急状态下上级行政部门所作出的应急措施，具有临时性。这种联动的临时性决定了各矛盾纠纷排查主体仅仅考虑了自己的应急需要，忽略了通信网络和数据传输网络的整体性和统一性，业务系统数据格式标准参差不一，致使矛盾纠纷相关信息共享之路异常坎坷。更为特别的是，H 省信访部门的“被动信息收集”与其他矛盾纠纷主体的“主动信息收集”相分离，突发公共卫生事件纠纷排查信息共享之路更显坎坷，“信息孤岛”现象严重，使得后续纠纷预警主体难以及时准确地梳理发现重大矛盾纠纷风险隐患。

（二）矛盾纠纷预警滞后

突发公共卫生事件中的矛盾纠纷预警机制是实现突发公共卫生事件中的矛盾纠纷防范和化解的超前端口，也是矛盾纠纷防范和化解的基础。突发公共卫生事件中的矛盾纠纷预警机制往往在矛盾纠纷的防范和化解中充当了“先知先觉”的角色，紧盯矛盾纠纷发展过程，快速识别、整合突发公共卫生事件中的矛盾纠纷信息，精准研判，提前针对性地制定应对方案，为遏制甚至扭转突发公共卫生事件中的矛盾纠纷发展势头，防止其从萌芽走向激化、扩大或演变为群体性事件、恶性事件甚至刑事案件，为力争使突发公共卫生事件中的矛盾纠纷影响时间降到最短、损害减到最小提供扎实有力的智库支持。同时，以突发公共卫生事件中的矛盾纠纷预警机制的作用发挥为支点，快速精准反应，提早消除矛盾纠纷隐患，及时稳定、控制社会局势，避免对社会造成“二次伤害”，减轻对社会的动荡。然而，实践中却由于以下问题的存在，影响其应有功能的发挥。

1. 规范供给不足

原则上，规范是立法对突发公共卫生事件中的矛盾纠纷预警制度的预设计，是突发公共卫生事件中的矛盾纠纷预警制度在应急状态下得以有条不紊运行的基本遵循。然而，在对 H 省突发公共卫生事件中的矛盾纠纷预警机制的调研中发现，其主要依据政府临时性的政策性文件，在相关的法律规范中难以找到足够的规范支撑。有关突发公共卫生事件中的矛盾纠纷预警的规范难以周延，无章可循。

（1）*矛盾纠纷预警相关规范梳理*

突发公共卫生事件中的矛盾纠纷预警规范多被包括于与突发公共卫生事件相关的规范之中。具体而言，又可从国家和地方两个层面入手进行梳理。

一是在国家层面，在2007年通过的《突发事件应对法》中明确提到，在发生突发公共卫生事件后，履行统一领导职责的人民政府应当及时采取必要措施防止发生次生、衍生事件。在此，突发公共卫生事件中的矛盾纠纷预警作为政府应对突发公共卫生事件的能力之表现而存在于立法。毫无疑问，这为突发公共卫生事件中的矛盾纠纷的预警提供了必要的立法依据。党的十八届四中全会首次提出建立健全社会矛盾预警机制是对维护群众利益具有重大作用的制度体系之一，[①] 这改变了之前将社会矛盾预警机制看作是政府应对突发公共卫生事件的能力建设的局面。[②] 社会矛盾预警机制在突发公共卫生事件的作用更显独特，注重从源头出发，及早发现、化解纠纷，实现社会治理的优化。近来，中央全面深化改革委员会第十八次会议通过《关于加强诉源治理推动矛盾纠纷源头化解的意见》并强调，法治建设既要抓末端、治已病，更要抓前端、治未病。要坚持和发展新时代"枫桥经验"，把非诉讼纠纷解决机制挺在前面，推动更多法治力量向引导和疏导端用力，加强矛盾纠纷源头预防、前端化解、关口把控，完善预防性法律制度，从源头上减少诉讼增量。显然，这些规定都为突发公共卫生事件中的矛盾纠纷预警机制的构建和优化提供了一些依据和指引。但同时也不得不承认，这些法律规定和国家政策更倾向于一种"理念的宣示"，即对于突发公共卫生事件中的矛盾纠纷预警机制的构建和优化缺乏直接的、具体性的操作指引。突发公共卫生事件中的矛盾纠纷预警机制的构建及优化在国家法律和政策这一层面的依据十分贫瘠与不足。

二是在地方层面，以H省为例，在其已有的法律法规及相关其他规范中未能找到与突发公共卫生事件中的矛盾纠纷预警机制相关的内容。仅有的有关立法，如《突发公共卫生事件应急条例》《突发公共卫生事件应急预案》

① 2014年，党的十八届四中全会提出，构建对维护群众利益具有重大作用的制度体系，建立健全社会矛盾预警机制、利益表达机制、协商沟通机制、救济救助机制，畅通群众利益协调、权益保障法律渠道。

② 十八届四中全会之前，社会预警机制建设通常是和应急机制建设相联系的，社会预警机制建设实际上是为政府的应急管理服务的，是从社会危机管理角度来认识和看待社会预警机制建设问题；十八届四中全会把社会预警机制建设看作是化解社会矛盾和纠纷的重要工作机制，是从社会治理角度来认识和看待社会预警机制建设。

也主要集中于对突发公共卫生事件的监测、预报以及应急等，未涉及突发公共卫生事件下矛盾纠纷的预警问题。在具体的突发公共卫生事件中，H省突发公共卫生事件中的信访问题预警机制的构建和运行主要依赖于领导的经验性决策和信访部门下发的通知性文件和注意性文件。[①] 关于突发公共卫生事件中的矛盾纠纷预警方面的法律规范存在严重不足。

（2）规范供给不足限制机制运行的动能

一方面，突发公共卫生事件中矛盾纠纷预警相关规范供给的不足在某种程度上反映了我国预防型规范的贫瘠。而预防型规范的贫瘠，则是由当前我国关涉公共卫生安全事件治理和矛盾纠纷处理的规范多属于“回应型规范”的现状所决定的。固然，回应型规范可以满足社会的现实需求，推动社会实效发展。但在突发公共卫生事件背景下，回应型规范无法满足这种风险社会下纠纷的处理。回应型规范在本质上是针对已经出现的矛盾纠纷而采取的事后救济和处理，未将规制的范围拓展到突发公共卫生事件中的矛盾纠纷隐患、风险这一根本层面。在一般社会状态下，因为社会利益结构与社会关系相对清晰确定，回应型规范可以有效解决社会纠纷。但随着突发公共卫生事件的暴发，“风险社会”来临，社会关系充斥着不稳定，仅对已发生的矛盾纠纷进行处理已经不能满足现实的需要。此外，回应型规范也有一定的被动性，无法发挥积极预防矛盾纠纷发生、扩大的作用，不能够从源头上遏制突发公共卫生事件中矛盾纠纷的发展态势，容易陷入被动局面。显然，对“回应型规范”的固守，使得“预防型规范”匮乏。更精细化地讲，预防型规范的匮乏也自然导致了突发公共卫生事件中矛盾纠纷预警规范的不足，不仅使得现有规范无法解决社会面临的“强不确定性、失控可能性”等问题，更难以适应风险社会下矛盾纠纷发展的特殊态势并作出有效应对。这在无形中加大了突发公共卫生事件中矛盾纠纷处理的难度和成本，也潜在地扩大了突发公共卫

① 为进一步畅通群众诉求反映渠道，搭建管理规范、协调有力、便民利民的突发公共卫生事件防控热线应急体系，H省信访局分别于1月26日、1月28日下发了《关于建立H省新型冠状病毒感染疫情防控热线电话的通知》《关于H省新型冠状病毒感染疫情防控热线电话的补充通知》；后为统一规范群众诉求答复口径，于2月27日、4月8日分别印发了《关于进一步认真做好全省疫情防控热线工作的通知》《疫情防控常见群众诉求答复指南》《关于统一疫情防控热线有关群众诉求答复口径的通知》，要求各地严格按统一口径精准答复。

生事件中矛盾纠纷的负面影响，增加了非常态社会秩序下的不稳定因素，于社会治理实属不利。

另一方面，相关规范供给的不足使得突发公共卫生事件中的矛盾纠纷预警机制处于非制度化状态，依赖以往突发事件处理的经验。在这种状态下的矛盾纠纷预警机制仅有“应急”之意而无“应急管理”之实，矛盾纠纷预警机制的运行常常处于被动、仓促状态。

2. 部门协同联动薄弱

（1）跨部门协同参与纠纷预警不足

突发公共卫生事件中的矛盾纠纷具有类型化、多样化，即突发公共卫生事件中矛盾纠纷发生或扩大的原因多种多样，即要想对其进行精准预警，必然需要多个政府职能部门共聚合力。而且突发公共卫生事件中矛盾纠纷的预警是一项复杂的工作，需要在一中心部门的主导之下各部门协同合作，共同来完成预警工作。显然，仅靠单个的信访部门难以处理各式各样矛盾纠纷信息，难以高效、高质量完成突发公共卫生事件中矛盾纠纷的预警。

再次以H省的新冠疫情这一突发公共卫生事件为例。H省在矛盾纠纷预警机制运行中，信访单个部门承担了突发公共卫生事件过程中相关信访热线问题预警工作。信访部门“单打独斗”，其他部门协同参与性明显表露不足，使得矛盾纠纷预警机制难以完全有效识别、整合、分析、应对有关矛盾纠纷隐患。以信访风险研判为例，在H省突发公共卫生事件防控中，信访部门作为矛盾纠纷预警的“前哨”，不应只停留在对群众问题的倾听，还应积极发现、探寻问题背后所隐藏的纠纷敏感因素，及时预警、处理，使得矛盾纠纷隐患消除于萌芽。在H省，突发公共卫生事件防控热线开通不到4个月，就累计接听群众来电295805个，其中省本级3260个。这些来电所反映的纠纷涉及突发公共卫生事件防控的方方面面：如防控前期，社会秩序被打乱，老百姓衣食住行存在诸多不便，矛盾纠纷投诉也多集中于此；而疫情防控期间，百姓心存恐慌，忧虑其所在社区或者乡镇防控措施是否落实到位？进而与居住地防控负责主体产生了冲突。显然，这些来电纠纷是多元的、复杂的。仅由信访部门对这些来电纠纷进行处理、研判，是不现实的，也是不合理的。

毕竟信访部门在某些领域的专业水平有限，存在知识盲区，无法有效解答当事人的疑惑。同时，信访部门也不具备捕捉这些领域纠纷的敏感性，不仅可能难以研判出可能的突发公共卫生事件中纠纷的发展态势，甚至会忽略纠纷的发展。

（2）与基层网格欠缺深度联动

基层网格是社会治理的单元格，也是社会治理的最前线。在突发公共卫生事件的防控中，基层社区网格身处一线，其更易主动接触到突发公共卫生事件中的矛盾纠纷隐患。况且，从突发公共卫生事件中矛盾纠纷的发生来看，基层网格是诸多诉求、矛盾、利益与群体的“交汇点”，其感知力最深。然而，H省的突发公共卫生事件中的矛盾纠纷预警机制明显欠缺与基层网格进行深度联动。正如Z市信访局L局长所言：“基层网格扎根基层社会治理的神经末梢，对突发公共卫生事件中的矛盾纠纷信息具有敏锐的洞察力，是矛盾纠纷信息收集的又一‘前站’。然而，在突发公共卫生事件中热线专项接电排查预警纠纷工作中，信访未能与其实现有效联动，使得矛盾纠纷警情的监测、研判、预报都略显滞后。”与基层网格欠缺深度联动，这不仅导致突发公共卫生事件中矛盾纠纷信息收集网络不畅，难以及时获取深层次、内幕性、高质量的信息，而且可能会使得预警工作被动，预警效果大打折扣。

3. 信息处理略显脆弱

突发公共卫生事件中矛盾纠纷信息的处理效果直接关切到矛盾纠纷预警机制能否真正发挥作用。就H省而言，基层社区是排查突发公共卫生事件中矛盾纠纷信息的主力军，而信访部门则切实发挥了防控热线在突发公共卫生事件防控中的“前哨阵地”作用，消化了大量有关突发公共卫生事件中矛盾纠纷方面的投诉，其他诸如公安、司法行政机关、人民调解组织也在矛盾纠纷信息的排查、收集、整合等方面发挥了独特作用。因此，H省突发公共卫生事件中的信访问题预警机制要想真正发挥全面、高质的预警作用，必须吸收基层社区、公安、司法行政机构等矛盾纠纷排查主体所收集的突发公共卫生事件中的矛盾纠纷信息，实现数据的共享，并在此基础之上实现高效整合。然而，令人遗憾的是，如前述所言，突发公共卫生事件中的矛盾纠纷排查机制在信息共享方面不畅，这直接影响到突发公共卫生事件中矛盾纠纷信息的整合，使得突发公共卫生事件中矛盾纠纷信息的处理效率降低、处理效果略不彰。

众所周知，突发公共卫生事件中矛盾纠纷信息的整合效率是衡量突发公共卫生事件中矛盾纠纷预警效果的重要标准。如果突发公共卫生事件中矛盾纠纷信息的整理效率不尽如人意，那么未能实现实时监控的突发公共卫生事件中的矛盾纠纷预警机制几乎是没有任何意义的。就 H 省突发公共卫生事件中信访问题预警机制而言，在突发公共卫生事件矛盾纠纷信息整合上实行统一规范的防控工作群众诉求台账管理制度。就单个信访问题预警主体而言，该信息整合的方法能有序、准确地对突发公共卫生事件中的矛盾纠纷信息进行归整。但就整个 H 省突发公共卫生事件中信访信息的整合而言，从下往上进行信息的传递，整合信息的弱信息化和智能化，不仅耗费预警主体大量的时间、精力，更重要的是无法因应非常态下突发公共卫生事件中矛盾纠纷发展状态的监测。同时，突发公共卫生事件中矛盾纠纷隐患信息的关联分析和聚类分析也略显薄弱，预警主体无法及时将海量矛盾纠纷信息所存在的内在关联性寻出，严重影响了突发公共卫生事件中矛盾纠纷预警的实际效果。

4. 预警预控衔接不强

突发公共卫生事件中矛盾纠纷预防的目的在于及时、精准实现预控。预控是预防的内在目的与最终归宿。通过矛盾纠纷预控可以用较小的代价迅速遏制突发公共卫生事件中矛盾纠纷的发展势头，避免矛盾纠纷的扩大和升级，掌握应对矛盾纠纷的主动权。没有预控，预防的意义也就不能彰显。但与此同时，预控也是对预警的理性反映，是预警的必然延续。因此，预控效果的得力与否，离不开与预警的衔接。

就 H 省而言，其已经在矛盾纠纷预防机制上作出了不懈努力与尝试，通过即问即办、重点督办、领导促办等方式推进了突发公共卫生事件中矛盾纠纷预警与预控的有效衔接。但现实中，预警预控衔接还是不够紧密，严重影响了突发公共卫生事件中矛盾纠纷预警实效的发挥。以 L 市政府副秘书长、市信访局党组书记、局长在座谈中论述的两个事例为靶向进行分析。

【案例 1】在 4 月底，突发公共卫生事件还未能得到完全防控时，L 市信访局通过接收、整理信访信息发现，因为商铺租金问题，业主和房地产开发商的矛盾很大。房地产公司要求业主必须交租，但商铺业主无法交租，两者之间矛盾非常激烈，其中甚至有些当事人不做安全防护集群到信访局上访，形势十分危急。有鉴于此，局长亲自负责了该组矛盾纠纷的预警，组织了人员进行研判、分析，制定了预警应对方案，并立刻呈交相关部门。在之后的跟踪处置中，调度时很多部门都不愿意接盘，都在推诿。我们将此事向市长报告，最后两个区和一个行业商务局牵头将事情调解解决。

【案例 2】突发公共卫生事件防控期间，出于减少人员流动的考虑，暂停出租车运输，这对于靠出租车生活的普通人而言无疑是一次“寒冬”。即使在复工后，出租车业务也不景气。再加上出租车司机所背负的服务管理费用、生活费用等压力，出租车司机的投诉与反映骤然增多。我们信访热线敏锐察觉到了出租车运输这个特殊的纠纷，及时对其进行监测、研判、预警应对，转交有关部门处理。但最后出租车运输纠纷还是造成了一定影响，由领导出面，联合多部门才得以顺畅解决。

在上述案例中，虽然突发公共卫生事件中矛盾纠纷预警应对最后都以领导督办、促办的方式得到了实现，矛盾纠纷预控效果也得以彰显。但不得不承认的是，在突发公共卫生事件中矛盾纠纷预警和预控间的衔接还存在明显的不足，使得预警的实效大打折扣，甚至难以完全发挥作用。究其原因，除了突发公共卫生事件中矛盾纠纷预警应对措施的实效性有待强化外，最主要的是预警与预控间的衔接程序不够完善，特别是奖惩程序缺位，缺乏对各对接部门对接处理的正向激励和反向约束，使得其不作为现象泛滥。在这种情况下，预警应对要想真正化为有效的预控行为，很大程度上得益于领导的亲自督促，这既不利于及时实现预警，也不利于预防的长效性发展。

（三）司法政策导向偏差

从政策制定的角度，司法政策包括中国共产党确立的司法政策和最高人民法院制定的有关司法审判活动的政策。前者相对宏观，如“严格司法政策”等；后者相对具体，最高人民法院通常以司法解释、司法文件、指导性案例等载体，将党的政策如“调解优先、调判结合”等转化为司法政策并运用于司法审判。

面对突如其来的新冠疫情，最高人民法院为应对突发公共卫生事件，以统筹推进突发公共卫生事件防控和经济社会发展工作为立足点，为经济社会秩序全面恢复，提供精准司法服务和保障，制定了三部《关于依法妥善审理涉新冠肺炎疫情民事案件若干问题的指导意见》。此外，最高人民法院坚决贯彻习近平总书记重要指示精神和党中央决策部署，在中央政法委领导下，认真落实依法防控要求，单独或会同有关单位制定依法惩治妨害疫情防控犯罪、惩治妨害国境卫生检疫犯罪、保障复工复产等意见，完善服务“六稳”“六保”司法举措，发布57个惩处涉疫犯罪和服务复工复产典型案例，努力为突发公共卫生事件防控护航、为大局服务。[①] 在政策司法化过程中，最高人民法院所扮演的是一个“政策转化者”的形象，将党的政策通过一定的方式转化为司法政策，在全国各级法院贯彻和执行，以充分发挥其作为“最高人民法院”的影响力以及其对地方各级法院的“辐射作用”。但不可否认，这些司法政策在实践操作中也存在一定问题，还需进一步探讨。

1. 司法政策偏重解释化

在突发公共卫生事件中矛盾纠纷的化解实践上，经常会出现把司法解释与司法政策两者混同的现象。事实上，司法政策和司法解释虽密切相关，但两者在性质、效力等方面存在明显差别：司法政策是政策性的，是国家政治在司法中的体现；司法解释是规范性的，是对国家法律内涵的权威阐释。司法政策一般由党的机构、司法机关发布，而司法解释由最高人民法院及检察院按照法定程序发布。司法政策具有宏观指导的作用，在适用时在不违背司法政策的基础上可以灵活应变，法官可自由裁量适用；而司法解释较为具体严格，对审判有直接的约束力，法官在审判时必须严格遵守司法解释。然而，由于司法政策的发布程序等缺乏权威的规定和依据，导致在司法实践中，很

① 人民网．最高人民法院工作报告［R/OL］．(2020-06-02)［2024-05-28］．http：//hb. people. com. cn/n2/2020/0602/c194063-34056821. html.

多文件冠以司法政策之名，在事实适用时却承担了司法解释的功能，进而造成了司法政策与司法解释的混淆。

2. 司法政策倾向危机治理

根据《最高人民法院关于司法解释工作的规定》第 6 条之规定，司法解释的形式分为“解释”“规定”“规则”“批复”“决定”五种。但从突发公共卫生事件期间发布的各种司法政策可以发现，最高人民法院之外的某些审判机关的司法政策文本以第 6 条规定的五种形式以外的形式出现，并且其中有不少是关于法律适用的相关规定。就内容来看，这些文件在实质意义上承担了法律解释的功能，显然违背了我国《立法法》的规定，即在人民法院系统内部，法律解释权专属于最高人民法院，最高人民法院以外的审判机关不得作出具体适用法律的解释。其次，不难发现，在突发公共卫生事件期间发布的司法政策更偏向于矛盾纠纷期间的社会危机治理与应对，诸如“有利于社会稳定大局、有利于疫情有效防控”“为坚决打赢疫情防控阻击战”“完善服务‘六稳’‘六保’”等偏向社会危机治理的内容在政策文本中高频次出现。无论是从政策文本还是政策本身的目标导向来看，均体现出此类司法政策制定时对于危机治理导向的高度重视。综上，突发公共卫生事件期间司法政策存在偏重社会危机治理与应对的情况。

3. 司法政策偏求价值同一

在突发公共卫生事件的危机状态下，司法政策创制的过程不仅是谋求价值共识同构的过程，而且是发挥各法院创造性适度能动回应社会危机治理的过程。[①] 虽然突发公共卫生事件是全国性的，全国各省市都同样遭遇着突发公共卫生事件及其引发的一系列矛盾纠纷。但即便如此，不同地区面临矛盾纠纷的复杂程度均随着当地突发公共卫生事件的严重程度及其他类似经济、产业等的不同而存在差异。因此，不同地区对于司法政策的需求也存在差异。

① 韩玉亭．人民法院创制司法政策参与社会治理的动力溯源及路径优化——以 1071 项新冠肺炎疫情防控司法政策文件为中心的分析［J］．政治与法律，2021（04）．

但就突发公共卫生事件期间发布的各类司法政策来看，本应随地区、严重程度、经济发展、矛盾纠纷种类等而不同的司法政策，大部分都是涉及如何打击违法犯罪、如何加强突发公共卫生事件期间公民权利保障、如何营造良性市场运行秩序相关司法政策、如何开展突发公共卫生事件期间的信息公开、如何加强突发公共卫生事件矛盾纠纷多元化解等。其在整体方向和政策导向上均存在同质化，并且某些地区在后出台的政策文件也有仿照和照搬先前已出台司法政策的现象。

（四）矛盾纠纷解决机制不完备

1. 纠纷解决手段效能不佳

现代社会治理及矛盾纠纷化解体系的理想状态应为金字塔形结构，即诉讼作为纠纷解决的最后一步应位于金字塔顶端，调解、协商等其他纠纷解决方式则应处于金字塔底部，诉讼与调解等其他解纷方式所对应的纠纷数量比例同样应呈现金字塔形。司法实践中纠纷化解体系却呈现为“倒金字塔”形，诉至法院的纠纷数量占据了绝大多数，清晰地反映出我国社会治理和纠纷化解中诉讼数量过多，而通过调解等其他方式解决纠纷的数量较少，进而体现出我国纠纷解决体系不科学之处。

（1）诉讼手段难以应对

社会中的很多纠纷单纯依靠当事人主张法律上的权利很难完全解决，因为人民大众更多的可能是站在社会价值的角度来评价纠纷解决，这个评价要比法律评价更容易让人接受，而通过诉讼解决的纠纷可能在多数当事人眼中并未得到完全解决。尤其是在突发公共卫生事件暴发期间及后续常态化阶段，突发公共卫生事件引发的矛盾纠纷呈现领域化、易激化及集中暴发等特征。此外，突发公共卫生事件中矛盾纠纷成因复杂，受到社会、心理、经济以及政治等多重因素影响，社会恐慌、焦虑、压抑、冷漠等情绪与社会问题盘根错节，均是社会矛盾纠纷形成的深层次原因，而这些问题是难以通过诉讼手段完美解决的。诉讼关注和解决的是当事人间的纠纷所争夺的利益，这种利益早已由法律事先固定，诉讼仅仅是围绕着固定利益“分蛋糕”，即诉讼必须以法律为准绳，只能关注眼前利益、直接利益、短期利益，只能在既定利益范围内解决纠纷、划分利益归属。而面对突发公共卫生事件中矛盾纠纷的复杂性、急迫性及其影响社会化等特点，诉讼的手段显然难以及时有效地化解纠纷。更有甚者，不及时不妥当的处理方式还可能对国家突发公共卫生事件防控政策增添阻力，损害司法公信力。

（2）调解话语体系尚未建立

首先，我国调解学体系建设严重滞后于全面依法治国战略的时代要求。我国调解制度的发展主要依靠“摸着石头过河”的经验主义和“大调解”的运动式发展。尽管形成了类似“枫桥经验”的制度优势，但由于缺乏学术性、系统性、专门性的提炼，使得既有调解研究严重滞后于习近平新时代中国特色社会主义思想法治建设的伟大实践。其次，“强诉讼—弱调解”的法学研究格局，导致调解难以形成独立的理论体系和话语体系。我国主流法学研究一度唱衰中国调解价值，调解学在我国法学学科中“失语”、法学教材中“失踪”、法学论坛上“失声”的问题较为突出。调解长期被贴上“和稀泥”“二流司法”等负面标签，甚至被认为是一种落后的法治文化。殊不知，现代调解制度追求的综合性“共存正义”，谋求纠纷兼容于情理法的妥善解决，是实质正义、情境正义、相对正义、柔性正义的体现，其内在价值亟待深入挖掘。最后，“本土东方主义”的调解学话语权流失。在西方法律形式主义话语主导下，我国调解制度之生发虽远早于西方国家，却一直被视为法治对立物，并在西方 ADR 运动潮流中逐渐丧失话语权。

2. 行政力量存在局限

行政力量化解社会矛盾纠纷更多的是利用行政资源和行政权力，追求的是行政效率和调解的公平正义，从而在化解突发公共卫生事件中的矛盾纠纷时存在局限，主要体现在以下三个方面：首先，社会链接薄弱。突发公共卫生事件防控常态化阶段的矛盾纠纷化解更多的是通过化解风险辅以社会帮扶让遭受重大公共危机的公众逐步回归常态，步入正轨。灾害中有关人的社会功能运作出现低水平或不良状况，并反过来加剧其困难和问题以及其与环境关系的不协调和非积极性。由此可见，突发公共卫生事件常态化阶段社会矛盾纠纷的形成与现阶段人的社会功能运作不良相关，化解此类矛盾纠纷就必须从社会工作入手。行政力量在矛盾纠纷调解中可以做到高效便捷，也能通过科层制行政资源达到相对公平公正，但其在搭建社会关系网络、解决社交困境以及提供家庭专业支持与帮扶、链接社会资源等方面相比专业性强的社会组织来说稍显薄弱。

其次，情感疏导缺乏。社会负面情绪的出现是经历突发公共卫生事件冲击后出现的显著社会心理现象，矛盾纠纷之所以滋生与隔离造成社会公众情感压抑、急躁、恐慌等密切相关，在心理疏导、情绪支持以及家庭关爱方面，社会组织能运用社区、个案、小组团体等专业方法提前介入，提供心理社会支持，进行情绪干预、心理调适和情感关怀，消除患者及家属以及被隔离人员的负面情绪，减少民众对政府的对立与不满，这有助于从根源上化解潜在的社会矛盾纠纷。政府等行政力量大多缺乏心理学、教育学、医疗康复等相关专业培训和知识储备，在社会矛盾纠纷化解情感介入方面存在一定局限性，而突发公共卫生事件常态化时期的社会矛盾纠纷突出表现在心理问题方面，对应激反应后的心理治疗不可或缺。

最后，专业能力欠缺。社会矛盾纠纷化解是政府以及公安机关等行政机关日常工作的一部分，社会维稳的压力通过科层制层层压实到基层政府机构，居民自治组织如社区居委会、村委会等也逐渐出现“行政化”倾向，同时也成为落实基层维稳“最后一公里”的关键节点。基于我国事务管理“漏斗型”模型、权力与资源流向“抽油烟机”模型的压力型体制之下，基层组织成为落实社会管理和国家政策的主要力量。加之现阶段防控压力，基层行政组织在矛盾纠纷调解中无暇顾及，也无法深入细致地做到针对个人或个别群体的个性化、差异化、专业化的针对性嵌入，只是出于行政压力和社会面的维稳要求被动地应对突发公共卫生事件管控过程中出现的矛盾纠纷。

3. 司法力量化解纠纷需完善

首先，司法理念亟须创新。突发公共卫生事件引发的矛盾纠纷与正常状态下纠纷的产生基础大不相同，前者的源头引发者为所谓的“黑天鹅”“灰犀牛”，当事人主观恶意少。最高人民法院《关于依法妥善审理涉新冠肺炎疫情民事案件若干问题的指导意见（一）》（以下简称《指导意见（一）》）中要求各级法院要充分认识此次疫情对经济社会产生的重大影响，立足统筹推进疫情防控和经济社会发展工作大局，充分发挥司法调节社会关系的作用，积极参与诉源治理，坚持把非诉讼纠纷解决机制挺在前面，坚持调解优先，积极引导当事人和解协商、共担风险、共渡难关，切实把矛盾解决在萌芽状态、化解在基层。① 但调解不能解决所有纠纷，总有案件需经审判，按照诉讼构造中非黑即白、一刀切式的裁判理念易造成各方当事人利益失衡、矛盾激化的局面。此种矛盾纠纷的审判应当追求一种综合正义，即将法律效果和社会效果统一，而恰好此次突发公共卫生事件为这种统一提供了对接和结合的契机。进一步优化司法，应从理念层面进行更新，厘清司法所要实现的正义为何；如何通过更新司法理念使刚性的法律产生柔和的社会效果；如何从保护的法义出发，考虑违约造成的法律后果以及双方损失的不平衡等。调研显示，突发公共卫生事件发生期间法院的司法及审判理念有所改变，以 H 省 L 市法院为例，其借此契机，特别切合突发公共卫生事件期间不能够扩大参与人数的相关要求，对原来传统开庭方式进行了改变；在运用法律上结合双方形势的变化进行综合考量，在审判过程中，综合考虑法律适用公平裁判的问题，但创新性仍需加强。

其次，裁判规则亟须明晰。缺少明确的指引，法官就难以把握尺度，易导致裁量权的滥用及裁判不一，进而对司法审判带来挑战，影响社会公众对司法的信任。另外，缺乏统一和专业的引导还易造成信息滞后或信息不对称，进而产生不必要的纠纷。如在劳动报酬问题上，部分企业由于信息滞后不知可变通发放工资，合理合法减轻企业负担的政策变化，贸然拒发工资或辞退职工，侵犯职工权益的同时亦易引发群体性劳动争议，也阻碍了突发公共卫生事件后期企业复工复产。此外，最高人民法院发布的复工复产等典型案例均为调解结案，缺少审判指导性案例给法官提供参考、为社会提供指引。

再次，审判尺度急需统一。在实践中，突发公共卫生事件对不同的社会

---

① 最高人民法院出台关于依法妥善审理涉新冠肺炎疫情民事案件若干问题的指导意见（附全文）[R/OL].（2020-04-20）[2024-05-28]. https://baijiahao.baidu.com/s?id=1664470175448026430&wfr=spider&for=pc.

群体和不同的经济行业的影响各有不同，因此必须根据案件具体情况作出相应裁判，才能实现司法公正，其中裁判关键点在于法院如何处理把握审判尺度。在具体处理纠纷时，法院判决一般都要以法律为依据，但在目前突发公共卫生事件的影响及复工复产大背景下，法院坚持以法为据与公平公正及之间必然存在矛盾点。如《指导意见（一）》中提出审理新冠疫情民事案件时最为重要的是公平的原则与理念。① 但是公平原则过于宽泛，在突发公共卫生事件这种紧急、特殊状态下，归根结底还会落脚于法官的自由裁量。缺少明确的指引，法官难以把握尺度，甚至会对司法审判带来挑战，易造成法官裁量权的滥用以及裁判不一致，影响法律指引功能，影响社会公众对司法的信任。以保全和执行措施为例，如法院严格依照法律规定采取查封保全等执行措施，企业很有可能会因为保全执行、资金冻结，难以维持自身经营，影响企业复工复产进程，如果企业是本地重点企业，甚至会影响到本地经济复苏。

最后，法律指引急需明确。大部分公民非法律专业人士，对法律法规及政策的理解存在不足或偏差，在司法审判实践中，准确清晰的裁判规则和法律指引必不可少。国家层面上对各类化解突发公共卫生事件中矛盾纠纷的具体规则适用存在空白，法院在具体个案中，如何在依法裁判与维系实质公平、如何在当事人短期利益和长期利益之间取得平衡都存在挑战。此外，缺乏统一和专业的引导还容易造成信息滞后或信息不对称，进而产生不必要的纠纷。如在劳动报酬问题上，由于政策变化，部分企业由于信息滞后不知可以变通发放工资，合理合法减轻企业负担，而贸然拒发工资或辞退职工，侵犯职工权益的同时亦易引发群体性劳动争议。

（五）在线纠纷化解机制不完善

突发公共卫生事件的发生为在线矛盾纠纷化解机制的发展和推动提供了契机，但目前来看其仍然存在不完善之处。以最高人民法院于 2020 年 2 月 18 日发布的《关于新冠肺炎疫情防控期间加强和规范在线诉讼工作的通知》为

① 最高人民法院关于依法妥善审理涉新冠肺炎疫情民事案件若干问题的指导意见（一）[R/OL].（2020-04-20）[2024-05-28]. https://www.court.gov.cn/fabu/xiangqing/226241.html.

例，通知要求三大互联网法院充分利用先发优势，加大在办案平台建设等方面的探索力度，加速总结，形成可复制、可推广的先进经验。[①] 该通知不仅对三大互联网法院提出了具体要求，对已经在电子诉讼建设领域初有成效的各级法院也提出了要求：各级法院积极依托各类在线诉讼平台，全面开展网上立案等一系列在线诉讼活动，有效满足突发公共卫生事件防控期间人民群众的司法需求，确保人民法院审判工作平稳有序运行。但各地法院普遍开展民事案件在线诉讼的过程中，却暴露了在线审理案件的类型和程序适用标准不明、在线诉讼证据提交与审查困难以及在线诉讼的时间束缚与技术缺憾等问题。

1. 技术障碍影响审判公正

《人民法院在线诉讼规则》涉及的技术障碍包括三类：第一种是诉讼主体的技术能力问题。其特征是诉讼主体因年龄、心智、教育等原因缺乏运用在线诉讼设备的基本能力，如部分老年人不会使用智能设备。第二种是技术条件问题。此类技术障碍的核心特征是技术装备的有无以及技术装备本身性能的良好与否问题，包括客观上缺少相应的技术设备如视频设备等，以及技术设备不达标，比如视频传输速度慢、网络不稳定、系统故障等问题。第三种则是公正审判技术能力问题。主要是指对审判的公正性、严肃性产生不良影响的问题，比如在线庭审的地点选择和设置、光线选择、拍摄角度、视频呈现形式等。这三种类型的技术障碍均会影响审判的公正性：当事人的技术能力障碍会影响诉讼主体对在线诉讼的理解和参与；技术条件障碍会影响在线诉讼的意见表达、证据质证以及事实认定；公正审判技术能力障碍会引发法官的偏见，甚至有罪推定。

2. 弱化直接言词原则与诚实信用原则

直接言词原则强调法官要通过在法庭上倾听当事人及其他诉讼参与人的

---

① 最高人民法院关于新冠肺炎疫情防控期间加强和规范在线诉讼工作的通知［R/OL］.（2020-02-18）［2024-05-28］. https：//www. court. gov. cn/fabu/xiangqing/220071. html.

陈述与辩论，结合双方提出的证据，形成内心确信后作出裁判。通常情况下，法官在听取各方主张和证据时，还可以通过察言观色的方式判断当事人、证人及其他诉讼参与的真诚与否，在线诉讼与传统的面对面审理相比，违背了司法的亲历性，会导致法官无法通过察言观色了解当事人细微的动作特征和表情变化，削弱了剧场化的庭审效果和威仪感。在线审判效果不仅仅取决于诉讼服务中法院的设备终端，还取决于当事人一方设备终端的效果，任何一方视频设备终端所处的网络条件不利都会产生延时或画面模糊。另外，采取异步审理模式将对直接言词原则造成更大的冲击。而在线庭审时，当事人及诉讼参与人均未到场，证据也是通过电子形式提交后经由视频展示，法官不能接触证据，难以审查书证等证据的细节乃至真实性；同时法官也无法观察当事人的面部表情或肢体动作等细节反应。在新冠疫情防控期间，浙江省的嘉兴法院、金华中院、台州黄岩法院建立民商事书状先行、在线错时审理模式，让当事人在法院指定期间内按照各自选择的时间登录，以非同时方式诉讼，异步错时审理加大了书状的信息承载功能，削弱了口头言词在审理中作用。

3. 在线诉讼证据提交审查困难

证据是诉讼的核心，当事人提出主张后，仅在证据的支撑下进行有效论证才能使审判人员认可自己的主张，所以，对于线上庭审，证据的提交与审核是庭审能否顺利进行的关键。调研显示，在线庭审存在弱化直接言词原则与诚实信用原则、无法核实证据真实性等问题。直接言词原则强调法官要通过在法庭上倾听当事人及其他诉讼参与人的陈述与辩论，结合双方提出的证据，形成内心确信，进而作出裁判。在通常情况下，当事人及诉讼参与人会经过当庭陈述、提出证据、法庭辩论等环节，法官在听取各方主张和证据时，还可以通过察言观色的方式判断当事人、证人及其他诉讼参与的真诚与否。而在线庭审时，当事人及诉讼参与人均未到场，证据的提交也是通过电子形式提交后经由视频展示，法官不能接触证据，难以审查书证等证据的细节乃至真实性。同时法官也无法观察当事人的面部表情或肢体动作等细节反应。此外，在线庭审中虽然也包括当事人陈述、举证质证及法庭辩护等环节，但无法做到如实际庭审中各方当事人与法官之间的“等腰三角形”的座位。当事人无法体会到法庭的庄严肃穆。随着心理上的震慑与约束的减弱，身处镜头背后的当事人及诉讼参与人违背诚实信用原则，作出虚假陈述乃至恣意退庭的情况也时有发生。

4. 在线信息安全难保障

在新冠疫情防控期间，各地法院开始通过官方网站、微信公众号、应用软件及其他司法服务平台等途径开展在线司法工作，信息技术的透明性可能会导致信息泄露与侵犯当事人隐私权的风险。首先，在线立案、在线诉讼、在线保全等期间，与案件相关的各种信息通过互联网传送至法院平台，而法院的平台建设大多外包给外部技术公司。在此过程中，涉密信息在平台上的传输、外包公司信息储存媒介的交叉使用等均为法院案件信息的安全性带来了挑战。其次，诉讼数据与信息在线上平台传输和流转的过程中，当事人的隐私及其他私人信息可能会被非法查看、篡改或者利用，在线庭审的视频图像也可能会被非法截取、录制和传播。

（六）社会心理服务和危机干预机制不健全

社会心理服务与危机干预机制是从个体或群体的心理根源出发，全面分析和把握不同主体的心理社会需求结构，及时掌握其思想、情绪和行为动态，分类地、有针对性地采取有效策略与方案的机制。它是提高突发公共卫生事件矛盾纠纷解决机制针对性的必然要求。可以说，在突发公共卫生事件中，社会心理服务和危机干预机制对于矛盾纠纷的预防甚至社会的稳定发挥了不可小觑的作用。但同时现实机制建设的不足也使得其无法真正发挥其该有的作用，不可避免地成了纠纷预防工作的一大短板。

1. 规范缺位与人才匮乏

第一，法律规范缺位。目前，我国对应急管理状态下社会心理服务和危机干预的法律规范几乎处于空白状态。有关应急管理的几部法律规范，如《传染病防治法》《突发事件应对法》《突发公共卫生事件条例》等都未明确涉及社会心理服务和心理危机干预机制的建设和内容。虽然在突发公共卫生事件防控中，卫健委等部门紧急出台一些有关心理服务和危机干预的指导意见，但法律规范供给还是略显不足。在这种情况下，社会心理服务和危机干预机制建设缺乏足够的法律规范依据，缺少足够的建设动力，无法高效、高质地开展体系建立工作。

第二，队伍建设薄弱。一方面，现有的社会心理服务和危机干预专业人才匮乏，难以满足应急状态下社会公众的需求。特别是由于其队伍的稀缺性，使得社会心理服务和危机干预工作往往具有流动性，难以为某一区域的公众提供长久、稳定的社会心理服务。这使得受众难以享受完全的心理服务，效果大打折扣。另一方面，现有的队伍素养有待提高。应急管理体系下的社会心理服务和危机干预队伍不仅需要具备充分的专业知识，而且能够实际应对复杂的服务情况，且必须具有高度责任感，显然，目前的队伍建设还难以达到这个要求。

2. 各主体协同联动不足

一方面，相关专业社会组织缺乏行业联系。自国家将社会心理服务和危机干预体系作为社会治理体系的重要组成部分以来，各专业社会组织得到了迅速发展，对突发公共卫生事件中的心理防控作出了很多努力。但令人遗憾的是，各社会组织大都独立运作，缺乏合作与沟通，不利于社会心理服务和危机干预工作的整体进行，更不利于突发公共卫生事件防控中社会心理服务和危机干预资源的科学、合理调配。另一方面，部门壁垒阻碍机制进一步发挥作用。社会心理服务和危机干预是一项系统性的社会治理工程，需要各有关部门协调发力。但就目前而言，虽然诸多部门都参与社会服务和危机干预制度建设，但缺乏有效的沟通和合作机制，社会心理服务和危机干预资源未能得到有效运用。

3. 综合施策干预不够

如今社会心理服务和危机干预工作多集中于救助已受创伤的“心理病人”，而对心理危机的预防和之后理性心理的重建则缺乏关注。在突发公共卫生事件初期，正是因为公众缺乏相应的心理预防指引和危机干预辅导，心理承受力普遍较弱，无法理性辨析各类谣言，群体恐慌、焦虑严重，甚至作出了诸多非理性化的判断与行为。此外，即使社会心理服务和危机干预力量侧向于心理救助，也存在精准施策能力较弱、未能适时因人调整社会心理服务和危机干预措施的情况，导致资源分配欠缺恰当性，未能发挥其应有作用。

三、矛盾纠纷预防与化解机制的法治化路径

前述所言，突发公共卫生事件中的矛盾纠纷预防与化解机制遭遇诸多困境，但不容置疑的是，突发公共卫生事件中的矛盾纠纷预防与化解机制具有重要的现实价值。首先，突发公共卫生事件中的矛盾纠纷预防与化解机制是突发公共卫生事件中的矛盾纠纷治理法治化的重要着力点。其结合“党的集中统一领导”“人民当家作主”“全面依法治国”“集中力量办大事”“以人民为中心”等显著制度优势，从解纷要素优化、解纷质量提升、解纷方式多元、解纷形式智能化、解纷体系完善等多角度实现突发公共卫生事件中的矛盾纠纷的有效预防与化解，推进社会治理法治化纠纷处理机制。其次，突发公共卫生事件中的矛盾纠纷预防与化解机制推进“诉源治理”实质化。[①] 通过构建一套系统完备、科学规范、运行高效的突发公共卫生事件中的矛盾纠纷防范与化解机制，整合资源，综合运用司法手段，探索高效化解纠纷的机制和策略，将社会制度优势转化为社会治理效能，不断提高从源头上、根本上预防化解矛盾纠纷的能力和水平，不断增强人民群众获得感、幸福感、安全感。最后，突发公共卫生事件中的矛盾纠纷预防与化解机制是实现社会治理效能最优化。突发公共卫生事件中的矛盾纠纷预防机制和化解机制相互配合、协同发力，共同有效预防、化解矛盾纠纷，有力地降低社会治理的成本，提高社会治理的效能，使得突发公共卫生事件中的矛盾纠纷或隐患对社会的不利

① 诉源治理就是从源头上化解诉讼案件，既可以从诉讼外部入手，也可以从诉讼内部进行。具体而言，它可以从三个层面加以实现：一是立足于基层治理，从根本上采取措施避免、减少纠纷的发生，实现基层善治；二是将非诉讼纠纷解决机制挺在前面，引导已经生成的纠纷通过前端防线有效解决和过滤；三是构建一个金字塔型的诉讼制度，优质高效化解已经形成诉讼的纠纷。参见郭彦．内外共治：成都法院推进“诉源治理”的新路径［J］．法律适用，2019（19）．

影响降低到最小，极大消除突发公共卫生事件对社会的负面影响，减少了突发公共卫生事件后期的社会恢复投入。同时，对应急状态下这些矛盾纠纷预防和化解机制的探索，推动社会治理方式更加现代化。而社会治理能力现代化要求将制度优势转化为治理效能，直接推动社会治理效能朝着最优化方向发展。

综上，突发公共卫生事件中的矛盾纠纷预防与化解机制是突发公共卫生事件中的矛盾纠纷治理法治化的重要着力点，也是推进“诉源治理”实质化的保障，更是实现社会治理效能最优化的内在要求。因此，应持续推进矛盾纠纷预防与化解的法治化路径建设。

（一）加强纠纷排查机制

在突发公共卫生事件的防控中，必须重视与加强基层纠纷排查工作的建设，使得其具备应急排查突发公共卫生事件中的矛盾纠纷的能力，干好一线工作。

1. 引入社会工作

社会工作是一种助人自助、解决社会问题的方法与制度。将其引入，不仅能够为基层提供高质量的社会服务，而且能够促进村或社区自组织能力的提高。落脚到基层突发公共卫生事件中的矛盾纠纷排查，社会工作的引入将为基层矛盾纠纷排查提供专业、高素质的人才，促进突发公共卫生事件中的矛盾纠纷的前端化解。同时，社会工作“反哺”社会自组织能力建设，调动更多村或社区居民参与突发公共卫生事件中的矛盾纠纷排查工作，缓解“人少事多”的矛盾。总的来说，引入社会工作将大幅提高突发公共卫生事件中的矛盾纠纷排查力量，提升纠纷排查的能力。那么该如何引进？就目前而言：一是可以采取政府购买服务的方法；二是可招募或吸纳更多社会工作专业毕业生到基层工作，壮大突发公共卫生事件中的矛盾纠纷排查力量，推动基层纠纷排查长效机制建设。

总之，为了有效排查突发公共卫生事件中的矛盾纠纷，应该不断拓展各种村或社区外的治理主体力量，综合利用多种有效的公共物品和公益服务资源，提高村或社区排查的专业性。

2. 明确各纠纷排查主体的权责

首先，强化司法行政机关的专业统筹和指导。一是司法行政机关作为纠纷排查的专门负责机构，可制定科学可行的“突发公共卫生事件中的矛盾纠纷排查方案”，明确部门下专职调解员队伍、法律顾问等专业团队的职责与任务，界分矛盾纠纷排查化解的范围与领域，切实协助基层做好矛盾纠纷化解工作。二是司法行政机关可指导各村居调委会积极主动做好本村居矛盾纠纷排查化解，积极发挥法律顾问的专业优势，加强对突发公共卫生事件中的纠纷的法律释疑和有效解决。① 三是司法行政机关可积极发挥线上法治宣传功能，运用基层司法所微信公众号，就突发公共卫生事件后期百姓重点关注的劳动关系、房屋租赁、合同纠纷等问题加强法治宣传，引导居民合理合法地维护自身权益。此外，司法行政机关也可编著《突发公共卫生事件中的矛盾纠纷法律问题问答》等科普读物，促进群众正确处理纠纷，减轻纠纷排查数量。

其次，发挥基层村或社区的主力军作用。基层村或社区是社会的基本单元格，是突发公共卫生事件中的矛盾纠纷排查的一线和主线。基层村或社区稳，社会稳，防突发公共卫生事件工作稳。对此，应将基层村或社区作为突发公共卫生事件中的矛盾纠纷排查的主力军，重视其纠纷排查能力的建设，增强其排查力量，使得其在突发公共卫生事件后期能够发挥其应有作用，使得大量纠纷发现在基层、化解在基层。特别地，应重视发挥网格员的作用，紧紧围绕“听、问、转、看”四字排查法，② 坚决落实日巡查、日报告制度，

① 本刊．深排查 解纷争 护稳定——全国各地司法行政机关积极组织开展矛盾纠纷排查化解工作[J]．人民调解，2022（07）．

② 如张家口沽源县莲花滩乡网格员坚持“四字”排查法做好矛盾隐患排查工作，具体而言，“听”，注重信息搜集工作，根据网格员对村内事物、人际关系情况了解的特点，到每个村中心村民集中地点听群众说什么、聊什么，通过听村民叨唠家长里短的能了解村内有无各类隐患、矛盾纠纷，及时掌握动态，及时解决问题、有效化解矛盾纠纷；“问”，对于听到的各类隐患和矛盾纠纷，一定要及时与村民面对面谈话、心贴心交流，及时掌握他们的思想动态，善于倾听民声，把话语权交与群众，相互敞开心扉聆听他们的想法，有针对性地开展矛盾化解工作，第一时间解决隐患；“急”，按照网格划分，网格员每天到所属网格内转一转，及时掌握民情动态，对于巡查发现的问题及时进行排查化解。认真收集群众诉求，及时解决群众所急；“看”，发挥基层网格哨点作用，网格员在巡查走访时搜集到的信息和需求，一定要到群众家里走一走、看一看，现场查看确认，存在安全隐患的务必第一时间完成化解。

及时了解问题、发现问题、解决问题，确保矛盾纠纷不扩大、不升级、不恶化。

最后，加强公安机关、法院的专业参与。突发公共卫生事件中的矛盾纠纷排查既是发现问题的渠道，也是解决问题的手段。公安机关作为社会专业治安机关，具有权威性和专业性，其具有补强作用。即在基层社区对突发公共卫生事件中的矛盾纠纷排查起主力军作用的前提之下，可以对群众举报或基层社区难以排查、较为疑难的矛盾纠纷进行攻坚，极大地促进此类矛盾纠纷排查工作的全面进行。而法院作为具有法律职能的司法机关，应在突发公共卫生事件中的矛盾纠纷排查中发挥其专业性。当然这种在纠纷排查中的法院专业参与，更多的是发挥一种指导作用。如前所述，基层村或社区为此类矛盾纠纷排查的主力军，但其在排查时难免会遭遇法律专业方面的难题，特别是涉及劳资关系的问题。法官可以指导社区排查，帮助社区发现企业可能存在的劳资隐患，根据审判经验帮助企业理顺劳资关系存在的困惑点，使得此类矛盾纠纷在基层排查中得到化解。

（二）强化纠纷预警机制

1. 推进地方立法建设

随着人类生产活动的增强，突发公共卫生事件的发生并非纯属偶然，频发性大大增加。有限的、临时的涉突发公共卫生事件的矛盾纠纷预警机制已难以满足现实的需要。在突发公共卫生事件肆虐的非常态的社会治理背景下，此类矛盾纠纷预警机制的运行应有更加充分的规范依据，使得其朝着制度化的方向发展，从而弥补暴露的问题缺陷，将行之有效的经验教训法治化，进行体系化立法，为突发公共卫生事件防控应对提供全面有力的法治保障。

目前来看，从国家立法层面来直接具体规范突发公共卫生事件中矛盾纠纷的预警的条件还不太成熟，难度较大。较为可行且现实的规范回应路径是：推动突发公共卫生事件中矛盾纠纷预警机制的地方立法建设进程，精细化地落实国家法律和政策的抽象规定，先从地方入手，从战略上提高突发公共卫生事件下社会矛盾纠纷预警的能力。此外，也应贯彻“回应型规范”向“预防型规范”转化的思路。注重源头治理路径，从事前防范出发，变被动为主动。这反映在立法方面，即要求将突发公共卫生事件中的矛盾纠纷的源头监测、研判和预警、预控作为相关立法的重点内容。更为具体化的是探索预警的机构、系统、程序等方面的规范。

以H省为例，可从两个方面做起：一是推进《突发公共卫生事件应急条例》的适时修订，总结突发公共卫生事件中的矛盾纠纷预警经验，将突发公共卫生事件下矛盾纠纷预警的组织构建、运行方式、信息支撑及相关配套保障制度化，为以后类似矛盾纠纷的预警提供制度和行为指引；二是建议加快制定《H省多元化解纠纷促进条例》，加强矛盾纠纷排查预警机制建设。从厦门、武汉、四川、上海等地出台的“多元纠纷促进条例”来看，多偏向于矛盾纠纷的化解，对于矛盾纠纷的预防，特别是矛盾纠纷的预警规定甚少，大都只是在总则中略有提及。① H省应以此次突发公共卫生事件中的矛盾纠纷预警机制的运行实践的成效与局限为契机，加快制定《H省多元化解纠纷促进条例》。具体而言可借鉴河北省《多元化解纠纷条例》，专章规定“源头预防”，明确提出纠纷预警的理念和做法。同时，适时吸收此次涉突发公共卫生事件的矛盾纠纷预防与化解的经验与教训，与时俱进，将矛盾纠纷预警摆在一个突出位置，设置矛盾纠纷预警机制运行的具体规范条款，通过矛盾纠纷预警的常态化机制建设推促矛盾纠纷预警机制的构建。

2. 打造“一站式”纠纷预警中心

突发公共卫生事件中的矛盾纠纷预警机制是非常态下社会矛盾纠纷防范和化解的重要基础。在新冠疫情防控期间，H省以信访为“前哨”探索的此类矛盾纠纷预警机制，临时聚合各部门力量，将此类矛盾纠纷预警机制的力

---

① 2015年4月1日，厦门市十四届人大常委会第二十五次会议以全票赞成，审议通过了《厦门经济特区多元化纠纷解决机制促进条例》，于2015年5月1日起在厦门经济特区范围内施行；武汉市第十四届人民代表大会常务委员会第二十一次会议通过《武汉市多元化解纠纷促进条例》，经湖北省第十三届人民代表大会常务委员会第九次会议批准，自2019年9月1日起施行；《四川省纠纷多元化解条例》于2019年11月28日四川省第十三届人民代表大会常务委员会第十四次会议通过；《上海市促进多元化解矛盾纠纷条例》由上海市第十五届人民代表大会常务委员会第二十九次会议于2021年2月26日通过，自2021年5月1日起施行。

量发挥到实处，切实及早、提早、超前地处理了众多此类矛盾纠纷隐患。但与此同时，我们也不得不承认，临时性的此类矛盾纠纷预警力量在协同性和联动性方面还是略显薄弱，难以完全有效发挥突发公共卫生事件中矛盾纠纷预警机制的作用。

众所周知，组织机构是机制运行的载体，突发公共卫生事件中的矛盾纠纷预警也不例外。要想使这种矛盾纠纷预警机制发挥更大作用，一个专业力量多元、运行高效灵活的组织机构是不可或缺的。在此，我们可尝试根据突发公共卫生事件中矛盾纠纷所显露的特殊性，结合国家治理变革的进程，借鉴浙江安吉县经验，以县域治理为驱动打造“一站式”纠纷预警中心以应对非常态下涉矛盾纠纷隐患的暴发。

（1）设置方式

以县域治理为驱动打造“一站式”纠纷预警中心（简称县级纠纷预警中心），是指由党委、政府统筹推进，整合纪委监委、政法委、公安、司法行政、法院、人力资源和社会保障、卫健委、商务、民政、自然资源、交通运输、农业农村、市场监督管理、文化旅游、应急管理、医疗保障、妇联等部门资源和力量，成建制地进驻一站式纠纷预警中心，集中办公。当然，这种“一站式”纠纷预警中心不是独立存在的，其与矛盾纠纷调处化解中心、社会治理事件处置中心一体化构筑了矛盾纠纷调处化解中心，打造了新兴的现代社会治理共同体。更为重要的是，置于矛盾纠纷调处化解中心之下的这种县级“一站式”纠纷预警中心，更易在非常态下发挥矛盾纠纷预警机制的作用。

首先，纠纷预警中心选择以县（区）级为基础，对县一级的信访及矛盾纠纷处理力量进行常态化的整合。在此需要注意两点：一是以县（区）级为基础，这绝不是无的放矢，而是与乡镇、市级进行对比后的慎重选择。与乡镇相比，县级机构齐全，方便各机构资源的调动和集合；而与市级相比，县级更加贴近群众，为突发公共卫生事件中矛盾纠纷预警的前端，更容易获取矛盾纠纷的初露信息，同时也能较好地兼顾涉矛盾纠纷预警的主动性和时效性。二是虽然突发公共卫生事件中矛盾纠纷预警中心设置的很大目的在于非常态下矛盾纠纷的预警，但中心力量的整合是非运动式的，是常态性的，是社会治理体制的创新，为纠纷预警中心稳定高效运行打下了坚实的基础。

其次，县级纠纷预警中心的建设不能一刀切，要根据各地的特点分类构建，要坚持比例原则。换句话说，机构设置要与当地人口、面积、经济、此类矛盾纠纷的实际演变状况相适应。可探索在机构设置、场地落实、人员进驻、机制集成上分三类地区推进，对于人口较多、经济发达、此类矛盾纠纷隐患频现、信访总量大的地区，原则上整合各种需要的部门资源进驻，解决部门参与协同不足，参与感不强的现状；对于人口相对较少，经济一般，此类矛盾纠纷隐患、信访量都相对较少的地区，则在满足突发公共卫生事件中矛盾纠纷预警中心基本功能的基础上，针对性地选择地区矛盾纠纷预警所急需的部门力量入驻；对于一些相对偏远、社会稳定的山区或者其他地区，根据实际需要集成办公。

最后，纠纷预警中心要有严格的考核指挥棒做指引。针对县级纠纷预警中心力量以各单位派驻为主的情况，对中心工作人员实行纠纷预警中心和派驻单位协同配合的双重管理考核，加强考核结果的刚性运用，与干部评优、选拔任用、问责追责相结合，充分调动工作人员的积极性，全面提高纠纷预警中心的实效。

（2）长效工作机制建设

纠纷预警中心能够根据排查与收集的此类矛盾纠纷信息，及时研判出矛盾纠纷特点、性质、发展趋势、可能引发的危害程度，及时作出预警，并能够提出精准的工作对策、化解措施。为此，应着手建设以下长效工作机制。

一是突发公共卫生事件中纠纷预警中心要特别重视发挥信访在此类矛盾纠纷预警中的“前哨”作用。二是突发公共卫生事件中纠纷预警中心要注重真正发挥群策群力的协同预警作用，实时研判与专题会议相结合。对于可能造成重大影响、疑难的此类矛盾纠纷隐患，纠纷预警中心可组织专题会议，引入相关领域专家团队，加强专业化、科学化支撑，形成准确的专门分析、应对报告，及时提交上级领导，为政府科学防控、治理提供可靠的依据。三是突发公共卫生事件中纠纷预警中心分级、分类精准预警。纠纷预警中心根据此类矛盾纠纷的紧急度、危害性、发展趋势、影响范围等，对突发公共卫生事件中矛盾纠纷预警进行动态分类，如一般预警、较重预警、重大预警、特别重大预警。针对一般、较重预警，预警中心可对接纠纷调处组织，及时化解；而对于重大预警或者特别重大预警，如前述所言，纠纷预警中心组织会议，撰写预警应对专报，及时上报上级机关。

（3）与其他治理主体的联通

县级纠纷预警中心，不仅仅着眼于分布式、多部门协调统一的预警模式，而且注重发挥县域治理的牵引、辐射作用，承上启下，带动突发公共卫生事件中矛盾纠纷预警机制的整体提高。

省市单位根据此类纠纷预警中心所作出的预警专报，负责统筹，及时调整突发公共卫生事件的防控政策，优化治理方式。对于乡镇、社区（村）等基层治理主体，矛盾纠纷调解中心发挥一线指挥部作用，压实其预警责任。矛盾纠纷预警机制的建构应与“横到边，纵到底”的基层组织网络相契合，通过“区—街道—社区（村）—网格”四级治理层级，将国家权力触角延伸到基层的每一个角落，以基层网格为单位收集、汇总矛盾纠纷信息，通过治理链条的延伸与拉长，不断实现治理重心和治理资源的下沉。

3. 推进基于大数据应用的云平台信息架构

诚然，打造以县域治理为驱动的“一站式”纠纷预警平台，理清预警组织体系，是涉突发公共卫生事件矛盾纠纷预警机制优化的关键。但我们必须明白，涉突发公共卫生事件矛盾纠纷预警机制的优化是一个系统的过程，要想使其走得更远、更好，需要有更强大的动力助推。就目前涉突发公共卫生事件矛盾纠纷预警机制在信息处理方面的优化而言，传统的信息处理方式在共享、整合等方面都无法满足实时有效追踪分析涉矛盾纠纷的需要。为此，我们有必要创新信息处理系统。以大数据、云计算等为技术手段，赋能涉突发公共卫生事件矛盾纠纷信息处理，架构基于大数据应用的云平台的信息处理系统，不失为一项最优的选择。现代大数据、云计算技术可以为涉突发公共卫生事件矛盾纠纷预警机制的优化注入更为强劲的发展动力，架构更为智能、开放、安全、便利的大数据分析云平台，全面提高海量涉突发公共卫生事件矛盾纠纷信息处理的质量和效率。当然，以大数据分析云平台为基础架构涉突发公共卫生事件矛盾纠纷信息处理系统不能脱离县级纠纷预警中心。唯有组织机构的合理化设置使得涉突发公共卫生事件矛盾纠纷预警机制的制度安排和运行制度设计呈现整体性和系统性，再加上信息技术的加持，涉突发公共卫生事件矛盾纠纷预警机制才能实现一种集成化的创新，进而实现优化。[①]

（1）大数据分析云平台的架构方案

涉突发公共卫生事件矛盾纠纷信息处理的大数据分析云平台[②]是以大数据[③]为基石，云计算[④]为技术支撑而架构的现代智能信息处理系统。它突破性地满足了涉突发公共卫生事件矛盾纠纷实时性、开放性、共享性的要求，为矛盾纠纷预警机制的发展注入了强劲的动力。更为具体地讲，矛盾纠纷信息大数据分析云平台采用最新的大数据分析技术实现了海量矛盾纠纷信息的准确、实时存储与整合，并利用云计算技术对其进行深度的分析和挖掘，形成有用的分析结果，并将其通过云平台传达至各类应用终端，从而提高对矛盾纠纷发展演变状况的实时感知能力，推动矛盾纠纷预警的高效、高质完成。[⑤]实质上，大数据分析云平台的这种构建方案恰好契合了现代纠纷信息处理系统所要求必备的要素。即一个完善的现代矛盾纠纷信息处理系统必须能够及时、通畅地发现纠纷，分析纠纷。据此，大数据分析云平台的架构可分解为三个层次的内容。

首先，基础服务层，即涉突发公共卫生事件矛盾纠纷公共信息云计算平台，这是矛盾纠纷大数据分析云平台架构的基础，也是矛盾纠纷信息处理效果彰显的根本所在。在此，我们有必要对其运行逻辑进行一定的说明。矛盾纠纷公共信息云计算平台两端分别连接着平台基础物理设施和最终用户。不

---

① 阎耀军．预测·预警·预控［M］．北京：社会科学文献出版社，2018：382-383.

② 云平台，又名云计算平台，是现代社会中重要的服务器端数据存储和处理中心，广泛应用于社会各个领域。而作为“云端”应用，用户可以通过客户端进行操作，发布指令，数据会在服务器中进行处理，而后反馈给客户。云平台最大的特点是用户可以在任何地点进行操作，且其数据可以实现共享。

③ 大数据主要是指在云计算、物联网技术之后的又一次的颠覆性的技术革新，具有数据存储量巨大、数据存储种类繁多、数据价值密度低与商业价值高、数据的处理速度巨快的特征。

④ 云计算是一种技术解决方案，利用这种技术可以解决计算、存储、数据库等一些列 IT 基础设施的按需构建需求。大数据为云计算提供运用场景，云计算则提供技术解决方案，为这些应用场景产生的大数据进行处理和挖掘。

⑤ 石森昌．社会矛盾预警及其大数据分析云平台建设［J］．社会工作，2015（04）.

言而喻，平台基础物理设施是平台的必须支撑物，如机房、电、服务器等。[①]在此之上为基础设施服务层，是涉突发公共卫生事件矛盾纠纷公共信息计算平台发挥作用的关键所在。基础设施服务层，以云计算技术为依托，开拓出云传输和云储存能力，即用户只要获得应用授权，仅在配备网络的情况下，即可通过平台进行操作，进行数据的上传和查看，进而形成“数据池”，实现数据的汇总、整合与共享，打破“信息孤岛”。基础设施服务层之上为平台服务支持层，主要为最后的应用软件层提供一个平台支持系统和平台开发功能，保证应用软件得以正常运行。应用软件服务层为最终用户提供相应的应用系统和软件服务，并提供各个部门进入平台的界面。从基础物理设施到基础设施服务层，再到平台服务支持层、应用软件层，最终进路到用户，使得用户即矛盾纠纷信息收集各部门不用构建自己的信息系统，只要获得授权登录，即可向云端实时传输排查得到的涉突发公共卫生事件矛盾纠纷信息，既避免了重复建设，也为实现数据共享提供了可能。

其次，数据分析层，主体是涉突发公共卫生事件矛盾纠纷预警大数据分析平台，这是矛盾纠纷数据分析云平台架构的核心，着眼于基础服务层所存储整合的数据，发挥云计算分析的实时性、功能的多样性等优势，对矛盾纠纷数据信息进行深度的处理和挖掘，最终产生对矛盾纠纷预警有用的信息，如涉突发公共卫生事件矛盾纠纷发展趋势的预测等。

最后，终端发布层，主体是涉突发公共卫生事件矛盾纠纷状况信息存储平台和预警信号平台，这是矛盾纠纷数据分析云平台架构的目的。在数据分析层完成数据分析，会将最后的处理结果传回、发布至云端，我们可以根据不同服务对象的不同需求向其提供不同的分析结果。

总而言之，涉突发公共卫生事件矛盾纠纷信息处理的大数据分析云平台通过基础服务层、数据分析层、终端发布层的逻辑进路，不仅实现了海量矛盾纠纷信息的高效汇集和整合，而且实现数据信息的共享，为矛盾纠纷预警赋予了强劲的发展动力。

---

① 曹立明．基于云计算的物流公共信息平台体系架构与设计［J］．价格月刊，2014（01）．

(2) 大数据分析云平台架构的基础保障

涉突发公共卫生事件矛盾纠纷信息大数据分析云平台的架构在做好技术支持的同时，还必须保障基础建设。首先，该大数据分析云平台的架构有赖于政府的主导。因为大数据分析云平台的建设依赖各部门以规范的方式通过应用端对所排查到的矛盾纠纷信息进行上传，显然仅仅依靠县级纠纷预警中心，是难以调动这些部门积极有效参与的。在此，唯有以政府为主导，方能实现各部门的规范参与，从而实现大数据分析云平台的架构。而县级纠纷预警中心只需要获得授权，即可充当平台的维护者和使用者。其次，要规范数据标准。尽快明确各部门收集矛盾纠纷信息数据的统一标准，可从制定格式化的矛盾纠纷登记表格①入手，推动数据在云端的有效、准确融合。

(3) 大数据分析云平台架构的优势

一方面，通过大数据分析云平台，各矛盾纠纷排查主体所排查到的涉突发公共卫生事件矛盾纠纷信息能够及时通过平台上传到“公共数据池”，减少了原先数据传递的中间环节。这直接打破了原先各部门间的信息壁垒，矛盾纠纷预警中心只要获得授权，即可对收集到的所有矛盾纠纷信息进行操作，极大提高了矛盾纠纷预警的全面性和有效性。同时，大数据云平台所具有的数据分析和终端发布功能也极大提高了矛盾纠纷预警中心信息处理的效率。预警中心在大数据分析云平台的助力之下，可以及时研判出矛盾纠纷发展趋势，提出可行的预警应对，将潜在的矛盾纠纷隐患消解于无形。

另一方面，大数据分析云平台的作用是对与涉突发公共卫生事件矛盾纠纷相关的信息进行全面的收集、整合以及初步的分析，甚至提出相应的预警建议。而纠纷预警中心则利用其初步整合、分析过的数据，根据专业知识和工作经验，精准研判矛盾纠纷的发展趋势，提出科学的应对建议，促进纠纷的高效、高质解决。

---

① 格式化的涉突发公共卫生事件矛盾纠纷信息登记表可包括当事人基本情况、主要事由、矛盾性质、评估级别、排查人、录入单位等项目。

4. 完善预警预控连锁程序

预控是预警的目的、归宿，是对预警的理性反映，是预警的必然延续。没有预控，预警的意义也就不能彰显。因此，对现今因涉突发公共卫生事件矛盾纠纷预警与预控衔接不强而导致预控难以实现预警应对目标的现实必须予以纠正。即必须强化矛盾纠纷预警与预控机制间的衔接，促进预警预控连锁机制建设。

(1) 强化预警应对措施的实效性

坚持以预防性法治理念为先导、以纠纷发展特性为抓手、以“共建共治共享”为指引的基本优化方向，在对涉突发公共卫生事件矛盾纠纷预警机制运行优化作出规范回应的基础之上，倾力打造“一站式”矛盾纠纷预警中心，并通过大数据赋能支撑矛盾纠纷预警信息大数据分析云平台架构，有力地优化矛盾纠纷预警机制，提出有针对性的预警应对措施。然而，要使得矛盾纠纷预警机制实现一种集成化的创新，完善矛盾纠纷预警预控连锁程序势在必行。其中，强化矛盾纠纷预警应对措施的实效性是完善矛盾纠纷预警预控连锁程序的前提性条件。即只有增强矛盾纠纷预警应对措施的实效性，才能促进矛盾纠纷预警预控连锁程序的平稳运行，才能真正发挥矛盾纠纷预警机制的作用，才能从源头上阻断矛盾纠纷隐患的发展，及早防范风险，降低未来突发公共卫生事件中矛盾纠纷预警的难度。

具体而言，可加强预警应对措施的模拟演练。党委政府加大对“一站式”纠纷预警中心的支持力度，建立相应的预警应对措施模拟演练制度，定期培训与演练；增强“一站式”纠纷预警中心与各行政部门的协调合作制度，使得“一站式”纠纷预警中心作出的矛盾纠纷预警应对措施不仅具有针对性，而且具有可执行性，真正强化应急预警应对措施的实效性，促进矛盾纠纷预警预控连锁程序的完善。

(2) 明确适当、合理的奖惩制度

明确适当、合理的奖惩制度是强化涉突发公共卫生事件矛盾纠纷预警机制与预控机制衔接运转的必要手段。特别是在突发公共卫生事件背景之下，完善预警预控连锁程序更要有严格的考核奖惩程序做指引。

一方面，强化正向激励机制，从关心慰问、宣传表彰、深造提升、提拔重用等多方面激励预警应对实施者，充分调动其预控行为的积极性。另一方面，全面落实反向鞭策，对不为、慢为、乱为者，通过教育提醒、通报批评、组织调整、问责惩戒、制度约束等“利器”，让“虚干者”没有市场。通过正向激励和反向鞭策相结合，全面提高矛盾纠纷预警应对的实效，使得预控真正有效，让矛盾纠纷真正在前端予以化解，减少后续司法投入，促进社会的公平正义，维护社会稳定。

（三）优化司法政策

为了避免人民法院在创制司法政策过程中偏重解释化、倾向危机治理和偏求价值同一等问题的出现，必须从司法政策出台的指导原则与出台程序等两方面进行优化与矫正。

1. 司法政策出台的指导原则

首先，保持司法政策中危机治理与司法规律的统一。在突发公共卫生事件暴发及其后期，各类涉突发公共卫生事件矛盾纠纷对司法机关的审判和解纷工作提出了新要求。法院在制定和出台应对这些矛盾纠纷化解的司法政策时势必要将突发公共卫生事件危机治理的导向与目标融入其中。但同时，法院在创制适用于突发公共卫生事件期间的司法政策时不能一味地偏向危机治理导向而忽略了司法规律。其次，坚持司法政策的导向同一与实施差异。由于不同地区突发公共卫生事件发展态势各异、司法机关解纷资源不均、涉突发公共卫生事件矛盾纠纷类型差异，在司法政策危机治理宏观导向保持同一的同时，还需根据各地突发公共卫生事件、纠纷、司法资源等各种变量的不同而对具体纠纷解决等做政策规定与实施时做差异化规定。

2. 优化法院创制司法政策的程序

（1）优化法院创制司法政策的事前程序

第一，明确创制司法政策的启动条件。必须坚持谨慎的原则设立创制司法政策的启动条件，具体包括：法院创制司法政策的行为是应对当前突发公共卫生事件中面临的疑难现状所需；类型化的涉突发公共卫生事件矛盾纠纷当事人穷尽现有的司法资源但仍然得不到有效救济；拟创制司法政策所救济的权益具有现实紧迫性；司法政策中的措施对公共利益侵害最小；司法政策在一般意义上能够实现现有司法程序的优化或完善。

第二，探索政策创制前的大数据辅助决策机制。社会危机状态下，大数据辅助决策机制在推动司法政策创制活动高效化，增强司法政策联动性，提升司法政策方案精准度方面起到了积极的效果。[①] 具体可以从以下几个环节开展探索与尝试：法院可以搭建一站式服务中心的在线平台，并且探索各级法院之立案、审理、送达、执行、监督等各个环节数据共享；还可以与公安、检察等机关实现数据联通与交换，打破不同部门间的数据孤岛现象。在有充足数据的基础上进行数据分析，准确把握突发公共卫生事件期间各地区共同之处及不同地区突发公共卫生事件发展态势和涉突发公共卫生事件矛盾纠纷的不同，进而对法院司法决策的创制提供数据参考，不论是共同之处还是差异之处均能涵盖到位。

（2）完善法院创制司法政策的事中程序

第一，确保民主参与。民主参与是司法政策的正当性保证。具体可从以下几方面入手：首先，完善信息公开，利用公告、网络等方式完成信息披露，让包括群众、社会组织等各类主体都能够及时有效地获悉司法政策创制的相关信息，让全社会真正参与创制司法政策，使群众和社会的切实需求在司法政策中有所体现。其次，整合专家资源，构建动态开放、多元互补的司法政策专家咨询机制，畅通司法政策创制与专家咨询之间的沟通渠道。专家咨询的作用并不只限于政策出台之前，对政策执行的指导、咨询与评估同样应是专家咨询的重要内容。[②] 再次，健全民主参与方式，可以通过座谈、听证等方式，让与司法政策涉及的利益相关主体能够充分表达意见。

① 韩玉亭．人民法院创制司法政策参与社会治理的动力溯源及路径优化——以1071项新冠肺炎疫情防控司法政策文件为中心的分析［J］．政治与法律，2021（04）．

② 姜晓萍，范逢春．地方政府建立行政决策专家咨询制度的探索与创新［J］．中国行政管理，2005（02）．

第二，完善合法性审查。司法政策的合法性审查能够确保拟出台政策的合法性与科学性，是避免司法政策越轨的重要保障。首先，要注重司法政策的合法性审查范围，主要包括审查政策的创制程序、上位法依据、政策规范内容等是否合法。其次，审查主体及启动方式为内部主动审查与外部监督审查相结合。内部主动审查一般由法院牵头，对拟创制和出台的司法政策进行常规化的自我审查；外部监督审查一般由法院系统外利益相关主体推动法院被动启动司法政策的合法性审查。

（3）强化法院创制司法政策的事后程序

第一，构建司法政策效果评估机制，以检视已出台司法政策的效果。具体可以从以下三方面进行司法政策的效果评估：首先，需要确立政策效果评估的标准。建议评估标准从成本大小、公正与否、回馈好坏等方面着手制定。具体而言，可以分别从司法政策出台实施后，面对突发公共卫生事件时各类社会资源的分配、利益关系是否缓和、政策指向的利益相关当事人之需求是否满足、政策执行所耗费成本与效果收益之间是否对等等方面进行评估。其次，开展全方面综合评估。综合运用法律职业共同体评估、法院自我评估、利益相关当事人评估、新旧政策对比评估等多种评估方法，科学评测司法政策的实际效果。[①] 最后，审慎吸收评估结果。法院要基于评估结果，分析司法政策中存在的问题与不足，吸收经验与教训，并以此为导向，为未来政策的创制提供经验与建议。第二，健全司法政策的立改废机制，以充分发挥司法政策的引领推动作用。建议定期对已出台司法政策进行整理清理，根据政策出台时背景环境及突发公共卫生事件的发展演变，及时消除既有政策在价值取向、内容规范等方面与上位法和现下环境与需求不相适应的情况。第三，落实政策违规的责任追究机制。明确责任追究的对象，细化责任类型及责任承担方式。依照司法机关及其工作人员参与司法政策创制过程中违规行为的情节轻重以及社会危害程度的不同，按照主体性质差异，分配道德、行政、刑事等多种类型的责任。通过完善责任追究机制的系列程序性规定，真正使责任追究活动有章可循。

① 匡跃辉．科技政策评估：标准与方法［J］．科学管理研究，2005（06）．

（四）完善纠纷化解机制

1. 优先调解方式化解矛盾纠纷

面对突发公共卫生事件中的矛盾纠纷时，调解是最快速、最有效的纠纷解决方式之一。首先，调解具有更强的包容性，可以跳出法律对利益或者权利的限定，着眼于未来利益，追求间接利益、长远利益、精神利益等。换句话说，调解注重于“做大蛋糕”，能够挖掘出新的利益、发现更多元的利益诉求。在调解中，当事人甚至可以为了获取面子、名誉等无形的精神利益而选择对部分物质利益作出让步。其次，调解的内容、手段、程序、方式方法等更具创新性。在协商自愿的前提下，调解当事人可以自由选择各种程序。比如可以运用电话或线上调解平台，在调解过程中也可经当事人合意对调解程序提出各种有创意的改变。在信息化时代，线上调解等创新型调解模式也在持续发展。综合来看，创新性的调解方式和手段化解纠纷，案结人和，实现当事人之间的共赢，产生了较为理想的社会效果。

2. 建设一站式多元解纷服务

周强在全国高级法院院长座谈会上强调，要全面推进一站式多元解纷和诉讼服务体系建设，加快构建中国特色纠纷解决和诉讼服务模式。突发公共卫生事件一旦暴发，其引发矛盾纠纷数量的增长及类型化发展趋势，都对解纷手段和方式提出了新的要求，也为一站式诉讼服务中心的建设提供了契机。

首先，建议加快制定出台《多元化纠纷解决机制促进条例》，明确规定针对涉突发公共卫生事件等特殊案件，各相关职能部门在纠纷化解方面的职能分工及协作机制；同时针对典型类型或矛盾突出的突发公共卫生事件矛盾纠纷案件设立“绿色通道”，指定专门队伍分别负责不同类型案件的诉讼服务、诉调对接工作，积极发挥多元解纷机制作用，联合人民调解、行政调解、行业组织调解等，努力在诉前化解因突发公共卫生事件产生的矛盾纠纷。其次，总结有益经验和做法，加强全省乃至全国法院一站式服务体系的建设。在法院诉讼服务大厅公开服务清单，列明登记立案、网上立案、在线调解等规范性文件；设立导诉、立案、法官约见等区域，同时设置专门调解速裁区，集成诉讼辅导、自助评估、多元调解、速裁快审、法律援助等功能。此外，还可设置市民评价区域，广泛收集对一站式诉讼服务中心的意见建议，不断优化和提升诉讼服务的质量与效率。①

3. 更新司法裁判理念

（1）保持统一的司法理念

各级法院之间要统一司法理念，考虑司法裁判观念及其与审理方式的配合问题，特别要保证审判理念方面的内部统一，避免出现同案不同判或类案不同判的情况发生。

（2）树立“公平审慎”的司法理念

突发公共卫生事件期间涉及民生的矛盾纠纷较多，如劳动用工、薪资待遇、企业生产经营等方面的纠纷。在审理相关民事案件时，必须坚持公平审慎的理念。“公平”是要充分考虑突发公共卫生事件引发案件的具体情形，避免任何一方当事人因不可抗力或情势变更承担其本不应承担的法律后果；“审慎”意味着在审理案件过程中加强证据等审查，从法律效果与社会效果统一等多方面综合考量案件，进一步落实以人民为中心的理念。

（3）突出“既有力度又有温度”的司法理念

司法裁判既要体现法律刚性，也要体现对关怀民生柔性，法院在坚持法律底线的同时，要秉承“六稳六保”理念，加强人文关怀，做好释明工作。首先，坚持做好“六稳六保”工作。中共中央政治局会议在“六稳”的基础上进一步提出“六保”，即保居民就业、保基本民生、保市场主体、保粮食能源安全、保产业链供应链稳定、保基层运转。强调兜住底线、守好基本盘，更强调增强底线思维，为应对突发公共卫生事件冲击、推动经济平稳运行把脉定向。其次，法院要加强人文关怀，做好释明工作。在司法裁判中既要体现法律刚性，也要体现对民生的柔性；不仅要有力度、有高度，还要有温度。

① 如浏阳市法院和长沙市芙蓉区法院均以突发公共卫生事件为契机，大力建设一站式多元解纷和诉讼服务体系，走在了湖南省法院的前列。

建议各省高院出台突发公共卫生事件期间案件审理的指导意见，明确立案时可减缓免诉讼费、优先排期；审判时灵活处理、因案制宜、妥善实施财产保全及执行措施。

4. 细化规则与案例指导

（1）完善裁判标准与尺度

首先，统一裁判标准。法院裁判的统一具有价值引领和法律指引的作用，可以让市场主体知道哪些行为受法律保护，哪些行为被法律所禁止；遵守法律会产生何种法律效果，违反法律要承担何种责任。因此当市场主体在经营的活动中遇到了矛盾纠纷，如果有管用、好用、稳定、可预期的司法途径来解决问题，市场主体就会对这个市场更加充满信心，就会在市场经营中更加安身、安心和安业。其次，加强审判团队的专业化。对频发的突发公共卫生事件矛盾纠纷进行类型化分析，包括合同争议、劳动争议、金融纠纷等不同种类，组建分门别类的审判工作室或审判小组。在复工复产阶段，还可根据国家优化法治营商环境等需求，对标世行标准，组建专门的物资营商审判团队、融资借贷、审判团队、市场化破产审判团队等，让复工复产阶段的法院审判更加专业化与精细化，进而及时准确地化解矛盾纠纷。

（2）加强审判经验政策化与法治化

首先，加强对案件问题的调研分析。针对审判中遇到的典型案件，及时总结完善，针对重难点问题可向有关部门提出司法建议。其次，加强案例报送工作。及时发布《突发公共卫生事件防控和企业复工复产指导案例》，将创造性实践经验固化为可复制可推广的模式，并通过内网、官网、公众平台等方式予以公布，加大典型案例的宣传推广，为公众提供指引，为法官提供参照。最后，加强审判实践的法治化。最高人民法院从大框架的角度为法院提供了法律适用的指引，但是真正的智慧终究来自司法一线。突发公共卫生事件是检验相关法律法规是否完善的重要契机，针对司法实践中遇到的困难及其他不尽完善的地方，总结分析后补齐存在的短板不足；针对实践中挖掘和发现的创造性有利经验，与理论相结合，将之变成可复制可推广的经验与模式，甚至在政策和法律层面加以固定。

(3) 坚持服务保障稳就业的理念

为了促进突发公共卫生事件后社会各行各业复工复产，推动社会经济可持续发展，要坚持促稳定促发展、助推社会复工复产等理念，准确把握各类劳动就业纠纷的特征和审判要求，适时制定司法政策，发布典型案例，统一裁判标准，发挥个案裁判和司法政策引领作用，推动形成新就业形态用工综合治理机制，既要灵活又要审慎地依法合理认定新就业形态的劳动关系，加强对劳动者合法权益的保障。同时，还要积极引导用人单位与职工协商，推动构建和谐劳动关系，努力寻找用人单位和劳动者之间的最佳利益平衡点和结合点，保障劳动者合法权益和就业稳定，为用人单位生存发展、有序运转创造条件。

(4) 妥善运用保全及执行措施

首先，因案制宜，预先进行风险评估，严格审查财产保全和执行措施的必要性。其次，审查后对无法继续生产经营的企业，可以进一步加大财产保全力度，在最短的时间内穷尽措施，最大限度维护债权人的权益；对重点企业或经营状况良好的原告，在一定数额内免除其担保责任，如其作为被告，免除对其的查封保全措施，避免过度保全损害企业的正常运营。最后，必须采取保全措施时，变通适用，避免对被告经营必需的货款等与生产经营密切相关的财务进行保全，以减少对企业整体经营的影响。

（五）促进在线解纷机制

2020年最高人民法院发布了《民事诉讼程序繁简分流改革试点实施办法》（以下简称《试点实施办法》）及《关于新冠肺炎疫情防控期间加强和规范在线诉讼工作的通知》，提到各级法院可以自行完善在线办理流程和在线诉讼规程。目前山东、上海、江苏、辽宁等地法院均出台规范运用互联网庭审系统开展诉讼活动暂行规定。

1. 明确在线诉讼适用范围

目前法律法规仅对在线诉讼的适用范围进行了否定性规定。根据突发公共卫生事件期间各法院开展在线诉讼的经验总结，可以对适用范围进行以下细化：第一，事实清楚、案情简单、证据清晰的案件；第二，标的额较小的案件可以适用在线诉讼。而技术条件不支持、未获得双方当事人同意、证据复杂需核实证据原件、当事人人数众多、在线开庭可能泄露隐私等重要信息的案件，不适用线上开庭。法院应尽量尊重当事人的选择权。根据《试点实施办法》当事人有权选择是否在线庭审，但是法院对案件的审理和开展有最终决定权，因此须尽可能地尊重当事人的选择权。

2. 严肃在线法庭纪律

线上庭审不同于传统线下庭审，法官难以掌控庭审参加人在镜头背后的举动。因此在既有规范的基础上，还应当制定线上开庭的特殊规则，严肃线上庭审法庭纪律，增强在线解纷机制体验感、提高法庭威严、加强法官证据的在线审查、确保诉讼参加人如实陈述。具体可以包括：（1）当事人应当善意使用在线诉讼平台，尊重法庭，在庭审中不得处理与庭审无关的事项；（2）保持完整参与，未经对方当事人及审判长同意，不得随意切断或离开视频界面，影响审判的持续开展；（3）当事人应保证其提交的电子化证据及在线展示的证据与原件一致性等其他具体规则。法官在线上需把控好庭审纪律与进程，及时制止当事人及诉讼参与人影响庭审进程的各种行为；情节严重的，可以进行训诫、罚款。

3. 加强法院信息化建设

首先，壮大法院信息化人才队伍。信息化是推行在线司法的基石，而信息化人才在建设在线司法道路中必不可少。目前法院审执人员多是法学专业的人才，少有精通信息技术的人才，因此突发公共卫生事件期间开展线上诉讼的过程中，平台操作不熟练等问题时有发生。对此，可以加强与高校信息技术专业的合作，对法院审判和执行人员的定期网络信息技术培训，优先挑选能快速接受新知识，学习能力较强的中青年，先使法院部分工作人员能基本掌握乃至精通在线解纷机制所需信息技术，在此基础上，通过一对一的帮扶，让中青年工作人员帮助年纪稍长的法官等学习信息技术知识。其次，筑牢网络信息安全屏障。习近平总书记在网络信息安全和信息化工作座谈会上曾指出，网络安全和信息化是相辅相成的。安全是发展的前提，发展是安全的保障，安全和发展要同步推进。在线司法的发展途中，一定要紧抓网络信息的安全保护。第一，要加强法院人员对信息安全的保护意识，借助信息化技术人才提前摸排信息安全隐患；第二，要加强网络信息安全保护系统的建设，尤其注意对案件中涉密、涉隐私信息的加密与保护。

（六）健全社会心理服务和危机干预机制

1. 凝聚机制合力

第一，保障法律规范供给。社会心理服务和危机干预机制作为应急管理体系建设的重要组成部分，应该将其纳入法律规范。特别是要明确其内容，进一步构建从预警、研判、干预到救助、重建的体系化制度，为应急管理状态下社会服务心理和危机干预工作的开展提供法治保障。另外，法律规范的供给，也进一步增强了社会心理服务和危机干预的可操作性，减少了突发公共卫生事件矛盾纠纷的发生，稳定了社会秩序。

第二，扩充社会心理服务和危机干预的人才队伍。通过专业人才培养、职业培训和职业资格设置等多种方式和渠道加强专业的社会心理服务人才队伍建设。同时吸收社会心理公益力量，扩大心理服务和危机干预力量。当然社会心理公益力量在专业技能方面难免不足，故在对其加强专业培训的同时，有序引导其偏侧参与社会心理服务工作。至于危机干预工作难度较大，处理不当甚至可能引发二次危机，则由专业队伍处理为宜。

第三，加强主体协同联动。一方面，社会心理服务和危机干预行业内部要加强合作。在重大突发公共卫生事件防控之中，行业孤立发展、自行应对显然难以应对复杂情形，也无法发挥其应有的社会救济作用。在此，唯有整合规范内部专业资源，凝聚共力，构建社会心理服务共同体，社会心理服务行业才能为人民提供更加有序、科学、专业的服务，才能发挥其应有作用。同时，相关主管部门也要加强管理，规范各类社会心理服务机构和从业者，促进其有序、高质、协调参与应急社会心理服务和危机干预。

另一方面，落实优化党政领导、部门协同的联动机制，以需要和问题为导向，有效促进资源的整合和流动，加快各部门的协同互动，提升应急下的响应效率，使得社会心理服务和危机干预资源发挥“1+1>2”的力量。如在突发公共卫生事件防控初期，各部门在党委领导之下要迅速实现联动，以卫健委为归口，整合社会心理服务和危机干预资源，及时投入社会，发挥预警、干预、引导的正向作用，避免社会因舆论偏差而产生恐慌，扰乱甚至破坏社会秩序。

此外，政府和组织在自发性干预方式方面要实现转变，如强化政府新闻问答中的社会关切问题的正面与积极应答、增加科学家专业发声等，增加权威发声与释疑，稳定社会心理。

2. 分时、分类、精准施策

首先，在突发公共卫生事件暴发与防控初期，要切实加强社会心理监测、研判、预警，及时跟进，适时进行社会心理危机干预，正确引导社会公众走出恐慌。特别是要重视重大突发公共卫生事件中谣言的监测、处理，及时引导，防止公众的心理与行为因此而失序。在突发公共卫生事件初期，如能及时进行社会心理服务和危机干预，对群众进行心理疏导，缓解其压抑、迷茫、恐慌心理，在很大程度上可以避免公众以一种无序方式释放自己的心理压抑。

其次，在突发公共卫生事件防控吃紧时期，要精准分配社会心理服务和危机干预资源。突发公共卫生事件防控最吃紧之时是心理救助最该发挥作用之时。此时，感染者及家属、防控一线工作人员等特殊社会群体，心理正处于极度焦虑或恐慌或疲惫之时，急需社会心理服务人员救助或干预。在此，应该及时给予其必要的心理疏导或干预或救助，缓解其心理压抑，治疗其心理创伤，减轻社会压抑，营造良好的防控氛围。

最后，在突发公共卫生事件防控常态化下，要加强理性心理的重建。心理健康和身体健康同样重要，要强化心理文化建设。除了持续性地助力社会公众恢复自信心、平常心外，危机教育必须常态化，必须深入每一个人的心中。公众才能在未来可能的突发公共卫生事件中从容应对，从而提高应急效能、减少危机损失、营造稳定的社会秩序。具体而言可以从以下做起：一是从学校教育抓起，学校要加大危机教育课程的开设，使学生树立基本的危机意识，培养应对危机的能力和素养；二是以社区教育为载体，在社区开展心理健康服务、普及基础的心理知识，提高公众自我适应性和危机应对能力；三是加大宣传力度，在全社会形成危机意识和危机应对的氛围。

第五章

突发公共卫生事件中海外利益保障的法治化

习近平总书记指出，这次疫情告诫我们，各国是休戚与共的命运共同体，重大危机面前没有谁能够独善其身，团结合作是应对挑战的必然选择。[①] 因此，在突发公共卫生事件引发全球公共安全关切、美西方的全面干预和打压，以及全球经济下行和社会矛盾等多重危机的叠加下，我国更应该积极保障海外利益和安全，建立国际法治秩序新机制以维护我国的政治和国家安全，保障海外公民的生命健康和投资利益。

在国内，我国在始终坚持人民至上、生命至上的根本理念指引下，用三年时间全力应对突发公共卫生事件冲击，在保护人民生命安全和身体健康上取得了重大坚实的成就。在此基础上为适应疫情防控新形势和新冠病毒变异株新特点，中国主动、科学、及时、必要地优化了抗疫举措，统筹疫情防控和经济社会发展，保障人民正常的生产生活。这些疫情防控政策调整为中外人员有序往来和各国经济社会发展创造了有利条件。与此同时，国际格局也正在经历着深刻而复杂的变化，完善全球治理的呼声越来越高，我国应积极推广因时制宜、不断丰富的抗疫经验，以及化解涉疫矛盾纠纷的优秀做法。

---

① 中华人民共和国中央人民政府．习近平在第三届中国国际进口博览会开幕式上的主旨演讲（全文）［EB/OL］．（2020-11-4）［2023-3-9］．http：//www.gov.cn/xinwen/2020-11/04/content_5557392.htm.

同时，在人类命运共同体视域下，推动全球治理体系变革，成为国际秩序的积极参与者、建设者、引领者，以勇于担当的精神更加积极地参与全球治理体系改革和建设，提出共商共建共享的全球治理观，倡导真正的多边主义和国际关系民主化、法治化。[①] 2022 年 10 月，习近平总书记在党的二十大报告中进一步阐释了中国在维护国家安全，推动国际关系和国际秩序以及全球合作上的主张，相关要求将成为我国深度参与涉疫矛盾国际治理秩序重构，推进建立以联合国为核心的国际秩序的理论保障。

一、海外利益保障的法治化是新时代的必然要求

习近平总书记在党的二十大报告中指出，坚定维护国家政权安全、制度安全、意识形态安全，加强重点领域安全能力建设，确保粮食、能源资源、重要产业链供应链安全，加强海外安全保障能力建设，维护我国公民、法人在海外合法权益，维护海洋权益，坚定捍卫国家主权、安全、发展利益。[②] 此外，更好统筹国内国际两个大局，更好统筹疫情防控和经济社会发展，更好统筹发展和安全，党的二十届二中全会深入分析当前我国发展面临的机遇和挑战，强调全党同志必须坚定信心，保持战略清醒，发扬斗争精神，做到“三个更好统筹”，努力实现今年各项目标任务。[③] 因此，为更好应对突发公共卫生事件对我国海外公民生命健康和财产安全的冲击，更好维护我国的海外利益，适应新时代国家海外利益保护的新要求，有效构建防范和化解海外风险的法治化机制尤为迫切和必要。

（一）坚持总体国家安全观统筹发展和安全

习近平总书记在党的二十大报告中指出，我们要坚持以人民安全为宗旨、

---

① 孙吉胜．不断为人类作出更大贡献［N］．人民日报，2022-9-2（09）.

② 习近平．高举中国特色社会主义伟大旗帜 为全面建设社会主义现代化国家而团结奋斗——在中国共产党第二十次全国代表大会上的报告［J］．中国人大，2022（21）.

③ 本报评论员．做到“三个更好统筹”，努力实现今年各项目标任务［N］．人民日报，2023-03-04（005）.

以政治安全为根本、以经济安全为基础、以军事科技文化社会安全为保障、以促进国际安全为依托，统筹外部安全和内部安全、国土安全和国民安全、传统安全和非传统安全、自身安全和共同安全，统筹维护和塑造国家安全，夯实国家安全和社会稳定基层基础，完善参与全球安全治理机制，建设更高水平的平安中国，以新安全格局保障新发展格局。①

当前，我国正面临着百年未有之大变局，以美国为首的西方势力试图借助疫情抹黑中国，以遏制中国的崛起，严重危害我国的国家安全和发展利益。例如，我国根据疫情最新变化，不断主动优化突发公共卫生事件防控措施。对此，西方媒体开始出现质疑、诋毁甚至抹黑中国防疫政策调整的声音，全然忘却过去三年，在致病和毒性更为强烈的新冠病毒传播中，西方国家率先“躺平”并将本国民众暴露在新冠病毒之中。事实上，一直以来中国都是全球疫情防范最为严格，也是最为有效的国家，在应对疫情的三年中，中国防控措施因疫情形势变化多有调整，但人民至上、生命至上的初衷始终没有改变，这一成就是全体国人有目共睹、感同身受的。因此，面对纷繁复杂的国际局势，坚定贯彻落实总体国家安全观，更好地处理发展和安全的关系，维护我国的国家安全和海外利益变得尤为迫切和重要。

党的十八大以来，随着改革开放的步子越迈越大，我国与世界的互动越来越密切、交流越来越频繁。尤其互联网时代造就了人才、技术、资金、信息跨国界大规模流动，给国家发展和安全带来的风险也越来越大。面对国际环境和国内发展阶段发生的深刻变化，习近平总书记作出了“越开放越要重视安全，越要统筹好发展和安全”② 的科学论断，为正确处理改革开放、发展和安全的关系指明了方向。在发展上，必须提升开放发展的广度和深度。习近平总书记要求我们必须在更大范围、更广领域和更高层次上开展国际经济合作，充分发挥我国超大规模市场优势，充分利用国内国际两个市场两种资源，集聚全球优质资源，在国内国际双循环相互促进中实现高质量发展。在安全上，习近平总书记提出总体国家安全观，要求必须既重视外部安全，又

① 习近平．高举中国特色社会主义伟大旗帜 为全面建设社会主义现代化国家而团结奋斗——在中国共产党第二十次全国代表大会上的报告［J］．中国人大，2022（21）．

② 习近平．在经济社会领域专家座谈会上的讲话［M］．北京：人民出版社，2020，8．

重视内部安全，对内求发展、求变革、求稳定、建设平安中国，对外求和平、求合作、求共赢、建设和谐世界。①

我国改革开放后出现的风险存在于多领域。首先，在政治领域，越是改革开放，越容易引发不同观念的碰撞、思想意识的多元、文化价值的争夺，为西方反华势力乘机宣扬“普世价值”制造了突破口。而互联网的发展更是为其提供便利，使得渗透力度更强，在我国企图制造“颜色革命”颠覆我国政权和社会主义制度。例如，在疫情时代，西方反华势力依旧没有放过渗透、颠覆我国政权的“机会”，我国相关部门和专家学者应当及时站出来，充分让人民群众感受到更多的公信力和安定感，以维护社会的稳定有序。在这样一个充斥着敏感、非理性情绪的防疫信息场，经过了第一波感染高峰，经历了一定程度的“失序”后，大家才能真正学会坦然与病毒“共存”，并对各种未经证实的传言谬论产生更多的免疫力。但在此之前，我们的社会可以做得更多，以最大程度缓解这种“失序”的程度，缩短这种“混乱”的过程。例如，加速提升对症防疫医疗资源、药物的可及性；涉疫信息的发布、科普的跟进，更多主动性、针对性，而不止于对各种传言的回应。尤其是公共部门和专家学者，要通过增强政策的连续性、可预期性、透明度，及判断的专业度，赢得更多的公信力。为此习近平总书记明确指出总体国家安全观要“以人民安全为宗旨，以政治安全为根本”，我们的改革方向就是不断推动社会主义制度自我完善和发展，而不是往西方政治制度的方向改。其次，在经济领域，越是改革开放，我国的经济深度融入全球经济秩序中，国际危机和世界经济波动随时会波及我国经济发展，带来“黑天鹅”事件或“灰犀牛”事件，影响我国经济发展和社会稳定。这要求遵循金融发展规律，紧紧围绕服务实体经济、防控金融风险、深化金融改革三项任务。创新和完善金融调控，健全现代金融企业制度，完善金融市场体系，推进构建现代金融监管框架，加快转变金融发展方式。健全符合我国国情的金融法治体系，保障国家金融安全，促进经济和金融良性循环、健康发展。最后，在科技领域，越是改革开放，我国在科技领域越容易与西方国家形成市场分工。在核心技术领域依

---

① 张小虎．习近平法治思想与新时代中非法律合作［J］．中国非洲学刊，2022（02）．

赖西方技术进口，面临西方“卡脖子”风险，甚至被长期锁在产业分工格局的低端，而高端科技就是现代的国之利器。只有把核心技术掌握在自己手中才能真正掌握竞争和发展的主动权，才能从根本上保障国家经济安全、国防安全和其他安全。为此，在新一轮科技革命和产业变革大势中，科技创新必须摆在国家发展全局的核心位置。①

（二）有效防控疫情 推动海外经济发展

习近平总书记在党的二十大报告中指出，必须完整、准确、全面贯彻新发展理念，坚持社会主义市场经济改革方向，坚持高水平对外开放，加快构建以国内大循环为主体、国内国际双循环相互促进的新发展格局。我们要坚持以推动高质量发展为主题，把实施扩大内需战略同深化供给侧结构性改革有机结合起来，增强国内大循环内生动力和可靠性，提升国际循环质量和水平，加快建设现代化经济体系，着力提高全要素生产率，着力提升产业链供应链韧性和安全水平，着力推进城乡融合和区域协调发展，推动经济实现质的有效提升和量的合理增长。推进高水平对外开放，稳步扩大规则、规制、管理、标准等制度型开放，加快建设贸易强国，推动共建“一带一路”高质量发展，维护多元稳定的国际经济格局和经贸关系。②

在国际上，开放带来的更多是经济发展风险。习近平总书记指出要着力增强自身竞争能力、开放监管能力、风险防控能力，炼就金刚不坏之身。第一，建立健全维护国家经济安全的法律体系。健全外商投资国家安全审查、反垄断审查、国家技术安全清单管理、不可靠实体清单等制度，建立重要资源和产品全球供应链风险预警系统，保障国际供应链安全。第二，利用国际法手段妥善解决国际经济纠纷。健全海外利益保护和风险损害预警体系，丰富贸易调整援助、贸易救济等政策工具，妥善应对经贸摩擦，为我国安全发展稳定营造良好国际环境，保障对外贸易中的经济安全。第三，贯彻落实总体国家安全观。在我国高质量发展过程中，贯彻落实总体国家安全观，坚持

---

① 张小虎．习近平法治思想与新时代中非法律合作［J］．中国非洲学刊，2022（02）．

② 习近平．高举中国特色社会主义伟大旗帜 为全面建设社会主义现代化国家而团结奋斗——在中国共产党第二十次全国代表大会上的报告［J］．中国人大，2022（21）．

推进国际共同安全，高举合作、创新、法治、共赢的旗帜，推动树立共同、综合、合作、可持续的全球安全观。加强国际安全合作，完善全球安全治理体系，把安全发展贯穿到海外利益保护的各领域和全过程，共同构建普遍安全的人类命运共同体。①

（三）统筹推进国内法治和涉外法治 加强涉外法治工作

习近平总书记在党的二十大报告中指出，我们要完善以宪法为核心的中国特色社会主义法律体系，加强宪法实施和监督，加强重点领域、新兴领域、涉外领域立法，推进科学立法、民主立法、依法立法。同时，中国坚持经济全球化正确方向，共同营造有利于发展的国际环境，共同培育全球发展新动能。中国积极参与全球治理体系改革和建设，坚持真正的多边主义，推进国际关系民主化，推动全球治理朝着更加公正合理的方向发展。②

新冠疫情暴发以来，习近平总书记始终强调在法治轨道上统筹推进疫情防控工作。2020 年 2 月 5 日习近平总书记主持召开了中央全面依法治国委员会第三次会议并发表讲话，在此次会议上习近平总书记强调要始终把人民群众生命安全和身体健康放在第一位，从立法、执法、司法、守法各环节发力，全面提高依法防控、依法治理能力，为疫情防控工作提供有力法治保障。③ 我国作为一个法治国家，始终遵循依法治国的基本原则，疫情的防控与治理仍坚持在法治道路上运行。法治能够为紧急事件的应对提供科学的方案，法律具有预先设定性、权威性以及确定性的特点，面对突发性紧急事件依照预先设立的法律方案加之国家强制力可以有效妥善地解决；法治能够为紧急动员社会力量应对突发性事件提供法律依据以及法律基础，面对突发状况法律可授予政府紧急行政权，通过以法律的手段来有效应对疫情防控期间所发生的各种状况；法治可以有效地平衡应急状态下的各种社会关系，维护社会正常

---

① 张小虎．习近平法治思想与新时代中非法律合作［J］．中国非洲学刊，2022（02）．

② 习近平．高举中国特色社会主义伟大旗帜 为全面建设社会主义现代化国家而团结奋斗——在中国共产党第二十次全国代表大会上的报告［J］．中国人大，2022（21）．

③ 习近平主持召开中央全面依法治国委员会第三次会议并发表重要讲话［R/OL］．（2020-02-05）［2022-02-14］．http：//politics. people. com. cn/n1/2020/0205/c1024-31572878. html.

管理秩序。[①]

疫情的传播和防控绝不仅仅是一个国家所面临的问题，而是世界各国、整个人类所共同面对的难题，应当秉持习近平总书记所提出的“人类健康命运共同体”的理念，在不断优化完善国内立法的同时积极与国际法律相衔接。目前，我国已经将新冠病毒纳入了《中华人民共和国国境卫生检疫法》规定的检疫传染病管理，积极运用国内法、国际法以及涉外法正确处理疫情防控期间国家之间存在的问题和矛盾，使得我国的相关法律更具有可操作性和实用性，用法治思维和法治方法推动疫情防控工作。

二、深入推进国家安全风险防控的法治化路径

习近平总书记在党的二十大报告中指出，坚持以人民安全为宗旨、以政治安全为根本、以经济安全为基础、以军事科技文化社会安全为保障、以促进国际安全为依托，统筹外部安全和内部安全、国土安全和国民安全、传统安全和非传统安全、自身安全和共同安全，统筹维护和塑造国家安全，夯实国家安全和社会稳定基层基础，完善参与全球安全治理机制，建设更高水平的平安中国，以新安全格局保障新发展格局。[②] 因此，为了更好维护国家的长治久安以及稳定安全发展，深入推进国家安全风险防控的法治化机制尤为必要。

（一）完善相关立法切实保护海外公民健康安全

疫情之下，中国公民在海外的人身安全、财产安全以及投资利益受到了重大威胁。从法治层面有效保障海外公民和企业的人身安全和财产安全成为必须首要应对的问题。在目前疫情横行的环境下，需要构筑全方位、多层次、立体化的海外安全保护体系。

从个人层面来看，无论是在海外工作的企业人员，还是旅游留学的普通

① 江必新．用法治思维和法治上方式推进疫情防控工作［J］．求是，2020（5）．

② 习近平．高举中国特色社会主义伟大旗帜 为全面建设社会主义现代化国家而团结奋斗——在中国共产党第二十次全国代表大会上的报告［J］．中国人大，2022（21）．

民众，只要身在异邦他国，面对截然不同的生活环境、风土人情和不同的法律法规，其自身应尽可能严谨自律，充分了解和尊重当地居民与风俗之态度，从而最大限度地增加安全系数。从企业层面来看，涉外的企业自身应提高安全成本预算，采取更为系统、全面、有力的安保措施。但是，这显然不能仅仅依靠企业自身的道德自觉自律，因为企业赴境外投资经营必然以商业利益为目标。因此，必须通过涉外立法等形式，让政府部门对其作出更为硬性和系统的外在制度要求。与此同时，中国公民在海外的安全问题是我国参与全球化进程中必须面对的法律问题，尤其是疫情下越来越多海外公民的人身财产安全遭受不同程度的侵害。因而涉及政府、企业与个人相互合作的多层次、立体化的涉外安全综合保障体系有待构建，由此完善从中央到地方、从企业到个人的境外安全预警和应急处理体系，启动相关境外人员与机构安全保护的立法程序。目前，我国现有的领事相关的保护法律主要包括两个方面：一方面是同外国签订的领事条约和参加的国际公约；另一方面是国内法，例如《中国公民出入境管理法》《海关法》《国籍法》《继承法》等，但是目前存在的法律的保护力度仍然是有限的，因为使领馆在驻在国并没有行政权力、更无司法权。①

应当尽快启动针对海外公民安全保障工作的立法程序，依据海外公民在当前疫情背景下所面临的不同的人身财产安全，制定具有中国特色、符合当前状况的海外公民保护法，为后续相关配套法律的制定和出台打下基础。近年来针对我国海外公民安全保护的行动从侧面也说明了我国海外利益观念的转变，即国家海外利益由公民个体利益组成，国家整体利益的保护通过对公民个体利益的保护而实现。② 因此，相关法律的制定应当满足不同主体的利益诉求，以此为基点进行涉外安全保障法律的制定。

（二）防范疫情政治化以有效化解国际政治风险

以美国为代表的西方国家实施没有国际法依据的单边制裁，干涉别国内

① 阮占江．立法保护海外华人安全已势在必行［N］．法制日报，2007-6-14.

② 徐永康．中国海外公民利益保护机制研究［D］．兰州：兰州大学，2018，21.

政，加剧了国家内部和国家之间的不平等、不公平分配疫苗和药品。甚至将疫情甩锅给中国，把抗击突发公共卫生事件转变为政治武器攻击他国，破坏全球抗疫合作。例如，中国疫情政策因时制宜、合理有序地出现新变化，于2023年1月8日起，对新型冠状病毒感染实施“乙类乙管”，并出台中外人员往来暂行措施。这是中国因时因势作出的科学决策，而一些西方国家对此展开政治操弄，限制中国人入境。比如，意大利、法国、西班牙、美国、澳大利亚等国纷纷宣布，来自中国的旅客在入境前须进行新冠病毒检测。加拿大多伦多大学医学院助理教授凯里·伯曼指出，限制中国旅客绝对是一项政治举措，目前还没有科学依据，从表面上看似乎在保护公民，但对防止新冠病毒传播并没有多大作用。习近平总书记指出，当今世界正经历百年未有之大变局，新冠疫情全球大流行使这个大变局加速变化，世界进入动荡变革期；弱肉强食、赢者通吃是一条越走越窄的死胡同，包容普惠、互利共赢才是越走越宽的人间正道；当前，争夺全球治理和国际规则制定主导权的较量十分激烈；要为改革和优化全球治理注入中国力量；推动经济全球化朝着更加开放、包容、普惠、平衡、共赢的方向发展。[①] 由此可见，反对疫情政治化、边缘化，破解抗击疫情政治化的法治化举措的重要性凸显。人类命运共同体理念下，全球各国应共同合作抗击疫情，提高全球治理能力，通过全球经济合作，推动突发公共卫生事件下全球治理体系的变革。

首先，提升我国参与和引领经济全球化的能力。提升规则制定能力，多边、区域与双边并举，积极参与新一轮规则制定，有效反对保护主义，有效维护自由贸易和多边主义。提升安全维护能力，运用国际通行规则，健全产业安全机制，完善经济安全风险预警，健全外资安全审查、产业损害预警、贸易救济等机制，维护我国发展利益。提升人才保障能力，积极培育经济、法律、管理、谈判等方面的国际化人才，增加我国在国际组织的代表性，改善引进国际化人才的环境，营造于我国有利的国际环境，维护和延长我国战略机遇期。[②] 中国应坚定捍卫经济全球化，积极推动“一带一路”法治保障

① 中共商务部党组．把握经济全球化大势，坚定不移全面扩大开放［J］．求是，2020（24）．

② 中共商务部党组．把握经济全球化大势，坚定不移全面扩大开放［J］．求是，2020（24）．

与政治安全的体系建设，使各国在参与“一带一路”经济发展过程中妥善处理争端。在扩大对外开放的同时防范可能带来的安全隐患，逐渐从经济全球化的参与者转变为经济全球化的引领者，维护我国的国际形象，为世界的经济全球化作出重大贡献。

其次，加强与各国合作，共同推进国际抗疫。当前，面对严峻的疫情形势，无论是发达国家还是发展中国家都不能独善其身，抗疫合作已成为国际社会最重要、最紧迫的任务。习近平总书记指出，团结合作是国际社会战胜疫情最有力的武器。各国应以世界卫生组织为主要平台，促进国际公共卫生法治合作。重点在疫苗研发、生产、分配上开展合作，最终实现为世界各国人民提供用得上、用得起的全球公共卫生产品。

最后，完善全球治理体系，构建新型国家关系。中国是现行国际体系的参与者、建设者、贡献者，习近平总书记强调，我们要坚定维护以联合国为核心的国际体系，坚定维护以国际法为基础的国际秩序，坚定维护以联合国宪章宗旨和原则为基础的国际法基本原则和国际关系基本准则。[①] 法律治理是全球治理的主要方式。我国需要在国际规则的创制中提高影响力，深度参与国际规则的制定，促进“一带一路”法治化建设；秉承共商共建共享的全球治理观，实现国际关系法治化治理，重视广大发展中国家在国际社会中的地位和作用，推动全球治理体系的公正性和合理性；构建以联合国宪章和宗旨为原则的新型国际关系，运用国际法与美国和西方国家的逆全球化做斗争，朝着人类命运共同体的方向不断迈进，以中国方案推进全球治理体系变革。

（三）有效运用国际法律以保障科技创新与发展

坚持创新驱动。要挖掘创新增长潜力，共同加强知识产权保护，在充分参与、凝聚共识的基础上制定规则，为科技发展打造开放、公平、公正、非歧视的环境。要深化创新交流合作，推动科技同经济深度融合，加强创新成

① 习近平．坚定不移走中国特色社会主义法治道路 为全面建设社会主义现代化国家提供有力法治保障［J］．奋斗，2021（05）．

果共享，努力打破制约知识、技术、人才等创新要素流动的壁垒，让创新源泉充分涌流。[①] 科技是引领国家发展的重要动力，而科技的创新则是科技发展的重要内核；科技的发展不能仅仅依靠自身，良好的知识产权保护环境是科技持续创新发展的重要保障；尤其在国际交流与合作中，科技的交流与合作也是不可缺少的一个重要部分。因此，应当有效运用国家法律规定为我国科技创新、科技交流与合作打造良好环境，有效保障科技的创新与发展。

对外科技合作中的知识产权保护，不仅是我国参与国际竞争的准入条件，也是知识创新工程对外科技合作中的知识产权保护提出的新的要求：创新体制的建立将促进科技工作者有更多的科学发现和发明创造，这些知识产权要求相应的制度来保护，使科技投入获得应有的回报，促进科技事业的持续发展；知识创新需要更广泛的国际合作，要求相应的知识产权保护制度来保证合作各方的权利，以实现科技合作中的互利互惠；国际合作的发展使各国法律制度在大方向上日益趋同，尤其是知识产权保护在世界范围内已经逐步纳入有关国际协议的框架之下，做好知识产权保护有利于我国的对外合作。[②]

综上，在科技创新与安全方面，涉及专利保护最为频繁。因此，应当充分发挥有关专利保护国际条约的法律效力，高度重视《专利合作条约》《保护工业产权巴黎公约》《与贸易有关的知识产权协定》《国际用于专利程序微生物保存布达佩斯条约》《国际专利分类斯特拉斯堡协定》《建立工业品外观设计国际分类洛加诺协定》等专利保护的国际法律。企业或其他法律主体在国际社会中进行科技交流发展合作和创新时，积极、妥善运用国际专利保护相关规定，有效保护我国科技成果，为我国科学技术发展增添更多的法治保障。

三、保障中国海外经济发展利益的法治化路径

习近平总书记在党的二十大报告中指出，面对突如其来的新冠肺炎疫情，

① 习近平．在庆祝中国国际贸易促进委员会建会70周年大会暨全球贸易投资促进峰会上的致辞[N]．人民日报，2022-05-19（002）．

② 浅论我国参与的国际知识产权保护［EB/OL］．(2018-4-2)［2022-9-10］．https：//www.xzbu.com/5/view-6578923.htm．

我们坚持人民至上、生命至上，坚持动态清零不动摇，开展抗击疫情人民战争、总体战、阻击战，最大限度保护了人民生命安全和身体健康，统筹疫情防控和经济社会发展取得重大积极成果。必须完整、准确、全面贯彻新发展理念，坚持社会主义市场经济改革方向，坚持高水平对外开放，加快构建以国内大循环为主体、国内国际双循环相互促进的新发展格局。① 因此，为了更好维护国家的海外经济社会发展利益，更好统筹疫情防控和经济社会发展，保障中国海外经济发展利益的法治化成为新时代中国应对疫情挑战的必然要求。

（一）积极应对长臂管辖以及时维护我国发展利益

习近平总书记指出，要运用法治方式维护国家和人民利益能力明显提升，坚持统筹推进国内法治和涉外法治，按照急用先行原则，加强涉外领域立法，进一步完善反制裁、反干涉、反制“长臂管辖”法律法规，推动我国法域外适用的法律体系建设。② 美国的长臂管辖是《美国反海外腐败法》的延伸，将所在地并不在该州的被告通过最低联系原则与该州法院产生某种联系，赋予该州法院管辖权。长臂管辖权的确立在跨州之间的侵权纠纷中能够很好地保护本州居民的合法利益。但近年来，美国以强大的综合国力为基础，利用其在国际秩序中的主导地位，在《美国反海外腐败法》的背景下不断扩张司法管辖权，将长臂管辖权伸展至境外。滥用长臂管辖，无端对他国进行制裁，轻视国际法在国际关系中的地位，是美国霸权主义的体现。这严重威胁到我国的司法管辖权和主权安全，也对世界许多国家的企业和个人造成了影响，使世界的经济秩序日益恶化。在疫情肆虐的国际背景下，不利于我国的经济恢复和海外利益的发展，损害了我国的司法主权，极易引发国际争端。在经济全球化发展的新时代，突发的新冠疫情把全球各国的利益紧密联系在一起，必须采取有效的法治举措捍卫我国主权安全，保护我国海外公民和企业的利

① 习近平. 高举中国特色社会主义伟大旗帜 为全面建设社会主义现代化国家而团结奋斗——在中国共产党第二十次全国代表大会上的报告［J］. 中国人大，2022（21）.

② 习近平. 坚持走中国特色社会主义法治道路更好推进中国特色社会主义法治体系建设［J］. 中国人大，2022（04）.

益，反制美国不合理的长臂管辖。

首先，我国海外公民和企业应采取必要的措施，妥善应对长臂管辖，降低海外经营的风险。一是增强我国海外公民和企业合规经营的能力。在积极参与"一带一路"的进程中，我国海外公民和企业会面对所在国与我国法律截然不同的法律制度，在海外投资过程中，由于没有做好合规体系的审查，从而出现了一些商业的贿赂或者是一些企业内部不合规的情况，结果被投资国处以高额的罚款。我国海外公民和企业应更加深入了解当地的特殊法律规定，在遵循该国法律的前提下进行合规经营，有效防范法律风险，变被动为主动，避免因触犯该国法律而受到诉讼追究。二是提高我国海外公民和企业积极应诉的意识。若他国行使长臂管辖干扰我国海外公民和企业的正常生产生活，我国企业和个人应灵活应对、积极参与到法律程序之中，在诉讼阶段针对对方的诉讼请求深入了解案情，充分说理论证展现证据，寻找突破口。还应遵循当地的法律程序规定，避免因延误期限而丧失主张权利的机会，同时注重调解与谈判，化冲突为合作，获得更为妥善的处理结果。此外，有关海外行业协会可建立专项基金，落实互助机制，帮助企业负担高额的海外诉讼成本，支持我国海外公民和企业积极应诉。

其次，我国饱受长臂管辖的经济制裁和政治威胁，没有健全的域外适用法律法规体系予以保护，不能提供反制和阻断长臂管辖的体系基础，无法采取有效行为捍卫诉讼主体的利益。因此，国家须制定反对长臂管辖的相关法律，为企业应对长臂管辖提供法律依据。2021 年 1 月 9 日，我国商务部通过了《阻断外国法律与措施不当域外适用办法》（以下简称《阻断办法》）。[①] 其主要目的是阻断外国法律与措施不当域外适用对中国的影响，维护国家主权、安全、发展利益，保护中国公民、法人或者其他组织的合法权益，为阻断美国法律在我国的不当适用提供了法律依据。《阻断办法》规定适用于"外国法律与措施的域外适用违反国际法和国际关系基本准则，不当禁止或者限制中国公民、法人或者其他组织与第三国（地区）及其公民、法人或者其他

① 商务部.《阻断外国法律与措施不当域外适用办法》[EB/OL].(2021-1-9)[2022-11-26]. http：//www.mofcom.gov.cn/zfxxgk/article/xxyxgz/202112/20211203230837.shtml.

组织进行正常的经贸及相关活动的情形”。中国政府可以根据《阻断办法》在遭遇长臂管辖时采取必要的反制措施，是反对长臂管辖强有力的法律武器。2021年6月10日，我国全国人大常委会制定了《中华人民共和国反外国制裁法》，进一步规定了具体的反制措施，维护了我国的主权。

但是，我国相关法律制定时间较短，还没有体现出其实际效果，而且由于相关法律仍不健全，在执行适用过程中，还需根据个案采取适宜的措施。未来我国阻断法的完善可借鉴《欧盟阻断法》以及《英国贸易利益保护法》等相关法律，细化保护措施，进一步落实我国反制长臂管辖的法律效果。此外，我国制定法律法规时间较长，程序烦琐，而企业又急于应对长臂管辖，我国有关部门可以制定相关规范性文件及时应对，为企业抵制长臂管辖提供法律支撑。

（二）优化非诉方式以妥善化解疫情下的投资纠纷

在疫情环境下我国企业在海外投资的利益受到了较大的损害，许多企业陷入困境，而境况不佳的企业往往倾向于使用各种法律工具来弥补利益损失。为有效保障我国企业在海外的利益，无论是从国际层面或是利益保障成本来讲，正确有效地选择适用投资纠纷的争端解决方式，才可以有效维护我国投资者在海外的合法利益。关于对外投资纠纷的解决路径，无非是诉讼或者包含仲裁、调解等非诉方式解决。对于通过诉讼解决争议的途径，国外诉讼费用标准不一，判决执行情况复杂，还有些国家司法环境不佳，保护主义倾向严重，难以获得有利于投资者的判决。而与此相对应的非诉方式解决则展现出了一定优势，在国外遇到争议，通过协商、国际仲裁和调解等非诉的方式进行矛盾纠纷的化解都是较为合适的选择。这些非诉方式不仅有利于维持友好合作关系，不会影响大局，而且也更容易达到解决争议的目的。鉴于此，帮助、引导投资者合理选择与适用非诉解决投资纠纷，从而优化、提升我国投资者运用非诉方式化解疫情下投资纠纷的意识和能力是非常重要且必要的。

在疫情席卷全球的大背景下，对于疫情前已在海外进行的投资所产生的纠纷争端，应在已签订的合同、协议的基础上，尽量适用最为有利的非诉方式进行解决沟通。建议当事人或企业首选调解，如果调解不成，则选择大的仲裁机构来解决争议。若对方坚持，可选择诉讼方式。原则上，应最后选择诉讼的方式，这对于维护自身利益及两国关系都是颇有裨益的。

对于疫情当下及未来产生的投资纠纷解决，应充分结合非诉解决方式进行全盘考虑。首先，在我国企业进行投资前，事先查明即将投资国家的国内投资法以及该国与中国投资协定签署的情况。其次，与投资国家将投资争端提交投资仲裁单独确立“仲裁协议”。在投资仲裁中，通常包括合同仲裁和非合同仲裁两种形式，非合同仲裁也即基于投资协定所发起的仲裁。相较于基于投资协定而发起的投资仲裁，对投资者而言合同仲裁的优势在于：一方面，其可以根据具体需求与投资国家商讨并制定仲裁条款，就此可参考国际投资争端解决中心官网定期更新的示范条款；另一方面，鉴于投资协定项下的仲裁条款可能存在“三岔路口”“用尽当地救济”等安排，投资者基于投资协定发起的投资仲裁存在于管辖权阶段即败诉的风险。如果争议不可避免地进入了诉讼仲裁程序，及时收集有力的证据是案件的关键。此外，由于跨境诉讼一般需要对证据材料进行公证认证，因此在尽可能全面收集证据之外，还应当注意关注证据的法律效力，完成当地法院或仲裁委要求的公证认证程序，避免因证据瑕疵给争议解决带来不利影响。出于公平维护双方利益和便利的考量，一般跨境投资交易都会在协议中事先约定采用国际仲裁的方式解决争端，并且大多会选择交易双方之外的第三国仲裁委进行仲裁。

在疫情环境下，我国企业采用国际仲裁或调解等非诉方式，解决在国外投资过程中所遇到的问题，可以及时有效地解决双方之间的矛盾纠纷，并且极大地节约了诉讼成本。就具有代表性且适用性最广的仲裁来说，其作为国际通行的争议解决方式，因其具有当事人意思自治、专家裁判、一裁终局、高效灵活、国际执行力强等特点而备受企业青睐，成为市场主体解决跨境商事争议的首选。基于此，在国外，投资协议里出于对投资者的保护，一般都会规定发生争议选择仲裁来解决，仲裁也是国外投资项目主要的争议解决方式。

综上，在疫情大背景下，虽然对我国对外投资者把握和运用非诉解决方式的能力进行优化，可以利于妥善化解我国的对外投资纠纷争端。但从长远来看，在疫情和后疫情时代，中国企业只有坚持尽量与中国缔结投资保护协定的国家或地区投资，综合运用协商、调解、外交和法律等多种手段寻求解决方案，才能更好地维护自己的利益。

（三）灵活适用涉外法律以保障全产业链安全利益

作为突发公共卫生事件，新冠疫情对中国乃至全球产生了重大而深远的影响。各国际组织普遍预测，疫情带来的影响与两次世界大战及“大萧条”时期相比，可能有过之而无不及之。对我国而言，在疫情冲击之后，国际产业链因疫情影响而难以保障如疫情前时期如此畅通，这对中国产业链的供求两端均造成了严重的冲击。在很大程度上，也对我国的对外投资以及国际合作的安全利益造成了重大影响。

在此背景下，为了更好维护海外利益、国际合作的稳定进行，以及而后更好应对产业链断裂这种突发情况所带来的不利影响。中国可运用正确有效的法律等相关各方面的措施，危中寻机。在尽力维护当前利益的同时，不断夯实产业链发展基础，优化更新我国产业布局，顺势推动破局定局。

为了更好危中寻机，应当在着眼于维护当前利益的同时，也不断放眼未来的风险应对以及机遇把握。在着眼于维护当前利益方面，我国相关法律部门应出台相关规范性文件以及相关活动、会议，以致力于调动相关专业涉外法律机构、专家，为我国企业提供相应法律咨询服务。包括出具相关不可抗力事实证明、提供高效合理的法律咨询平台、编写法律指南等专业文章、组织疫情应对线上免费法律培训等。努力用专业的人做专业的事，灵活帮助企业快速解决疫情下因产业链断裂等原因引起的涉外商事纠纷。

在放眼未来的风险应对以及机遇把握方面，除了在疫情稳定下逐渐复工复产以及提升自身产业能力，寻求关键产品的进口替代这些基础措施外，把握运用数字经济的优势也是一个关键的机遇。数字经济的运用一个典型的事实是，防疫过程中数字技术得到广泛深入的应用，数字产业链得到纵向延伸。[①] 在此情况下，我国应当完善相关立法，出台相关举措，引导数字经济的

① 刘诚，徐紫嫣．新冠肺炎疫情冲击下数字产业链的深化、分化及断裂［J］．河北大学学报（哲学社会科学版），2021（02）．

合理、有序发展。总之，疫情蔓延给全球产业链构成了较大的负面冲击，但同时加快了全球产业链向数字化、智能化和服务化的转型。以往发达国家在数字贸易、人工智能、服务贸易等领域具有优势，中国则处于赶超进步的关键阶段。现今，全球生产格局、流通渠道、技术发展重新调整的关键时期，中国要在法律等不同方面不同措施的引导下，抓住这一变革和转型的关键机遇期，锐意革新，实现跨越发展，在保障现今利益的同时更好握住未来的利益。

四、统筹推进国际治理秩序重构的法治化路径

习近平总书记在党的二十大报告中提出，中国积极参与全球治理体系改革和建设，践行共商共建共享的全球治理观，坚持真正的多边主义，推进国际关系民主化，推动全球治理朝着更加公正合理的方向发展。① 现今，中国正在加快构建以国内大循环为主体、国内国际双循环相互促进的新发展格局。应以国内大循环吸引全球资源要素，增强国内国际两个市场两种资源联动效应，提升贸易投资合作质量和水平。② 不断依法营造市场化、法治化、国际化一流的营商环境。与此同时，坚持深化改革开放，坚定不移扩大开放，不断推动共建“一带一路”高质量发展，着力破解深层次体制机制障碍，从而把我国制度优势更好转化为国家治理效能。在此背景下，统筹推进我国参与涉疫矛盾国际治理秩序，积极参与全球治理体系改革和建设已然成为下一阶段的重要目标。

（一）全面推进国内和涉外立法工作

1. 完善和优化国内立法

坚持通过法治手段和法治方法应对疫情防控过程中出现的各种问题，首

① 习近平．高举中国特色社会主义伟大旗帜　为全面建设社会主义现代化国家而团结奋斗——在中国共产党第二十次全国代表大会上的报告［J］．中国人大，2022（21）．

② 习近平．高举中国特色社会主义伟大旗帜　为全面建设社会主义现代化国家而团结奋斗——在中国共产党第二十次全国代表大会上的报告［J］．中国产经，2022（19）．

要的是要加强国内立法的完善和优化，实现疫情防控有法可依。

首次依法将新冠病毒纳入《传染病防治法》规定的乙类传染病并采取甲类传染病的预防控制措施，并相应地修订了《国家突发公共卫生事件总体预案》《国家突发公共卫生事件应急预案》《传染病防治法实施办法》《突发公共卫生事件应急条例》等行政法规并严格执行。出台依法防控疫情、依法惩治违法犯罪、保障人民生命健康安全的意见，加强治安管理、市场监管，依法惩处哄抬物价、囤积居奇、制假售假等破坏疫情防控的违法犯罪行为，强化防疫物资质量和价格监管，加大打击虚假违法广告力度，保障社会稳定有序。[①] 同时各部门、各省级地方也分别依据具体情况颁布修订了相应的地方性法规等。自 2023 年 1 月 8 日起，我国将新冠病毒感染调整为“乙类乙管”。我国相关法律部门也随着疫情政策变化对相关法律政策进行了优化。如 1 月 7 日，最高人民法院、最高人民检察院、公安部、司法部、海关总署联合出台《关于适应新阶段疫情防控政策调整依法妥善办理相关刑事案件的通知》；1 月 8 日起，对违反突发公共卫生事件防控等行为不再以妨害传染病防治罪等论处。最高人民法院、最高人民检察院、公安部、司法部、海关总署联合出台关于适应新阶段疫情防控政策调整依法妥善办理相关刑事案件的通知。[②] 对相关法律适用作出调整，准确贯彻宽严相济刑事政策，依法妥善处理相关刑事案件；对侵犯医务人员人身安全、扰乱正常医疗秩序，对涉疫药品、检测试剂等制假售假等危害严重、性质恶劣的犯罪行为，依法从严惩治，坚决维护国家安全和社会稳定；对涉疫轻微刑事案件，重在疏导和化解矛盾，统筹落实少捕慎诉慎押刑事司法政策，把注重诉源治理、恢复社会秩序、促进社会和谐稳定融入司法办案。

然而，现有相关法律体系仍不完善，具有不易操作性和滞后性等特点。首先是我国目前尚未颁布类似紧急状态法等具有全国统筹性的高位阶疫情防控法律，国家在何种状态下属于紧急状态以及采取何种措施等均未有明确的规定；其次是目前我国的防疫治疫法律体系体现出应急性的特点，还有大部

① 中华人民共和国国务院新闻办公室．抗击新冠肺炎疫情的中国行动［M］．北京：人民出版社，2020.

② 李韵石．涉疫物资销售乱象调查［J］．法人，2023（01）.

分的疫情防控法律是在21世纪初颁布出台。

因此，在后续立法修法过程中，首先是要设立与国家紧急状态有关的法律，重视对传染病管理体系的建立和监管，完善《传染病防治法》中有关管理体制的规定；其次应当明确疾病预防控制机构的职责权限，相应地增加中国疾病预防控制机构有权报请国务院批准后公布和实施预防和控制措施的规定；再次还要完善传染病疫情信息公开制度，针对“突发原因不明的传染病”设定定期信息沟通机制；复次要完善传染病防治法相关法律法规体系，制定、完善《医疗废物管理条例》等相关法律；最后还要强化当前的突发公共卫生事件与传染病疫情信息报告系统，强化应用主体责任。传染病防治工作是重要的民生工程，事关人民群众的身体健康和生命安全，事关社会稳定和国民经济发展。通过在法律规定范围内明确疫情防控过程中流程机制、社会各方主体的职能责任等方式来保障防疫抗疫的顺利进行，实现有法可依、违法必究。

2. 创设和签署国际条约协议

疫情的抵抗对于整个人类社会来说都是一个共同的难题，在此时更应当发挥集体力量、汇集集体智慧来共同应对。像2014年西非埃博拉病毒肆虐时，时任美国总统奥巴马通过G20峰会组织各国共同采取行动为西非疫情地区提供医疗物资和设备、派遣医疗卫生和专家，为西非地区战胜疫情立下了汗马功劳。[①] 当2020年新冠疫情在全球暴发时，特朗普政府却采取了一系列单边主义行为，对于全球的抗疫合作造成极大的阻碍。美国政府在本国宣称新冠病毒为“中国病毒”“武汉病毒”，并声称世界卫生组织未能及时披露在中国暴发的疫情，因此美国于2020年5月29日在白宫宣布退出世界卫生组织。依据2020年7月1日美国媒体的相关报道，美国政府计划要买断瑞德西韦这种药物的产能，而此药被认作是能够治疗新冠病毒的药物。同时，美国还在疫情防控期间擅自截留他国的口罩以及医疗物资、

① 韦宗友．美国单边主义不利于全球抗疫合作［J］．人民论坛，2020（17）．

抢夺疫苗的生产专利、禁止本国的药品出口；[①] 而且在2020年3月美国决定对26个欧洲国家实行旅行禁令。当全人类面对共同的困境时，美国只坚持本国利益为首。美国这一系列的行为严重无视世界秩序和国际体系、破坏了多边主义和全球合作、削弱了国际社会为全球卫生公共事业所作出的努力。美国无视人类福祉、将多边机构变成政治博弈舞台是极其狭隘的，其行为严重破坏了抗击疫情的国际合作，使得美国成了严重不负责任的典型。美国无视国际规则、破坏国际秩序，始终将本国利益放在首位，严重阻碍国际社会的抗疫行动进行。

中国则始终秉持着人类命运共同体的理念，在追求本国利益时兼顾他国合理关切，在谋求本国发展中促进各国共同发展。中国在有效防控本国疫情的同时，坚持对其他发展中国家进行医疗卫生上的援助。2021年8月5日，习近平主席向新冠疫苗合作国际论坛首次会议发表书面致辞时宣布：2021年全年中国将努力向全球提供20亿剂疫苗，此外，在向“新冠疫苗实施计划”捐赠1亿美元基础上，中国承诺年内再向发展中国家无偿捐赠1亿剂疫苗。[②] 以用于向发展中国家分配疫苗；与此同时，对于疫情防控期间经济下行，中国也与发展中国家进行经济合作以此来恢复双方的经济发展。仅在2020年底，我国就签署了“借鉴中国经验提升亚太地区应对新冠肺炎疫情能力援助项目”“民航总体规划课程及培训项目的协议”“伊朗新冠肺炎疫情应急响应援助项目的协议”等一系列南南合作项目，与发展中国家一同应对新冠肺炎疫情带来的经济影响，且中国政府和人民始终支持世卫组织的坚定立场。中国政府认为大疫当前，协调行动、抗击疫情需要世卫组织，挽救生命、铲除病毒需要世卫组织；世卫组织作为全球公共卫生安全领域最权威、最专业的国际机构，其在应对全球公共卫生危机方面发挥着不可替代的作用。并且中国已经向世卫组织捐款2000万美元，并表示愿意在现有的合作基础上，通过多种渠道加大对世卫组织的支

---

① 突击“抢药”后装聋作哑，美国遭欧洲多国吐槽［EB/OL］.（2020-07-04）［2022-02-20］. http：//m. news. cctv. com/2020/07/04/ARTI9zuyB6RMizV3tBurkP5r200704. shtml.

② 中华人民共和国中央人民政府. 全年将对外提供20亿剂疫苗 中国为全球疫苗公平分配作出重要贡献［EB/OL］. https：//www. gov. cn/xinwen/2021-10/23/content_ 5644476. htm.

持力度。[1] 疫情没有种族，病毒不分国界，国际社会只有团结一致才能战而胜之。

习近平总书记在十九届中央政治局第三十五次集体学习时就提出世界进入动荡变革期，国际竞争越来越体现为制度、规则、法律之争。我们必须加强涉外法律法规体系建设，提升涉外执法司法效能，坚决维护国家主权、安全、发展利益。[2] 应当呼吁世界各国积极主动参与，共同构建维护符合当前疫情实际情况的国际秩序，订立和签署相关的国际条约协议，共同构建全人类的卫生健康共同体。

（二）提升涉外司法审判能力

1. 加强国际法治交流与合作，提升域外法与国际法的通识能力

当前，世界百年未有之大变局加速演变，和平与发展仍然是时代主题，但国际环境不稳定性与不确定性明显上升，新冠疫情大流行影响广泛深远。[3] 中国特色社会主义法治体系建设，既包括建设完备的国内法律规范体系，也包括履行我国参加和批准的国际公约、条约和协定，全面加强涉外执法司法工作。随着我国日益走近世界舞台中央，参与国际规则制定、保护我国海外利益、加强国际传播能力建设等，都对法院工作提出更高要求。各国法院应进一步加强国际法治交流合作，提升域外法与国际法的通识能力，共同为打赢全球疫情防控阻击战提供有力法治保障和法律服务。

第一，深化国际司法交流合作。司法领域交流合作是国际交往的重要组成部分，司法领域交流合作为世界各国共同发展营造良好法治环境，是构建人类命运共同体的重要推动力。必须进一步深化国际司法交流合作，凝聚司法合作共识。加强国际刑事司法合作，共同打击跨国暴恐、毒品、

---

① 中华人民共和国中央人民政府．支持世卫组织，捍卫多边主义［EB/OL］．（2020-04-19）［2022-02-20］．http：//www. gov. cn/ xinwen/2020-04/19/content_ 5504297. htm.

② 习近平．坚持走中国特色社会主义法治道路 更好推进中国特色社会主义法治体系建设［J］．求是，2022（04）．

③ 习近平．坚定不移走中国特色社会主义法治道路 为全面建设社会主义现代化国家提供有力法治保障［J］．奋斗，2021（05）．

网络、腐败等犯罪。加强涉外司法信息共享，建立健全司法衔接联动机制。通过举办上海合作组织成员国最高人民法院院长会议、数字经济法治论坛、金砖国家大法官论坛、中国—东盟大法官论坛等重要国际会议，讲好中国法治故事，促进司法交流互鉴。[①] 上海合作组织各国法院应弘扬“上海精神”，深化司法交流合作，不断健全司法合作机制，提升司法合作水平，构建更加紧密的上海合作组织命运共同体，高质量共建“一带一路”。健全国际司法协助机制、案例交换分享机制、法律适用交流机制、法官培养合作机制等，建设新型国际司法合作平台，开创“一带一路”沿线国家间司法交流合作新局面。共同提高打击犯罪的能力和水平，更有力地维护共建国安全稳定，签署双边或多边刑事司法协助条约、引渡条约等，提升打击犯罪的合作效果。

第二，加强执法安全领域国际合作。中共中央印发的《法治中国建设规划（2020—2025 年）》强调了积极参与执法安全国际合作，共同打击暴力恐怖势力、民族分裂势力、宗教极端势力和贩毒走私、跨国有组织犯罪。[②] 中国应积极参与并倡导国际执法合作和全球安全治理，秉持共同、综合、合作、可持续的安全观，不断完善安全合作的法律基础，加强信息共享、联合行动、网络执法，深入开展安全执法合作，共同打击贩毒、拐卖儿童、洗钱、网络犯罪、有组织犯罪等各种形式的跨国犯罪。同时，与共同面临恐怖主义威胁的国家密切合作，共同打击“三股势力”，共同应对恐怖主义等非传统安全威胁，维护共同安全。[③]

第三，开展法治文化国际交流。2021 年 4 月 5 日，中共中央办公厅、国务院办公厅印发的《关于加强社会主义法治文化建设的意见》提出，“在共建‘一带一路’中发挥法治文化作用，推动沿线国家、地区开展法治文化交流合作”。[④] 加强法治文化国际交流，既是法治国家建设的需要，也是坚定文化自

---

① 周强．在习近平法治思想指引下 奋力推进新时代司法为民公正司法［J］．求是，2022（4）．

② 白宇．中共中央印发法治中国建设规划（2020—2025 年）［N］．人民日报，2021-1-11．

③ 肖育斌．推进中国特色社会主义法治体系建设 加强涉外法治建设［J］．民主与法制时报，2022（12）．

④ 中共中央办公厅 国务院办公厅印发《关于加强社会主义法治文化建设的意见》［S］．中华人民共和国中央人民政府，2021-4-5．

信的要求，更是提升我国文化软实力的重要途径。一是加强法治文化国际交流的双向路径，国际交流的双向性决定了需要加强法治文化国际交流的路径——“输入+输出”；二是创新法治文化国际交流的多样形式，国际交流的多样性决定了需要加强法治文化国际交流的形式——“传统+现代”；三是拓展法治文化国际交流的多重平台，国际交流的多面性决定了需要加强法治文化国际交流的平台——“官方+民间”；四是培养法治文化国际交流的高端人才，国际交流的主体性决定了需要培养法治文化国际交流的复合人才——“法治+外语”。①

当前国际治理格局深刻变革，我们应当抓住这一机遇，加强国际法治合作，有效对接国内法与国际法。在坚定维护国际法基本原则与国际关系基本准则的基础上，争取国际法治的话语权、国际规则制定的主动权。要加强与广大发展中国家、第三世界国家以及共建“一带一路”国家的法治合作，提升域外法与国际法的通识能力，推动国际法治格局向共融共享方向发展，共同书写人类命运共同体的法治篇章。

2. 注重法院涉外审判机制的创新，提升防范应对疫情追责诉讼的能力

全球疫情影响下国际秩序发生变化，各种疫情矛盾激发。一些国家疫情防控不力，将责任转嫁中国，向中国提出疫情追责诉讼，对我国造成了不利的影响。为应对复杂多变的国际环境，维护国家的政治安全和海外利益，我国应注重法院涉外审判机制的创新，妥善化解涉疫矛盾纠纷，提升防范应对疫情追责诉讼的能力。

第一，切实提升涉外司法质效。坚定不移贯彻对外开放的基本国策，坚持依法平等保护中外当事人合法权益，促进贸易和投资自由化便利化，服务畅通国内国际双循环。恪守条约义务，尊重国际惯例，准确适用准据法，保护平等竞争。完善服务自贸试验区、自由贸易港、共建“一带一路”高质量发展司法政策，服务扩大高水平对外开放。完善涉外审判机制，加快推进国际商事法庭实质化运行，健全一站式国际商事纠纷多元化解决机制，努力建

① 於梅梅．加强国际交流 生动讲好中国法治故事［N］．新华日报，2021-5-11.

设国际商事争端解决新高地。① 完善海事审判体系，加快建设国际海事司法中心，服务海洋强国建设。疫情发生以来，最高人民法院认真落实关于统筹推进疫情防控和经济社会发展的部署，及时制定涉疫情司法解释和司法政策，推动一站式多元解纷和诉讼服务体系建设，畅通网上诉讼渠道。最大限度便利当事人参与跨境诉讼，依法平等保护中外当事人合法权益，在法治轨道上公正高效化解大量矛盾纠纷。② 最高人民法院深入学习贯彻党的二十大精神，深化司法体制改革和智慧法院建设，加快推进审判体系和审判能力现代化，加强国际法研究和运用，更好发挥司法在解决国际争端、推动务实合作中的作用，为推动构建人类命运共同体作出贡献。③

第二，提升法院参与全球治理的能力。中国法院参与全球治理是一个长期实践过程，有必要构建由资源供给、能力提升、法治互动、利益协调与多元保障等构成的可持续实践创新体系，以及由参与实践、身份转型与国际法治等关联要素组成的互构性理论支撑模式。中国法院参与全球治理须秉持人类命运共同体思想和相关新理念，并将其贯彻于审理涉外案件及提升自身的国际纠纷解决能力和增强与国际法互动的全过程。中国法院参与全球治理，还需要构建一个能够提供持续性支持的法治保障体系，否则中国法院参与全球治理将难以持续，参与质量也难以提升。既要立足国内，又要放眼世界，如破产规则、公平竞争规则、反垄断规则、知识产权保护规则等涉及国际主体重大利益的规则，都应当以国际标准、国际视野为基础进行构建。④ 法院要转换角色定位，提升主动参与国际规则制定的能力。此外，调解、仲裁等非诉讼方式在国际纠纷解决中扮演着越来越重要的角色。为保障中国法院依法及时化解相关国际纠纷和有效开展全球治理，应发展多元化纠纷解决机制，为中国法院参与全球治理提供多元纠纷解决方式支持。⑤

① 张晨．向制度变革和科技创新要生产力［N］．法治日报，2022-03-04.

② 凝聚共识推动国际法治合作［N］．民主与法制时报，2020-11-17.

③ 刘沛然，陈明菊．凝聚共识推动国际法治合作——中国法治国际论坛（2020）发言摘编［N］．人民日报，2020-11-16.

④ 陈凤超．以习近平法治思想为指导提升涉外司法能力［N］．人民法院报，2021-02-01.

⑤ 吴卡．中国法院参与全球治理的实践路径与可持续策略［J］．国际法研究，2021（02）.

第三，加快涉外法治人才培养储备。加强涉外法治人才培养布局，完善涉外法治人才培养机制，深化与国际组织的合作，健全人才引进、选派、使用、管理机制。加强涉外法治人才使用，鼓励优秀法治人才走出去，参与国际法律事务。加强法学院校教师、科研人员与实务部门的人员交流，使教学、科研与司法实践更好有机结合，培养出既有专业理论知识，又有较强实务能力的高端涉外法律人才，推动形成优秀人才不断涌现的生动局面。① 要推进法学院校改革发展，提高人才培养质量。要加大涉外法学教育力度，重点做好涉外执法司法和法律服务人才培养、国际组织法律人才培养推送工作。要注重培育一批国际一流的仲裁机构、律师事务所，把涉外法治保障和服务工作做得更有成效。②

（三）加大涉外法治宣传力度

1. 借助疫情推广中国化解涉疫矛盾纠纷的法治经验

疫情防控越是到最吃劲的时候，越要坚持依法防控。③ 新冠疫情防控工作期间，习近平总书记始终坚持以法治理念引导全国上下、各级机关在法治道路上开展工作取得了显著的成效并得到了国际上的极力称赞。世界卫生组织高度赞扬中国的疫情防控成果，在疫情初期，中国政府各个部门都为湖北提供了极大的支持，并且应急管理机制高度组织化。④ 为构建人类卫生健康共同体，应当积极同世界各国分享中国抗疫的法治经验，协同其他国家共同应对疫情所带来的困境。

第一，在法治道路上进行疫情防控工作要坚持有法可依。为应对突如其来的疫情以及其带来的各种矛盾纠纷，中央以及各省级地方人大、政府

① 周强．在习近平法治思想指引下 奋力推进新时代司法为民公正司法［J］．求是，2022（4）．

② 习近平．坚定不移走中国特色社会主义法治道路 为全面建设社会主义现代化国家提供有力法治保障［J］．奋斗，2021（05）．

③ 习近平．全面提高依法防控依法治理能力 健全国家公共卫生应急管理体系［J］．求是，2020（05）．

④ 世卫组织高度赞言中国疫情防控措施［EB/OL］.(2020-01-30)［2022-02-21］．http：//news.haiwainet.cn/n/2020/0130/c3541083-31707217.html.

都依据当地的实际情况出台了相关法律法规，对于停工停产、因疫情而引发的民商事纠纷、行政违法、刑事犯罪等出现的特殊情况进行了相关立法；由最高人民法院、最高人民检察院发布的《关于办理妨害预防、控制突发传染病疫情等灾害的刑事案件具体应用法律若干问题的解释》对于在疫情防控期间故意隐瞒行程、传播疾病危害公共安全承担何种法律责任作出了规定；《价格违法行为处罚行政规定》对商家在疫情防控期间哄抬物价发国难财的行为作出了处罚规定。而后，在 2023 年 1 月 8 日起我国将新冠病毒感染调整为“乙类乙管”后，我国相关法律部门也随着疫情政策变化对相关法律政策进行了因时制宜的优化、调整，适应疫情管控的新政策、新环境。第二，在法治道路上进行疫情防控工作要保障执法必严。各级党委政府严格执行疫情防控和应急处置法律法规，加强风险评估，依法审慎决策，严格依法实施防控措施，坚决防止疫情蔓延。① 各省级地方严格遵守法律法规，坚持严格执法，面对疫情防控期间的特殊情形，司法行政机关也做到了合理调配司法资源，严格依照《关于加强疫情防控后期和疫情后社会矛盾纠纷化解工作意见》，及时组织律师等法律服务队伍开展纠纷化解专项行动；广泛开展律师公益法律服务，推进律师参与信访接待工作和律师调解试点，发挥村（居）法律顾问在调处基层矛盾纠纷中的作用；充分发挥公共法律服务优势，加大对困难群众法律援助力度，发挥公证和司法鉴定在证据保全、伤残鉴定等方面的作用，提高涉疫情仲裁案件办理效率，助力平稳高效解决矛盾纠纷。②

中国在疫情防控中始终奉行依法治国的基本理念，坚持有法可依、有法必依、执法必严、违法必究，将法律服务于民，使疫情防控始终在法治轨道上进行并取得了卓越的成果。未来，中国应持续为世界各国分享抗疫过程中总结出的法治经验，积极运用法治方式和手段，动员法治力量阻击、应对疫情。

---

① 陈国平．在法制轨道上推进疫情防控工作［N］．光明日报，2020-3-2.

② 司法部．司法部部署做好疫情防控后期和疫情后社会矛盾纠纷化解工作［EB/OL］．(2020-3-21)［2022-11-26］．https：//www.yidianzixun.com/article/0Ov7AYCC.

2. 借助疫情促使中国深度参与国际法治规则的创建

中国始终是世界和平的建设者、全球发展的贡献者、国际秩序的维护者。面对疫情时，我国在国内优秀的抗疫成果以及对世界其他国家的援助等方面，都体现了习近平法治思想的贡献力量。习近平总书记指出，中国走向世界，以负责任大国参与国际事务，必须善于运用法治。在对外斗争中，我们要拿起法律武器，占领法治制高点，敢于向破坏者、搅局者说不。全球治理体系正处于调整变革的关键时期，我们要积极参与国际规则制定，做全球治理变革中的参与者、推动者、引领者。[①] 随着国家经济实力以及软实力的提高，中国在国际社会上的话语权也在提升，并且在抗疫期间中国的抗疫行动受到国际社会的一致赞誉。应当积极运用这种优势发出中国声音，深度参与国际法治规则的创建，引领、协同世界各国构建人类命运共同体。当前全球治理体系正处于调整变革的关键时期，争夺全球治理和国际规则制定主导权的较量十分激烈，对于不公正不合理、不符合国际格局演变大势的国际规则、国际机制要提出改革方案，推动全球变革治理。

全球治理体系的变革离不开理念的引领，我国于 1954 年所提出的和平共处五项原则得到了国际社会的广泛认同并成了国际关系的基本准则和国际法的基本原则。[②] 21 世纪世界主要力量的竞争，并非着眼于对资源、土地的直接控制权，而是围绕国际法规的制定权。依照党中央的要求，中国主动参与设立关于网络、极地、外空、互联网等新兴领域的治理规则，要秉持和平、主权、普惠、共治原则，把深海、极地、外空、互联网等领域打造成各方合作的新疆域，而不是相互博弈的竞技场。[③] 在经贸合作方面，早在 2014 年 12 月中共中央政治局便提出中国应当善于通过自贸区建设增强我国国际竞争力，在国际规则制定中发出更多中国声音、注入更多中国元素，维护和拓展我国发展利益，不断提升我国在全球经贸领域中的地位。[④] 中国的良法善治理念在

---

① 习近平．加强党对全面依法治国的领导［J］．求是，2019（4）．

② 张清．习近平涉外法治理论的原创性贡献［J］．法治现代化研究，2022（05）．

③ 习近平．共同构建人类命运共同体——在联合国日内瓦总部的演讲［J］．求是，2021（01）．

④ 卫灵，张艳萍．新时代推进全球治理法治化的中国方案［J］．贵州省党校学报，2022（01）．

全球经济、主权等方面都发挥了极大的引领作用。

疫情防控期间各种矛盾纠纷层出不穷，卫生健康领域法律规则的制定也成为关键。疫情的防控离不开世界各国的相互配合，应当依据国际法并在世界卫生组织的协调下实现团结抗疫的整体目标。中国应深度参与卫生健康领域的国际法治规则的创建，在此过程中贡献中国智慧和中国方案，深入贯彻中国法治理念，引导世界各国尊重法治精神，遵守国际法原则和规则，勠力同心战胜疫情，积极打造人类卫生健康共同体。